大国文化心态

德国卷

丛书总主编 杜青钢　　丛书副总主编 刘军平

主　编 朱　范
副主编 向　开
编　委 谢　芳　李梁军　鲁晓雁　徐琼星
包向飞　向　开　刘　靓
Karl-Heinz Pohl（德）
Johannes Weinand（德）

WUHAN UNIVERSITY PRESS
武汉大学出版社

大国文化心态

丛书编委会

总　序

国别研究是当今外语界的一大热点，我们一直想写点什么，可久久找不到适当的切入点。或许机缘巧合，或许积念太久，想到“文化心态”几个字，思维便活跃起来，眼前拨现一片丽景。接下来，反复论证，集思广益，确定了选题。随后，我们召集了一批学者，邀约国内外名家，三年磨砺，几易其稿，终于写就这套六卷本“大国文化心态”丛书。

依循我们的定义，文化心态乃一个国家内在的民族特征和精神个性，具体而言，涵指一国人民思维言辩、看待世界、为人处世的方式，指一国独有的风俗民情和价值观。

在撰写的过程中，我们始终怀揣两个关键词：软实力、中国崛起。这是我们的责任意识，也是我们的爱国情怀。本书的国外作者，有前任大使，有知名学者，有大学教授，他们都热忱期待东方古国的再度繁荣。中方作者或负笈异域数年，或客居他乡十余载，都经历了国内翻天覆地的巨变，见识颇丰，感受良多。

20 世纪 80 年代，我们初到纽约、巴黎、伦敦、多伦多，但觉高楼宏伟，市场繁荣，满目靓丽，如临仙境；而今，上海、北京的外观与纽约、多伦多已无太大差异，将武汉的某大商场搬到世界名都巴黎也丝毫不亚于当地的“春天”、“老佛爷”。30 年前，我们留学国外，常常节衣缩食，厚积薄出；如今，出入巴黎高档专卖店的，大多不是美国人、日本人，而是中国顾客。中国近30 年的沧桑巨变乃人类进程中的一大奇迹，的确令人骄傲。

然而，当我们漫步国内的大街小巷，又会目睹许多不协调的景象：行人随手乱丢垃圾，频繁的恶语代替了西方流行的“你好、谢谢、对不起”；司机们你争我抢，恣意妄为；应试教育、唐僧般的咒语无情摧残国人的创造力；苦苦求生的民工与一掷千金的高官、富豪构成刺眼而令人担忧的反差；灯红酒绿，魂不守舍，众多男女“因趋功逐利而不得安宁，因纵情消遣而迷迷惑惑”（海德格尔语）。此刻，我们又发现，与英、美、法、德、俄等国相比，我们的精神文明还存在相当的差距。“礼失求诸野”，华夏要崛起，亟待取人之长提高软实力。有感于此，我们撰写了“大国文化心态丛书”。

1300 多年前，开创贞观盛世的李世民留下一句警世名言：“以史为鉴，可以知兴替，以人为鉴，可以明得失。”我们再加一句：以大国为鉴，可以识路径。民族复兴需要一面知己知彼的镜子。

写“大国文化心态”，我们试图回答以下几个问题：在政治、经济和文化全球化的今天，美国、英国、法国、德国、加拿大、俄罗斯等大国呈现出什么样的文化心态？其历史文化中的哪些价值观值得我们学习？哪些文化糟粕应当剔除？哪些陋习我们必须引以为戒？

我们认为，大国的崛起，除了经济、军事的成功外，还必须吸收世界上先进的文明思想。海纳百川，兼容并蓄。没有西学的浸润，明治维新会黯然残缺；离开了卢梭、孟德斯鸠，美国的《独立宣言》或许另呈一副模样。任何一个经济贫穷、政治分裂的国家都称不上大国；同样，任何一个文化贫乏、心胸狭隘的民族也不可能崛起。文化是民族复兴进程中的催化剂，心态是综合国力的精神体现。当代中国的崛起，离不开“全球化”的总体背景和文化视野。

心态是一个国家的晴雨表，它左右着国家以怎样的姿态去应对风云变幻的国际形势和五光十色的外来文化。在全球化的今天，我们尤其需要审时度势，用更大的真诚和勇气去拥抱世界，以更加开放的心态，探究世界强国的文化发展思潮，与西方文化进行比较、交流和对话，破除狭隘民族主义，走出文化相对主义的封闭世界。中国欲在新的世界格局中扮演好和平崛起的角色，首先要在物质层面壮军强国，用邓小平的话说，发展是硬道理。就文化层次而言，一方面要继承发展本土文化优势，另一方面，“欲先超胜，必先会通”，充分认识当代世界，借鉴他国经验，吸取别国教训，走自己的路。东方文化只有与西方文化发生碰撞和交融后才能成为真正的“人类文化”，才能使世界文化走上精神生态平衡的坦途。

这是我们撰写“大国文化心态”的深层用意。

“大国文化心态”丛书分为《美国卷》、《英国卷》、《法国卷》、《德国卷》、《俄罗斯卷》和《加拿大卷》六个分册。具体目录由各语种拟定，但是每个分卷必须设定三个章节：国别简介、该国人眼中的中国形象、如何与该国人交往。后两篇文章大多请国外名家与本院学者合作撰写，以此强化丛书的客观性和实用诉求。学术上，我们提出以下要求：兼顾历史，立足当代，锐意创新，倚重科学精神，重视田野研究，突出应用价值，关注当前文化热点问题。文体则力求深入浅出，活泼有趣，雅俗共赏，理趣兼顾。

“文章千古事，得失寸心知。”追求，如攀高山，属于理想的境界。理想和现实总有距离。每次仰视理想的峰巅，总诚惶诚恐，生怕眼高手低，败了读者的味口。然而，通往山巅的路已清晰可见，虽陡峻难行，却遥遥在望，魅惑无限。我们只好斗胆上路，留下一串黔奋的脚印。成效如何，只能由读者评判。不足之处，还望专家、读者们批评指正。

武汉大学外国语言文学学院

杜青钢　刘军平

2014年2月6日

于武汉珞珈山

前言

对中国读者而言，德国并非一个神秘、陌生、充满未知的国度，这与中国留给大多数德国人的印象正好相反。为什么中国人会对德国产生这样的熟悉感呢？或者我们还可以问，我们对德国，或者德国人的印象究竟是怎样的呢？在回答这些问题之前，笔者想先讲两件亲身经历的小事。笔者出生在武汉，这座城市的一家大型钢铁企业20世纪70年代分别从德国和日本引进了两条轧钢生产线，由这两条生产线引出了工人们对这两个国家的评论。事情是这样的，以中国当年的技术水平来看，这两条生产线无疑都是十分先进的，由于一条是冷轧，一条是热轧，也无从比较其高低上下。但是日本人的生产线虽然相对便宜，一旦出现问题，无论是聘请专家检查还是维修，都会产生不菲的费用。而德国的生产线却不同，引进价格昂贵，但技术问题他们负责到底。于是在中国工人心里，不管水平如何，人品已经有了划分。第二个故事发生在20世纪90年代，笔者的同学大学毕业后参与了一家中德合资化工企业的筹建工作，为聘请的德方专家做翻译。在一次聚会时，这位形容憔悴的同学向笔者抱怨德国人的“变态”：首先在工作时间上德国专家分秒必争，在现场从无片刻闲暇，使作为翻译的同学不堪重负；其次在对工程质量的要求上更是近乎苛刻，多次将已经完成的安装工作推倒重来，原因仅是布线未做到横平竖直和脚手架的支撑与地面未成90度角等“鸡毛蒜皮”的小事，搞得中方员工苦不堪言、哭笑不得。在他们看来，所建设施已经达到要求，即使存在一些误差也完全不影响今后的使用，他们不能理解这位仅仅只是来汉工作数周的专家为何如此坚持，即使中方高层出面解释也毫不退让。在与外国人直接交往不多，特别是德国人在武汉还十分罕见的当年，这两件事情给笔者留下的印象十分深刻，也十分好奇，在欧洲中部，阿尔卑斯山北面，莱茵河两岸生活着一个怎样的民族，为什么他们与我们所熟悉的中国人如此不同。

时间越过2000年，中国与世界其他国家与民族的交往日益深入，在中国各地的街头也随处可见不同肤色的人群，除去大量带着探奇眼光的游客外，也有不少外国人长期工作、生活在中国，许多德国公司与商品也进入中国人的日常生活。随着接触的不断增加，中国的老百姓也对德国人有了更为直观的认识：较真、刻板、守时、勤奋、严守规则以及诚实等性格特征也渐渐成为大多数中国人对德国人的初步印象，而人们对于德国的了解还不止于此：德国的东西贵，但是质量确实不错；德国的东西好，但样式着实不敢恭维等充满矛盾的评价也使中国的消费者十分纠结，特别是德国的服装鞋帽等日用品以其卓越的品质吸引着中国人的时候，其过低的品牌知名度又使刚刚富裕起来、对品牌十分敏感的国人难做抉择。为什么德国人不能将他们的产品设计得花哨一点呢？为什么德国人就不能聘请一些巨星大腕为自己的商品做做广告呢？其实德国人并非不注重品牌，只是与广告宣传相比，他们更固执地信赖通过事实证明商品的可靠。在德国，人们使用的是历史悠久却不为外人所知的商品，喝的是自己家乡独有的啤酒，最爱的是附近酒庄出产的葡萄酒，而对国际知名品牌的酒类则嗤之以鼻，认为那些大工业化流水线上出产的东西完全无法与历久弥新的自家产品相比。读者可以回想一下，我们除了知道德国汽车、机电行业的奔驰、宝马、奥迪、西门子、博世等少数品牌外，还能说出哪些德国品牌。而作为世界公认的工业强国、出口产值稳居世界前列的德国怎么可能只有这几家企业呢？由此不难想象，德国应该还拥有一大批中小型企业，是这些企业支撑起德国的富强——事实也的确如此，在德国的许多中小型企业里，人们可以轻易找到世界领先的工艺及科技，其中很多都是独一无二的专利产品。至于德国企业家们为什么不将他们的企业发展壮大，而仅只在固有领域不断精益求精，除了经济学方面的原因，恐怕也可以在德国人的性格中去寻求答案。

面对面的交往促进了国人对德国和德国人的了解，但这却不足以解释本文开始提到的熟悉感，因为就算在改革开放以前，德国在中国的受关注度和知名度就已不低。其实原因很简单，在中国称得上家喻户晓的外国人中，德国人还真不少。作为坚持走社会主义道路的国家，创立共产主义理论的马克思和恩格斯的名字已经深深融入到大众的学习及生活之中。除此之外，贝多芬、爱因斯坦、尼采、康德、黑格尔等享誉世界的名字也对中国人有着无穷的吸引力。再者，作为发动第二次世界大战元凶之一的纳粹德国的“元首”希特勒，在中国也有着极高的知名度。而这些名字像一张张名片，使得德国这个遥远的国度在中国人心中扎下了根。

提到德国名人，笔者联想到这样两个问题：首先他们的名声并非都是正面的，希特勒屠杀犹太人的凶名可谓空前绝后，这不禁让人对德意志民族产生无比的困惑，为什么它既可以孕育出光照后世的伟大先贤，也培养了恐怖异常的盖世魔王？究竟哪一样才是德意志民族的真正面貌，亦或在其民族性中本就潜藏着矛盾的两面？其二，提到“二战”，中国人就会不由自主地联想到同为元凶的近邻日本，然而，对比德、日两国在国人心中的印象时，却会发现两种截然不同的态度，这其中除了德国在“二战”时未曾直接伤害中国军民等因素之外，战后德国对于战争的反思及行为也起到了至关重要的作用。在德国，对“二战”缘由的分析，对纳粹主义的清算，其深度与广度是普通中国人无法想象的，德国人并非像改朝换代那样简单地将所有责任都归结到希特勒及其党羽身上，而是深刻反思了纳粹德国发生、发展的深层次原因，甚至有学者提出了“全民共同责任”的观点，而前联邦德国总理勃兰特在波兰首都华沙跪拜犹太人起义纪念碑事件则使得德国人逐渐获得了受害民众的谅解，这一切也赢得了中国人的尊敬，那么是什么促使德国人能够如此不顾颜面地反省，从而放下包袱，阔步前行呢？

随着接触的日益频繁，我们对德国的了解也日渐深刻，然而困惑与疑问却并未减少，在纷繁表象的背后，德意志民族绝不像人们看到的那么简单。两次世界大战的失败者，却能两次迅速地再度崛起，尤其在20世纪90年代初，德国在分裂40多年后重新统一，并一举摆脱包括当今世界头号强国美国在内的外国政治、军事势力的控制，让世人猛然发现一个强大德国的回归。什么是大国，除了广袤的土地，强大的政治、经济及军事实力外，更为重要的还有深厚的文化底蕴。德国的底蕴究竟在哪里？在中国经济腾飞的今天，强国之梦已经不再遥远。虽然我们有五千年的文明史，但是在工业文明的发展史上我们落后了，于是，我们挨打了，我们抗争了，我们改革开放了。在我们享受着现代科技，欣赏着流行音乐，穿戴着国际品牌，咀嚼着鹅肝牛扒的空余时刻，看一看德国百年不变的城市、乡村，听一听德国人沉重稳健的脚步，想一想德意志民族固执坚毅的精神，或许我们可以静下心来，思索一下我们跻身世界大国可凭借的是什么，中国的底蕴在哪里？

为使广大读者更深入地了解德国，更好地理解德意志民族精神，更清晰地认识德国人行为模式背后的深层涵义，本书将对德国政治、宗教、文学、艺术、哲学、教育、工业及日常生活等方面进行介绍与分析，或许在阅读过本书之后，有心的读者能够对前文提到的问题有所感悟。

本书共分为十八章，其中第一部分为政治篇，包括第一至四章，主要对德国当代的政治民主制度及外交政策进行分析介绍；第二部分为历史篇，包括第五至七章，从宗教、社会政治与媒体等方面对德国中世纪以来的发展作了一番梳理；第三部分为文化篇，在分别以哲学、文学及艺术为论述主体的三章中（第八至十章）对德意志民族特有的精神财富作出了评述；第四部分为社会篇，由八个章节（第十一至十八章）构成，选取了教育、福利制度、企业文化、工业设计、城市建设、文化推广、德国人的中国观等具有代表性的视角，在呈现德国社会现状的同时也对其形成及特点作了分析评述，并专章介绍了同德国人打交道需要注意的礼仪与习俗。全书撰稿情况如下：

第一至四章由向开撰写；第五章由鲁晓雁撰写；第六章、第八章由包向飞撰写；第七章、第十一章由刘靓撰写；第九章、第十章由谢芳撰写；第十二章、第十三章、第十六章、第十七章由徐琼星撰写；第十四章由李梁军撰写；第十五章由刘靓、魏南德（Weinand）合作撰写；第十八章由卜松山（Pohl）撰写。

本书面对的是普通读者，因此在编写过程中，作者们尽可能对各种事件、人物作了详细的介绍，并从不同角度对其进行分析与评述，而在介绍与分析的比例上不同作者有不同的把握，因此各篇之间可能会存在较大差异。本书的作者们均长期从事德国语言、文学和文化的研究工作，因此在某些篇章中难免显露浓厚的学术气息，虽然会给一些读者在阅读时造成一定的困难，但也会令希望对德国文化有较深解读的读者更有收益。值得一提的是两位德国作者之一的德国特里尔大学原汉学系主任卜松山教授，他对中国传统文化，尤其是古代哲学、文学及艺术进行过长期研究，有着极高的造诣，而从他的角度对中德关系，对德国人的中国印象进行阐述，或许会给中国的读者带来不一样的感受。

鉴于水平所限，本书在资料选择与分析方面难免存在错误或疏漏之处，希望读者批评指正。

向开

2014 年 3 月

目录

CONTENTS

第一章 国家档案

日耳曼、德意志与 Deutschland

今天人们谈到德国（Deutschland），常用德意志、日耳曼代指，似乎这三个词是可以完全互换的概念，但严格地讲，它们之间是存在差别的，虽然彼此之间渊源深厚，但随着社会历史的发展，它们各自蕴藏在字面之下的意义显然不尽相同。可以这样说，日耳曼人是今天德国人的祖先，但其后裔却不尽是德国人，或者说在今天德国的这片土地上，当年也不仅仅只有日耳曼部族，当然，形形色色的部族中，日耳曼这一支无疑是最强大的。如果再细分，日耳曼部族中最重要的分支包括阿雷曼人（生活在今天的施瓦本地区）、巴伐利亚人、（东）法兰克人、图林根人和萨克森人，若将他们视为一个群体，那么德意志（音译自德语“deutsch”）就是他们共同的名字，他们借以沟通的语言就是德（意志）语（言）（deutsche Sprache），有别于同属印欧语系的拉丁语族和罗曼语族。至于 Deutschland 一词，在德语中有两解，一个是对德意志联邦共和国的简称，中文译做德国，是音义结合的译法（取第一个音节的音“德”和最后一个音节的意思“国家”），这个名称显然令德国人很受用，几乎在德国的每一部汉语教材中，都会找到对德国一词的相同诠释，即在中文里我们国家的名字“德国”是“道德之国”的意思，这种解释是否名副其实或者是否真有其历史渊源姑且不论，至少挑剔的德国人对这个翻译看来是很满意的。除了政治意义上的国家，Deutschland 在德文里还指现在或过去处于德意志语言文化影响之下的广大地区，自莱茵河以西地区延伸至今天的立陶宛，从南蒂罗尔延伸至丹麦南部。当然，从单词意项的使用频度上看，Deutschland 作为对一个独立主权国家的指称（德国）远比其第二个意思（德语语言文化区）出现得频繁，因为无论从哪个角度讲，德国在今天的世界格局中都至关重要，即便在语言文化领域，德国的影响力相较于其他德语国家（奥地利、瑞士、卢森堡等）也要大得多。

谈到主权国家德国，就不能不首先探讨一下它的国家象征，因为这是每个国体不可或缺的标志，是识别它们所代表的政治集体的重要依据，是全体国民依托自身历史传统共同选择的结果，是全民族休戚与共的体现。所以在我们开始对德国文化作一番巡礼，对其民族心态作一番剖析之前，有必要先来看看这个国家的国歌、国旗和国徽，它们是社会历史传统在特定抽象化载体中的积淀，也是具有特殊意义的文化研究对象。

德国人的国歌情结

德国人对本国国歌的态度似乎可以从下面这个事件中窥见一斑，当 2012 年欧洲足球锦标赛战火尚未熄灭，德国战车却止步于半决赛，德国媒体就笔锋立转，开始对这支年轻的国家队在用人、战术及临场表现等方面进行指责，而最出人意外的是在诸多赛场失利后常见的批评中，居然有一条是针对国脚们唱国歌时的表现，用《图片报》的话说，意大利队是男人在唱国歌，而德国队员就是一群懦夫，其文章标题更是醒目：《在唱国歌的时候我们已经输了!》。而早在 2010 年世界杯上，德国国脚们就曾因为唱国歌的问题被诟病，只是当时德国队发挥出色，其令人欢欣鼓舞的战绩阻止了媒体将此批评进一步放大。两年之后，当作为大热门的德国队折戟半决赛，媒体再也按捺不住要旧事重提了。其实，相信唱不唱国歌，或者说怎么唱国歌，是慷慨激昂还是庄严内敛，应该不构成这场赛事成败的关键，西班牙队不是没“唱”国歌照样当上了欧洲冠军吗？但德国媒体之所以如此群情激愤地拿国歌说事，相信更多要归结于他们特有的那个“国歌情节”，估计世界上没有哪个国家对国歌的讨论会像在德国一样，如此地旷日持久，也没有哪个政府会在近半个世纪的讨论中作出那么多前后不一，甚至自相矛盾的表态。《德意志之歌》（Das Deutschlandlied，又译《德国人之歌》），这首仅 36 个单词，译成中文不足 70 字的歌曲究竟为什么会令德国这个以理性著称的民族变得似乎不那么冷静了呢？

国歌诞生的那个年代

德意志联邦共和国现行国歌的旋律出自著名古典音乐家约瑟夫·海顿（Joseph Haydn，1732—1809）之手，为其1796/97年间所作《帝皇颂》（亦称《上帝庇佑吾皇弗朗茨》）第二乐章（曾被定为奥匈帝国国歌），歌词采用的是德国19世纪自由主义诗人奥古斯特·海因里希·霍夫曼·冯·法勒斯雷本（August Heinrich Hoffmann von Fallersleben，1798—1874）1841年所作的一首反映当时德国人民心声的诗《德国人之歌》（Das Lied der Deutschen）。1922年在纪念魏玛共和国（1919—1933）成立三周年之际，也就是诗歌诞生整整81年之后，由首任共和国总统弗里德里希·艾伯特正式宣布将其作为德国的国歌，因为它象征着艰难时期维系德国民族统一信念的纽带，当时歌词有三段：

德国，德国，超越一切，
超越世间的一切！
为保护捍卫家园，
如手足团结一致。
从马斯河到梅美尔，
从埃希河到贝尔特；
德国，德国，超越一切，
超越世间的一切！

德意志妇女、德意志忠诚、
德意志美酒、德意志歌声，
应长存世间。
古老又美丽之响，
令我们行为高尚，
终生不渝。
德意志妇女、德意志忠诚、
德意志美酒、德意志歌声！

统一、法权与自由，

为德意志祖国！
让我们为此奋斗，
如手足同心同力。
统一、法权与自由
是幸福的保证；
在幸福的光芒中繁荣、
兴旺、昌盛，德意志祖国！

以今天的眼光看，这首歌似有鼓吹扩张领土，将德国意志凌驾于一切之上的嫌疑，而且也确实曾由于这个原因在 1945 年被当时的盟军政府禁止作为国歌继续传唱，直至 1952 年联邦德国政府才重新恢复其国歌身份。

其实，上述歌词之所以会引起人们的疑虑，甚至反感，要归因于德国在这首诗歌诞生后的百年时间里曾推行的那些具有浓厚民族主义色彩的侵略扩张政策，是它们将这个国家，乃至世界带入了痛苦的深渊，以至于今天只要有德国人在重大场合提“祖国”，提“民族”，都会引起其欧洲邻国乃至全世界的不安。但是这一切，绝非诗人冯·法勒斯雷本的意志，也不是他当年（1841）在英属赫耳果兰岛（Helgoland）上创作这首诗歌的初衷。如果我们能对诗人生活的那个时代多一些了解，或许就会发现其实对歌词的某些批评是有失公允了。

法国大革命之后，拿破仑率其铁骑改变了中欧政治版图，1815 年他被击败，随后召开的维也纳会议并未带来更多人权、民主、自由和共和的新风，相反会议复辟了许多君主。同年，德意志邦联建立，但这个由 39 个邦国组成的国家既没有共同的国家元首，没有统一的政府和立法，也没有统一的经济、税收和军队，各邦国仍旧保持着各自的主权和领土独立。对于诗人恩斯特·莫里茨·阿尔恩特（Ernst Moritz Arndt）1813 年在诗作《什么是德意志祖国?》中提出的问题，人们仍然感到茫然和困惑，而冯·法勒斯雷本的答案是：

“不是奥地利，也不再是普鲁士，
是唯一崇高威严的德意志之国，
是上帝所赐的德意志自由之国……”

正因为如此，

“德国，德国，超越一切，

超越世间的一切！”

由此可见，德国人民经历了漫长的诸侯割据、民族分裂，对统一、自由有着强烈的渴望，而诗人也正是希望通过这一诗作，号召德意志各邦国的君主能够着眼民族大局，让权建立一个统一的国家；第三段歌词开头提到的“统一、法权与自由”，则表达了冯·法勒斯雷本的政治诉求，他希望建立一个全新的法治国家，而非君主专权。正因为这一立场，在这首诗歌面世的第二年，在他又出版了民主立场鲜明的诗集《无关政治的诗歌》（*Unpolitischen Lieder*）之后，失去了他在普鲁士布雷斯劳市弗里德里希·威廉姆斯大学的教授位置，并被驱逐出境。在以后的岁月里，冯·法勒斯雷本不断被王权政府追捕，近40次被驱逐，接受法庭审判对他来说更成了家常便饭。但他创作的《德国人之歌》因反映了民众心声而被广泛传颂，人们还用海顿脍炙人口的《帝王颂》为这首诗谱上了曲调，使之在人们熟识的旋律下散发出更强的感召力。

至于那些所谓《德国人之歌》宣扬领土扩张思想的批评，其实也毫无根据。诗中所描述的德国疆界“从马斯河到梅美尔，从埃希河到贝尔特”，包括一些非德语区，但也排除了如东普鲁士等一些德语区，实际就是39个德意志邦国自西向东、由南到北的边界，得到当时丹麦、荷兰和奥地利等国的认可，所以我们不能，更不应从诗歌诞生后的历史状况出发，曲解诗人当年追求国家统一，颂扬自由民主的爱国情怀。

国歌的多舛命运

有人说，《德意志之歌》的命运正是德意志之国动荡的写照。虽然1871年，当普鲁士通过王朝战争终于建立起统一的民族国家时，《德意志之歌》已广为传唱，但还不足以令其成为帝国国歌，德意志皇帝威廉一世及其宰相俾斯麦当时确立的国歌是《胜者桂冠下的你万岁，祖国的统领！》（Heil dir im Siegerkranz, Herrscher des Vaterlands!）。因为在那个时代已有为数不少的人对第二段歌词提出了质疑，究其原因是按照当时的领土疆界，马斯河主要流经法国和比利时，埃希河主要在意大利境内，至于贝尔特海峡则属于丹麦，而梅美尔是如今立陶宛境内的一条河。

《德意志之歌》重新在正式场合被唱响，是1890年赫耳果兰岛为交换毗邻非洲的桑吉巴岛（Sansibar）重归德国时，因为近半个世纪前，这首歌的歌词正是在这座岛上诞生的。至此以后，当人们再听到《德意志之歌》

时，不得不承认它确已远离词作者当年的梦想，变味了。第一次世界大战期间，它是许多德国军人在对手枪口下赴死时高唱的歌曲，也是德国战死士兵的颂歌，到纳粹统治时期，歌曲更是被严重歪曲，除了第一段“德国，德国，超越一切”外，其他凸显民主思想的两段被禁唱，甚至规定，唱完第一段后必须接着唱被视为冲锋队战歌的《霍尔斯·威赛尔之歌》（Horst-Wessel-Lied）。显然，自“一战”之后的30年时间里，《德意志之歌》确实被断章取义，成为民族主义分子宣扬种族狂妄和世界霸权欲望的工具。就在1945年5月8日德国无条件投降后，还有狂热的纳粹分子高唱“德国，德国，超越一切”。正是在这样一种历史条件下，盟国管制委员会1945年10月29日通过颁布一号法令，废除了纳粹时期的法律，包括1933年5月19日颁布的《民族象征保护法》（Gesetz zum Schutz der nationalen Symbole），而在此前的3个月《德意志之歌》就已经被禁止演唱和演奏了，并宣布在公开场合演唱或演奏带有民族主义色彩的歌曲是违法行为。这一禁令一直持续到1949年德意志联邦共和国成立。

有了国家，必然引发对国歌、国旗、国徽等国家象征的讨论，而令这个年轻的共和国颇为尴尬的是，1949年至1952年，整整三年时间里，它没有正式的国歌。尽管1949在其成立之初联邦议会就产生过关于国歌的提案，但很长一段时间都没有定论，因为当年12位右派议员在提案中表达了将《德意志之歌》以其“原始的，未经删改的形式作为德意志联邦共和国国歌”的诉求，他们的理由是“海因里希·霍夫曼·冯·法勒斯雷本的文本并无倨傲之意……它符合一种天生的、理所当然的民族觉悟。”① 但是在当年的政治社会氛围下，这一辩白显然有些苍白无力，自然也未被议会法律委员会接纳。

德国的执政者们一直没能就国歌问题达成共识，造成外交场合时而发生小意外，比如当联邦总理康纳德·阿登纳（Konrad Adenauer）对芝加哥进行国事访问时，东道主美国人用一首狂欢节气息浓郁的《异教徒魏茨卡船长》（Heidewithka，Herr Kapitän）来欢迎他；而在科隆举行的一次德国和比利时的足球比赛上，奏完比利时国歌后场上响起的居然也是相同风格的《我们是天生的三地人》（Wir sind die Eingeborenen von Trizonesien）②。虽然在多数正式

---

① 见 Ortmeyer，Benjamin：Broschüre，Auszug aus dem Buch *Argumente gegen das Deutschlandlied*. Köln 1991，2. Auflage Bonn 1999. S. 22. 本章全部原文引用均出自此文献，由作者自德文译成中文。

② “三地人（Trizonesien）”隐射“二战”后对德国实施监管的盟军三国。

场合，贝多芬的《欢乐颂》被作为替代国歌，但偶尔出现的小插曲也不能不令阿登纳恼火，因此当他 1950 年 4 月作为联邦总理首次访问（西）柏林时，演讲结束后他主动要求在场所有人同他一起唱《德意志之歌》第三段，为稳妥起见他甚至让工作人员在座位上事先摆好了歌词。这么做无疑引起不小的轰动——或许阿登纳正希望如此，总之当时的情形是社会民主党成员除了当时的西柏林市长厄尔斯特·罗伊特（Ernst Reuter）之外，全体愤然离席，他们中的几位后来更是将阿登纳的这一举动形容为“突袭”，但社民党内也不是没有支持的声音，比如党主席库尔特·舒马赫（Kurt Schumacher）当年的下属 1980 年 6 月在一次电视采访中就回忆说，其实早在 1949 年底舒马赫就强烈表达过支持《德意志之歌》成为国歌的观点。世界舆论对这次事件同样反应不小，英法两国外交部称此为“不得体的行为”，一家法国报纸甚至直接说这是“民族主义思想延续”的表现，而阿登纳后来对此的解释是《德意志之歌》第三段“在纳粹时期是被禁止的”。

无论如何，没有一首既得到民众广泛认可，又获得官方承认的国歌对一个国家而言是难堪的，德国的政治家们也不断地努力，希望找到合适的解决办法。第一任德国总统特奥多尔·霍伊斯（Theodor Heuss）就曾主张用一首新的国歌来展示国家和民主的新生，他请诗人鲁道夫·亚历山大·施罗德（Rudolf Alexander Schröder）作词，作曲家赫尔曼·罗伊特（Hermann Reutter）谱曲，创作了《德意志颂歌》（Hymne an Deutschland），歌曲不提“德意志妇女”、“德意志美酒”，也不谈马斯河、梅美尔，但在 1950 年元旦首次亮相后却未能如总统先生所愿，为广大民众所接受，著名作家君特·格拉斯（Günther Grass）甚至批评这首歌的歌词是“算不上诗的诗”。随着来自各方压力的增大，霍伊斯总统终于在 1952 年作出让步，同意将《德意志之歌》作为国歌，但却拒绝正式宣布，而是由他起草了一封阿登纳总理给他的信以及他本人的回信。总理致信的目的是向他表达联邦政府的请求，即“认可霍夫曼-海顿版本的歌曲第三段作为国歌”，而他则在回信中承认“低估了传统主义及其惯性需求”，并表示“接受联邦政府的请求，实际上是以这种方式认可了一个事实”。但对于总统先生的建议，联邦政府并未完全采纳，他们修改了总理先生的致信，将联邦政府的请求改为“认可霍夫曼-海顿版本的歌曲作为国歌”，但同时补充说：“在举行国事活动时应当演唱第三段。”霍伊斯总统接受了这一修订，于是在德国联邦新闻处 1952 年 5 月 6 日的公报上，这两封信被刊出，从而最终确立了《德意志之歌》的国歌地位。但正因为阿登纳总理信中稍显模糊的表达，使究竟整首《德意志之歌》，还是仅仅第三段被重新提升为国歌这个问题，困扰了法学家们整整38年之久，直至1990年3月联邦宪法法院的法官们才决定，“作为国家象征受到保护的仅是《德意志之歌》的第三段”。

两德统一过程中，在就《统一合约》进行谈判时，当时民主德国部长会议主席洛塔尔·德梅齐埃（Lothar de Maizièr）曾建议将《德意志之歌》第三段和民主德国国歌《从废墟中崛起》（Auferstanden aus Ruinen）的歌词共同作为统一后德国的国歌，因为当年汉斯·艾斯勒（Hanns Eisler）和约翰内斯·R.贝歇尔（Johannes R. Becher）为新生的德意志民主共和国创作国歌时，就使其曲谱的韵律与《德意志之歌》从头至尾完全一致，而歌词也完全可以和着《德意志之歌》的曲调演唱。但是，德梅齐埃的建议未被接纳，1991年8月，联邦总统理查德·冯·维茨泽克（Richard von Weizsäcker）效仿当年霍伊斯和阿登纳的历史性通信，与当时的联邦总理赫尔穆特·科尔（Helmut Kohl）以换函的形式将《德意志之歌》第三段正式确立为统一后德国的国歌。至此，关于什么是国歌的争论销声匿迹了，但有关德意志联邦共和国国歌的正式法律却仍不存在。或许正是因为《德意志之歌》成为国歌的道路太过漫长和曲折，使德国人在对待它的问题上相较其他民族和国家，显得更为敏感和慎重。

德国国旗

德意志联邦共和国国旗（1949年至今）

与国歌的命运完全不同，1949年民主德国、联邦德国成立后，这两个在文化、历史和传统上本来就一脉相承的国家似乎都认为将象征统一和自由的黑-红-金作为国旗的颜色是不言而喻的事，因为这三种色彩长久以来就象征德意志民族争取统一、独立、主权的雄心：黑色代表严谨肃穆，红色仿佛燃烧的火焰，激发人民憧憬自由的热情，金色则寓意真理的光辉。

于是欧洲国家历史上出现了这样一种独一无二的情形：两个独立的主权国家在长达几乎10年的时间里使用完全相同的国旗。两个意识形态完全不同的国家在对国旗颜色的选择和态度上完全一致无疑从侧面印证着两国的民族同一性及其曾共同拥有的历史传统。

关于黑-红-金三种颜色的第一次共同使用，有的说法是在1152年腓特烈一世（Friedrich Barbarossa）被推选为罗马-德意志国王的庆典上。当时，从法兰克福大教堂至罗马广场，一路都被铺上了黑、红、金三色的地毯，庆典结束后这条长长的地毯被分割成许多小块分发给民众，得到小布块的人把它们悬挂起来，成为飘扬在整座城市的小旗。而在此之前，神圣罗马帝国并没有特定的象征帝国的颜色，皇家通常使用的颜色是黑色和金色，这两种色彩也常常出现在帝国直辖市的徽章上。

至于第一次将黑-红-金三色与追求统一的民族国家联系起来，则是在1813—1815年德意志民族反抗拿破仑侵略的民族战争中（也称解放战争）。这场斗争中，一群主要由学生组成的自由军异常活跃，他们身着带有红色饰边和金色铜扣的黑军服，在路德维希·阿道夫·威廉·冯·吕措（Ludwig Adolf Wilhelm von Lützow）的领导下，为民族独立而战，历史上他们被称为吕措自由军（Lützowsches Freikorps）。这支军队之所以选择黑、红、金三种颜色，史学家提出了非常实际的理由：这支自由军的成员大部分是来自四面八方的学生和知识分子，他们是所谓的“自给者”，不拿军饷，还要自筹装备，所以在投军时他们的服装五花八门，于是被要求将这些自带的衣服染成统一的军服色，而黑色作为基本色自然是最方便的，加上红色的翻边和饰条也不难，金色铜扣因当时被广泛使用，也非常容易得到。

1815年，从解放战争凯旋的学生们建立德意志统一民族国家的情绪高涨，他们创建了全德学生社团（Urburschenschaft），为民族独立和统一奔走，他们的旗帜同样包括黑、红、金三色，上下为红色，中间为黑色，上面绣着一束金色的橡树枝，四周配有金色旗穗，这样一面在1817年瓦尔特堡集会上（Wartburgfest）首次亮相的社团旗帜由耶拿的妇女们绣成，至今保存在耶拿市立博物馆。

1817年德国学生社团在瓦尔特集会上使用的旗帜

至于第一面黑-红-金三色旗，也是出现在这场战争中，那是一面绣着“为了祖国，和上帝同在”金字（Mit Gott fürs Vaterland）的黑红双色、外加金黄色旗穗的锦旗，是柏林妇女赠送给抗法志愿军的，寓意“在黑夜中浴血，迎接金色的晨光”。后来民族战争取得了胜利，人们讴歌黑-红-金三色旗，将它誉为自由、民权与统一的象征。

在这次集会上，来自基尔的大学生奥古斯特·丹尼尔·冯·宾策尔（August Daniel von Binzer，1793—1868）在《干杯！》（Stoßt an！）这首歌中写道："黑-红-金万岁！"这是最早将黑、红、金三色次序确定下来的作品。而今天人们所熟悉的自上而下依次为黑、红、金三色的旗帜最早出现在1832年的汉巴赫集会上（Hambacher Fest），是由约翰·菲利普·阿普雷什（∂ohann Philipp Abresch）制作的集会主旗。那时，随着学生社团运动的发展，三色旗已广为流传，只是在色彩顺序上有不同的形式，比如较为常见的还有自下而上依次为黑、红、金三色的旗帜。

菲利普·韦特:《日耳曼尼娅》(1848)
（象征德意志帝国的妇女形象）

1848年，德国资产阶级革命爆发，三色旗又成为德国资产阶级反对封建专制、争取自由民主和国家统一运动的标志。在法兰克福保罗教堂举行的制宪会议上，一幅德国浪漫派画家菲利普·韦特（Philipp Veit）创作的《日耳曼尼娅》（Germania），作为民族象征高高悬挂在会场最显眼的位置，她身后洋溢着革命气息和希望的黑-红-金三色旗迎风飘扬，与今天的德国国旗几乎毫无二致。但由于普鲁士国王威廉一世的坚持，这面旗帜当时未能被接纳为联邦国旗，1871年俾斯麦统一德国后，代表普鲁士的黑、白色和代表汉萨城市的红、白色被宣布为国旗的颜色，顺序依次为黑-白-红。直到魏玛共和国时期，黑-红-金三色旗的国旗地位才得以确认，不过在纳粹时期又被废除。

1949年，德意志联邦共和国和德意志民主共和国先后成立，围绕国旗的问题几乎没有什么争论，两国人民都认为应当恢复象征自由、统一的黑-红-金三色旗，于是，这面承载着德国追求民族独立、自由和统一梦想的旗帜重获国旗地位，而且同时是两个国家的国旗。直到1959年，原民主德国才在三色旗的基础上，加上由锤子、圆规和麦穗等图案组成的国徽，以示区别。1990年两德统一后，原联邦德国的黑-红-金三色旗成为统一后德国的国旗。

德国国徽

德国国徽（1950 年至今）A

德国联邦标志（1996 年至今）B

黑鹰是德意志联邦共和国国徽上的图案，红爪红嘴，双翅舒展，绘制于金色的盾面上，被称为“联邦之鹰”（Bundesadler），象征着力量和勇气（见上图）。虽然现行国徽沿袭魏玛共和国的晚期版本，由托比亚斯·施瓦布（Tobias Schwab）1928 年设计，但其历史可以追溯至人类文明的发端。作为太阳、生命力和最高神性的象征，鹰在古代东方文明、希腊文明和日耳曼文化中都备受尊崇，罗马人也视它为至高无上的上帝的象征，后来又用它来代表皇帝，整个中世纪，鹰便是皇权与帝国的体现。

“帝国之鹰”（Reichsadler）一词最初源于查理大帝（Karl der Große）时期（768—814 年），1200 年前后金色背景下的黑鹰作为帝国纹徽已被广泛接受，其最早的彩绘图案出自奥托四世时期（1198—1218 年）。中世纪的帝国之鹰通常是单头的，直到 15 世纪为纪念腓特烈二世而变的双头鹰才被广泛用做皇权的象征。双头鹰在 19 世纪也被奥地利和 1848 年法兰克福国民大会确立为国徽。尽管在之后的百年时间里，德意志土地上纷争不断，政权更迭，但鹰作为力量、权力和勇气的象征，始终保持着其基本形态，出现在各式纹徽上，这似乎也体现了德国人执着的民族秉性。

1950 年，为凸显对魏玛共和国的传承，联邦总统霍伊斯宣布将魏玛时期国徽作为当时联邦德国的国徽，未作任何改动，只是将“帝国之鹰”改称为“联邦之鹰”。作为国家象征，今天的联邦之鹰常见于硬币、邮票及政府公函等上。但是，除了国徽上的鹰，在许多重要国事场合或重要的政府机构所在地，人们常会看到另一只稍有不同的鹰出现在德国国旗的正中（见图 A）。除了鹰的翅膀与国徽上的鹰略有差异之外，这里的金色背景形状也不再是盾形，其下部为半圆形（见图B），这又是什么徽章呢？在1950年总统先生所发的公告中，我们找不到对它的描述，哪怕只言片语的说明，可46年后，也就是1996年11月13日生效的《德国国旗规定》中，可以在附录一中找到有关它的内容——这是德国联邦标志（Bundesschild），仅用在德国政府、军队的旗帜上（政府旗，见左下图），私人不允许使用。与此不同，绘有国徽的国旗（民用旗，见右下图）却可以在非官方或私人场合使用。

允许私人在非正式场合使用的国旗
（民用旗）

德国政府机构使用的国旗
（政府旗）

总体来讲，国歌、国旗和国徽作为国家象征，在德国政治文化环境下的使用与其他许多国家相比显得更为谨慎，这可能要归因于20世纪滥用这些象征物给人们带来的伤痛尚未完全消逝，尽管两次世界大战中，无论使用的国旗还是国徽都与现在有明显不同。不过近些年来，德国人对待这些国家象征的态度似乎有所改变，思想深处曾紧绷的弦好像有了松动的迹象，他们开始尝试在大型的非政治性场合释放民族情感，相信所有人都不会忘记2006年世界杯期间观众席上耀眼的国旗色，运动场上回响的《德意志之歌》。只是要看到像星条旗在美国的大街小巷、在美国人家的庭院里飘扬的情形，德国人恐怕还需要一些时日。

第二章 民主的基石——德国的政治制度

说起当今德国的政治制度就不得不提到几乎将整个人类社会拖进痛苦深渊的第二次世界大战。这场人类历史上迄今为止波及范围最广泛，伤亡最惨重，破坏最强烈的战争不仅造成了当时全球政治、地理版图的重新划分，而且其影响更是伴随其后整个人类社会的脚印一直走到了今天。在这出悲剧的始作俑者德国，“二战”的伤痕深入到社会的方方面面，它对当今德国的影响无论怎么评价都不过分。

德国的《基本法》

今天的德国，是一个位于欧洲中部，由 16 个州组成的联邦制共和国，国土面积约为 35.7 万平方千米，人口约 8 200 万，其中不仅包括拥有德国国籍的居民，还有长期居留德国的外国人。相对于欧盟国家平均每平方千米 116 人的人口密度来说，每平方千米 230 人的密度已经使德国成为欧洲一个“人口稠密”的国家。

“二战”结束后，德国在战胜国的操纵下分裂成为德意志联邦共和国（Bundesrepublik Deutschland，简称 BRD）和德意志民主共和国（Deutsche Demokratische Republik，简称 DDR）两个拥有不同意识形态、不同政体及组织形式的国家。当时的德意志联邦共和国，也就是所谓的西德，为使国家“在一个过渡时期”能建立全新的、自由民主的生活秩序，于 1949 年制定、颁布了国家《基本法》。这部法律虽然不是最终的宪法，而只是一个暂时举措，但无疑成为稳定这个由废墟中建立的“新”国家的具有承载力的基石。面对两德分治的局面，《基本法》对国家、民族的要求始终是“在自由的自决中，完成德国的统一与自由”。而于1990年10月3日终于如愿以偿获得重新统一的联邦德国在规定原民主德国（即东德）加入联邦共和国的《统一合约》的基础上，仅仅重写了《基本法》序言和最后条款，使其成为对整个德国有效的宪法文件。

根据《基本法》，德国的国家制度遵循以下五项原则：共和制、民主制、联邦制、法治和社会福利国家。这五项原则最终的落脚点都是保障人民的各项自由权利。依笔者在德国多年的生活经历和对德国社会的了解，在德国自由绝不是一个空泛而虚无缥缈的字眼，它渗透进社会生活的方方面面，扎根在德国人的血脉灵魂之中。举一个小例子，对于在电梯里安装摄像头以方便维护管理与保障乘客的人身安全，中国人都已司空见惯，因此笔者对办公楼电梯内“本电梯在触发紧急按钮时将启动录像监控”的提示语深不以为然，觉得简直是多此一举。然而当有一天无意看到大楼门口一张在中国被称为“狗皮膏药”的宣传单，其上印着“录像监控损害您的自由”这句标语时，笔者才体会到，自由的理念对于德国人来说真的无处不在。

五项原则中的共和制和联邦制从“德意志联邦共和国”这个名称上就已经得到体现。共和制还具体表现在通过选举任命的联邦总统代表整个联邦，是国家首脑，体现国家的统一。联邦总统由专门为此目的而召集的联邦大会选举产生，任期5年，可连任一届。而说起联邦制笔者则不禁想到一次组织德国学生观看中国大片《英雄》的经历。学生们对影片都十分感兴趣，笔者也借机给他们介绍中国历史上最著名的“暴君”（Tyrann——德文史料用语）秦始皇的文治武功。然而在解释影片中“天下”一词时却着实让笔者十分头疼。不仅是因为在德语里没有与之对应的词汇，更因为德国学生无法理解“普天之下莫非王土”的“大一统”精神。由此可见，东西方历史发展轨迹的不同，也造成了人们在对国家形态认同方面不小的差异。联邦制在德国由来已久，这一制度仅只在1933至1945年德国纳粹当权、鼓吹“统一国家”时期中断过，可以说联邦制这一传统在德国经受了相当长时间的历史考验。与东方国家历史上大多中央集权的政体相比，这一制度更适合德国的历史、政治及地理情况，能更好地顾及地区特点和问题。与我国各省及自治区相比最大的不同是，德国联邦制下各州本身具有部分“国家权力”，有各自的州宪法。各州除了其宪法不得违反联邦《基本法》各项原则以外，在法律制定方面，享有广泛的自治权。《基本法》规定，只要联邦不通过法律对同样的事务作出规定，各州就有立法权。这方面典型的例子就是，德国高等教育事业的立法权就属于联邦州。美国的事实告诉我们，联邦制的最大特点就是：对外一致，对内具有多样性。而保持地区的多样性同样也是德国联邦制的重中之重。在德国，地方自治是公民自由权的表现，其历史一直可以追溯到中世纪自由城邦的特权。根据这一悠久传统，《基本法》明确了城市、县和乡镇的地方自治，它们有权对下辖一切事物作出规范并对此负责。这些规范与举措可有效限制联邦政府采用单一的行政命令，并阻止联邦政府滥用权力。当然，联邦制之于德国也不是万妙灵丹，它只不过顺应了德国的历史传统，更适合于这片先有统一的语言，后才出现统一国家的土地。而且就算在当今的德国，联邦制也并非包治百病。德国人经常需要面对的重要问题是，如何具体平衡联邦与各州之间的权力关系。无论是在人民的日常生活还是国家活动中，都无法将政治权力的划分以及决策过程的主导性与领地归属严格区分。换句话说，在有多少集中是必须的，政治组织的架构中如何实现联邦制原则以及应如何将其在政治意志表达中体现出来等一系列问题上，都存在诸多争议。

《基本法》所规定的法治国家原则的大意：国家的一切行为都应受公民基本权利以及《基本法》条文的约束。这就是说公民有审查考核国家所作所为的权力；立法者有接受法律监督与接受质询的义务。纵观历史，德国的法律部分继承了罗马法以及德国境内众多的地方法律，并最终于 19 世纪产生了一部在德意志帝国全境通行的民法。而当今德国的民、商法依旧保持着当时的自由贸易精神。《德国民法典》对我国近邻日本的《民法典》的产生发挥过十分重大的影响。于 19 世纪奠定的法治国家的法律基础主要包括对法院结构、组织与权限进行规范的法院章程法、民事及刑事诉讼法，至于法治国家的保障作用则集中、明显地表现在刑法和刑事诉讼法中。尽管法治国家的原则以及刑事、民事诉讼程序的原则早已经确立，但是在相当长的时期内，统治者对国家的控制依旧严格。直到第二次世界大战结束，在对战争的反思以及在战胜国的压力下，德国当时的领导者们才真正能够正视公民与政权的关系。在法治国家原则确立一百年之后，这种对政治权利分配与分化的观念才深入人心，并落实在公共管理的各个层面。当今德国法治国家原则第一基本要素是三权分立，其意义在于通过互相监督和限制来调节国家权力，以此保护公民的各项自由。法治国家原则的另外一个基本要素是法律对国家一切行动不可更改的有效性，即行政的合法性，同时它还要求，对公民权利的限制需要有正式的法律依据。

《基本法》所确立的福利国家原则意味着国家有义务伸张社会正义，保护公民，特别是弱势者免受社会的伤害。因此德国法律明确规定，国家必须及时提供必要的社会服务与设施，其中包括医疗、意外伤害、失业、养老保险以及儿童、住宅补助、贷学金等一系列社会福利措施。在福利国家原则方面最典型的例子是德国劳工法。为了协调劳资关系，保障双方平等及各种权利的伸张，国家制定颁布了一系列法律和劳资协定。其中，《劳资协定法》、《解约保护法》以及《参与决定权法》和《劳工法庭法》具有最为重要的意义。另外，医疗、失业及养老等保险制度更是为德国的社会稳定及经济发展打下坚实的基础。虽然这些制度在今天都遇到不同程度的困难，但是随着德国经济在克服统一带来的负面冲击以及世界经济的影响后，经过不懈的探索与改革，这些福利制度使得德国也越来越像一个“社会主义”国家。关于德国的社会福利体系本书后文将有专章介绍。

将民主制放在《基本法》五原则的最后来介绍，并不意味着它不重要，或者暗示其多么虚伪和可笑，尽管它确实具有某些令人迷惑的欺骗性，但是生性严谨、执着的德国人却通过一系列法律、条规以及措施将这一原则实实在在地规范并落实到社会生活的方方面面，而不仅只反映在政治层面上。我国中央编译局副局长俞可平 2005 年在接受香港《大公报》记者采访时说，民主是个好东西。后来他又专门撰文说明，民主是个好东西，不是说民主什么都好，不是说民主就没有痛苦的代价，也不是说民主是无条件的。这篇文章激起了国内学者、民众的深入探讨，也引起国际社会的广泛关注。而英国著名政治家丘吉尔也曾经从相反的角度表达过类似的意思：“民主是个不好的制度，但是，还没有发现比它更好的制度，所以我们不得不用它。”从这句有些拗口的评论中不难看出这位带领英国赢得“二战”胜利的领袖心中的疑虑和无奈。究竟民主制是好是坏？为何大家对这种当今世界为最多数国家所采用的制度依然争论不休？其中奥秘还得从这一制度本身来挖掘。众所周知，民主制国家形式的基础是人民主权原则。然而在实现这一原则的形式上，各国却不尽相同。德国宪法规定，国家一切权利从人民出发。而德国所采取的是间接的、代表性的民主制，也就是说，国家权力并非由人民直接掌握，而是由选举任命的立法、行政和司法“特殊机构”行使，人民只需要承认和同意。当然在出现联邦领土重新划分等极罕见的例外情况下，人民拥有公民表决的直接民主权力。德国在总结魏玛共和国因为激进、敌视宪法的党派而覆亡，并最终将国家推入战争泥沼的教训，制定了这样一条看似不民主的规定，即各政治势力的自由竞争终止于民主制可能被民主的手段摧毁之时。这句话十分拗口，简单说来，就是《基本法》赋予联邦宪法法院在政治势力通过民主手段，反过来危害民主制度的时候有禁止其政治活动的权力。这一点对维护国家安全、社会稳定至关重要。由此可见，以追求民主、自由为己任的德国政治家们在血淋淋的事实面前也不得不承认，民主绝非没有底线。

民主的“意外”

德国各级代表机构的选举均通过普遍、直接、自愿、平等以及秘密的方式进行。每个年满 18 岁，在德国至少居留 3 个月，并未被取消选举权的德国人都拥有政府代表机构的选举权。而每个年满 18 岁，取得德国国籍一年以上，未被取消选举权或被判丧失被选举权或担任公职权的人，都拥有被选举权。

在德国的民主制中，互相竞争的政党扮演着举足轻重的角色，政党的建立及其内部组织都必须符合民主的原则，同时民主选举的结果决定其是否可以执政。德国是一个实行多党制的国家，目前德国联邦议会中共有六个党派，它们是社会民主党（SPD）、基督教民主联盟（CDU）、巴伐利亚基督教社会联盟（CSU）、自由民主党（FDP）、左派党（Die Linke）和联盟 90/绿党（Bündnis 90/Die Grünen）。其中基督教民主联盟和基督教社会联盟在联邦议院共同组成一个党团，它们和社会民主党成为德国政坛上的两大政党，德国历届政府基本都是由这两大政党之一与其他三个政党之一共同组成执政联盟。而两大党的联合执政被称为大联合政府（Große Koalition），这种形式的政府在战后德国历史上只出现过三次：一次是 1966—1969 年前西德大联合政府；一次是 1990 年前民主德国大联合政府，由于民主德国于同年 10 月 3 日并入联邦德国，因此这个大联合政府实际只存在了 6 个多月就寿终正寝了；德国重新统一后于 2005—2009 年又产生了一届大联合政府。因德国社会民主党的代表色为红色，而基督教民主联盟和基督教社会联盟的代表色为黑色，所以大联合政府又被称为红黑联合政府。由于这样的联合政府在议会中占有绝对多数的席位，反对力量不成比例，很容易通过它们所提出的任何议案，从而不利于对行政权力进行制约，故在德国人心目中并非理想的执政形式，这一点与习惯大一统的中国人截然不同。这种不同的深层原因之一在于东西方国家起源与历史发展经历的不同，西方世界在价值取向上更注重个性、自由与公平，而非和谐与效率。当然，在各联邦州，这种大联合政府却屡见不鲜，16 个州中有 13 个曾经出现过这种政府构成形式。

由于在联邦一级这种大联合政府十分罕见，因此它的出现特别引人注目，尤其是 2005 年大联合政府的成立，其背后的故事十分耐人寻味。事件的起因还要从 2003 年说起。当时，于前一年刚刚获得连任的德国总理格哈特·弗里茨·库尔特·施罗德（Gerhard Fritz Kurt Schröder）面对德国社会保障系统入不敷出，就业市场由于劳工法的束缚一片黯淡，而高福利也推波助澜，造成失业率屡创新高的局面，不顾“不改革等死，改革找死”的预言，毅然与联合执政的绿党推出“2010 议程”（Agenda 2010），大刀阔斧地对社会保障体系与劳工市场进行改革，大幅削减社会福利，为企业解聘冗员，吸收所需人才提供法律保障。但这一系列改革措施深深触及到本为社会民主党选民基础的中下层民众的根本利益，改革虽然在执政党和反对党之间得到一致性的支持，却失去了广大的民众。

隐射北威州选举（NRW-WAHL）为施罗德政府落败导火索的漫画

诚然，很多人都认识到改革的必要，但他们所不能理解和接受的是，为什么此番改革不是由传统上代表企业主的基督教民主联盟和基督教社会联盟，而是由代表自身利益的社会民主党与绿党政府发起。改革方案一经推出，举国一片哗然，对施罗德政府的反对之声鹊起。媒体更是对施罗德总理本人口诛笔伐，甚至德国电视台也播放讽刺施罗德总理榨取民众钱财的动画宣传片，社会民主党内部也由此产生分歧。面对困局，特别是在社会民主党在传统执政地，德国人口最多的北威州议会选举中惨败于对手基督教民主联盟的直接打击下，施罗德总理为求得一线生机，授意本党议员在联邦议会上通过了对自己的不信任案，从而迫使当时的联邦总统克勒解散议会，提前举行议会选举。这一举措打乱了对手基督教民主联盟和基督教社会联盟的选战部署，仓促应战。一片混乱中，尤其在左派党的搅局下，两大党均无法获得多数，就连与各自的传统盟友联合的席次也均未超过半数，无法成立联合政府，造成了总理的难产。施罗德不愿与号称“更深的红”的左派党有过多纠葛，从而被贴上“极左”标签，又无法说服绿党与自由民主党放弃歧见，组成媒体戏称的“交通灯联合政府”

（自由民主党的代表色为黄色），最终潇洒地选择放弃总理职位。于是社会民主党与基督教民主联盟和基督教社会联盟组成大联合政府，由安格拉·多罗特娅·默克尔（Angela Dorothea Merkel）女士就任联邦总理，成为德国历史上第一位女总理，而社会民主党也获得了新内阁的八个席位。2005 年 11 月，默克尔总理在就职演说中表示，她个人特别感谢前总理施罗德大胆、坚决地推行“2010 议程”，这一系列改革为德国迈进新生代奠定了坚实的基础。可以说，施罗德输掉了大选，却赢得了改革。当德国人今天意气风发地讨论经济发展的时候，就连作为对手的新总理心中也十分清楚，她收获了施罗德总理种下的果实。由此我们不难发现选举制度下所产生的结果虽然能够反映时下的民声，却不一定符合时代的理性。

上面的现实从一个侧面反映出选举在德国社会政治生活中的繁复与诡谲，常有令人始料不及的意外，但我们又不得不说，选举是德国乃至整个西方国家政治、社会赖以生存的基石，所有的政治人物，其一言一行无不以选举为纲。在德国，选举就像空气，几乎无处不在，就连身为常住德国的外国人都会收到参加选举的邀请信函（多为推选代表移民利益的代言人）。大多数德国人都将参与这些选举视为参与社会活动及管理，发挥个人才干，维护自身权益的途径。身处大学的象牙塔中，笔者也都不时收到各种选举的宣传单或电子邮件，虽然它们有时会带来些许困扰，但这种发动群众的热情让身为外来户的笔者深有感触，不论最终结果如何，单单只是这份参与的热忱与基础的广泛，就能使人感受到民主在德国不是一句空洞的口号。

德国总统的权力有多大？

德国联邦议院徽章

德国联邦参议院徽章

德国联邦议会和德国联邦参议院同前文提到的联邦总统、联邦政府以及联邦宪法法院同属于宪法机构（Verfassungsorgane）。德意志联邦议院是全联邦的代表机构，它由选民每4年直选一次，但例外情况下，总统可以决定予以解散并提前进行选举。联邦议院的主要任务是立法、选举总理以及监督政府。联邦议院议员一个最引人注目的特点是他们不受外来的约束，只对自己的良心负责，这一条也被称为“良心自由”，即他们虽然按照所属政党组成议会党团或小组，但是其行使权力时是不受政党约束的。因此，良心自由与保持与所属党派政治一致对每一位议员来说都不是一个容易处理的问题。为了保证议员的独立性，即使某个议员脱离原所属政党，其议员资格仍将保留至任期结束。议会中各党团实力决定各委员会的人员组成比例，联邦议院议长循例从最大的议会党团中选出。

与此不同，联邦参议院则是16个联邦州的代表机构。它并非由民选代表，而是由各州政府成员或全权代表组成。根据居民人数的多寡，各州在联邦参议院拥有3到6个席位，它们在投票时必须保持态度一致。在德国，一半以上的法律须经联邦参议院同意。联邦参议院主席按照固定顺序轮流从各联邦州代表团内选出，任期一年。在联邦总统无法行使其职权或提前卸任时，其职权由联邦参议院议长行使。但是对于代行总统职权这一荣耀，每届参议院议长却都并不存奢望。原因很好理解，尽管德国的总统只具象征意义，被称为“橡皮图章”也毫不过分，但是又有哪一位费尽九牛二虎之力当选总统的人会主动放弃这一职位呢？再加上德国社会相对安定，医疗事业发达，政治人物的人身安全基本不受威胁，总统丧失行为能力的可能性微乎其微。然而就在2010年，延斯·伯恩森（Jens Böhrnsen）却成为德国历史上最幸运的参议院议长，接替辞职的总统履行总统职权。

事件原委是这样的：经济和政治学博士霍斯特·克勒（Horst Köhler）是德国战后第九任联邦总统，2004年当选，2009年获得连任，是一位在德国政界及民间享有良好声誉和极高声望的总统。他十分亲民，以至于有人认为他没有分清个人与其职务之间的界线。就是这样一位为德国人爱戴的总统，却于2010年5月31日出人意料地突然宣布辞去总统一职，并立即生效。联邦总理默克尔女士也仅只是提前接到了他的电话通知。

这一令举国一片震惊事件的导火索是克勒总统一段关于德国海外军事行动的言论。2010年5月22日，克勒在接受德国广播电台的采访时说：“我的估计是，我们之所以走上这样的道路，还要从社会的广度来理解。我们这样一个带有对外贸易倾向并对对外贸易存在依赖性的大国必须知道，为了维护我们的利益，比如畅通的贸易通道，在存有疑问或紧急情况下，军事投入也是十分必要的。”此言一出，一石激起千层浪。本来，动用军队维护国家经济利益是

德国前总统克勒

任何一个国家的人民都能够理解的事情。但就是这样一句大实话对拥有发动两次世界大战痛苦回忆，对“战争”一词已成惊弓之鸟的德国人来说，却变成了不能接受的言论。如果此言按照后来总统府的解释，仅指德国海军在索马里海域的护航行为，或可得到谅解。但致命的是总统选择了一个错误的时间——突访阿富汗视察驻阿部队的第二天。于是，总统讲话中的军事投入自然而然被解读为德军在阿富汗的行动。对于向远离德国的阿富汗派驻部队本就持反对态度的德国人当然不能接受联邦国防军在海外的行动不是为了维护当地和平，而是维护德国经济利益的说法。反对党领导人趁机指责克勒的讲话违反宪法，要求总统收回讲话。

在当今世界，政治人物说错话的例子屡见不鲜，因此而被要求辞职的总统、总理也不在少数，但真正因为“大嘴巴”而自动下台的却不多见。那么，为什么克勒在仅仅遭到批评，并未被要求辞职的情况下突然决定放弃总统宝座呢？按照笔者的理解，克勒的辞职绝不是接受批评、承担责任的举动，而是用这一行动表达心中的不满和对指责的抗争。他在辞职声明中说：“我在今年5月22日针对联邦国防军海外投入的言论遭到了强烈的批评。我很遗憾，我的言论在一个对于我们民族十分重要和困难的问题上可能导致了误解。批评甚至将支持联邦国防军执行超出宪法规定任务的观点强加到我的头上，这样的批评毫无理据，对我的职位缺少必要的尊重。这里我宣布辞去联邦总统一职，并且立即生效。我感谢那些在德国给我信任并支持我工作的人们。我请求你们理解我的决定。……作为总统为德国服务是我的荣耀。”从声明强硬的措辞可以看出，这哪里是接受批评的声明，分明是战斗的檄文。有很多人认为，虽然克勒表面上是因为针对德国军队海外军事行动的言论遭人非议而辞职，但更深层次的原因则是欧洲金融稳定机构的设立，特别是对希腊的援助，克勒对这一针对欧元危机的拯救计划一直持审慎态度。曾任德国工业联合会主席以及德国著名学术联合团体莱布尼茨学会主席的汉斯-奥拉夫·亨克尔（Hans-Olaf Henkel）就曾明确表示："几乎可以将之称为一场政变……早上和中午分别在联邦议院和参议院通过，而第二天总统就已经，或者说必须签字。"这在亨克尔看来是克勒"辞职的唯一可以接受的理由"。看来，虽然对总统的作用和地位早已心知肚明，但作为执着、严谨的日耳曼人，克勒仍旧希望国民能够尊重其本人及总统这一代表全德国的职位，并不甘于成为受人摆布的棋子以及政府行为的替罪羊。

德国总理默克尔与前总统克勒

克勒的"愤然辞职"确实令默克尔政府感到猝不及防，有联盟党内部知情人透露，女总理对此十分震惊，并试图改变克勒的决定，甚至"警告"其行为有可能给国家带来危机，动摇国民对国家机构的信任。事实上无论在政治圈中还是普通民众都认为克勒总统的辞职是一个仓促的决定，用一句老话来讲，是一个"政治上不成熟"的表现。但或许正是这种"不成熟"才使得人们在惊讶的同时，对这位敢于讲真话、表现真性情的政治家多了一份尊重和热爱。

当然，这一事件对默克尔政府也不全然是一件坏事。由执政联盟推选的克里斯蒂安·W. W. 武尔夫（Christian Wilhelm Walter Wulff）当选德国战后第十任总统，一方面巩固了联盟党的执政地位；另一方面，就默克尔总理而言，在传统竞争对手社民党青黄不接，无力对联盟党发起挑战的时候，时任下萨克森州州长的武尔夫被视为其总理宝座唯一有力的竞争对手，而现在最大的“绊脚石”终于不存在了。

德意志民族无疑是值得我们尊重的，其灿烂的文化，尤其是哲学思想为整个人类文明增添了浓墨重彩的一笔。纵观世界近现代史，德国能够两次从世界大战中迅速恢复并成长壮大绝非偶然，除去国际政治环境的影响，其内在素质与自身努力起到了决定性作用。特别是两德的统一与融合更让我们看到，大国的崛起也可以走一条不流血的“和谐”道路。当然，德国的政治制度与发展道路绝不是放之四海皆准。就拿西方国家一致认同的民主原则来说，各国在其实施上也不尽相同。虽然大选时闹哄哄的气氛与世界民主的“标杆”美国不分伯仲，但德国最有权力的总理一职由获胜党派或党派联盟领袖出任，就与美国总统的直选有着截然的区别，其中的奥妙十分耐人寻味，与两国的历史也不无关系。

第三章 上兵伐谋——德国的外交政策

身负原罪的政治侏儒

在德国生活了近十年，但是在笔者的印象中似乎很少碰到对本国外交政策感兴趣的德国朋友。德国人并非对外部世界不闻不问，相反时常兴致勃勃地对其他国家发生的事情指手画脚，从世界上不断发生的局部战争、恐怖袭击，到他国社会、经济生活上的风吹草动，德国人都非常乐于与你探讨、评论。从一张张微笑的脸庞上，从并不乏幽默的言辞中，与之对话者能够十分清晰地发现他们对其他国家，特别是远离欧洲的东方有着非常执着的误解甚至偏见，这其中包括很多本身从事东方研究的学者和学生，有时候，他们对东方的抨击比普通民众来得更加尖锐。究其原因不仅是因为他们比其他人更关心东方，其中大多数也确实对那里的人民怀着很深的人文关怀，而且更应归因于德意志民族性格上的执着与自以为是。

德国人对自己国家和他国不同的态度，特别是对本国外交事务的选择性失忆有着十分深远的历史和现实背景。从历史方面来讲，背负着两次世界大战元凶重负的德国人，深知其他国家，特别是其他欧洲国家，对其怀有深深的疑惧甚至仇恨。德国是欧洲拥有邻国最多的国家，如果与其邻国交恶，便会处于四面楚歌之中。1991 年，德国前总理科尔曾经无奈地感慨：“我国的地理位置十分不利。我们最强大，最勤奋，却也最不为邻居所喜。”于是，这些历史、地理上的纠葛造成了今天德国在处理与别国关系时步步谨小慎微的局面，唯恐“德国威胁论”再度出现，动摇其在欧洲的根基。“二战”后德国一分为二，成为冷战两极格局对峙的前沿阵地，两德也彻底沦为各自阵营老大的跟班，其外交政策必须，而且也只能紧随美、苏的脚步。并且，除与盟国关系外，外交事务的重中之重便是处理两德之间的关系，世界其他地区，无需，也轮不到他们关心和插手。而广大德国民众，则在经历了战争创伤与良心煎熬的双重打击下，只能并更愿意将注意力投向自己生活状况的改善，更是无心也无力关注诸如外交政策这样敏感而又遥远的领域了。

纵观当今德国的政治现实，其政治圈子中流行这样一句话，“用外交政策不能赢得选举”。众所周知，在西方社会一切政治行为首先必须为选举服务，如果无法赢得选民的认可，从而获得执政地位，一切政治理念、抱负都是空谈，所以在相当长的时间里整个德意志民族都对“爱国主义”、“大国地位”、“国际空间”等概念有意无意地遗忘甚至回避的大环境下，德国深负“智慧”的政治家们大多都对外交事务谨言慎行。但是这种情况也在悄悄发生着变化，因为没有成功的外交政策，执政者也不可能实现国家的长治久安。于是，在2002年，社会民主党领导人施罗德凭借着似乎“对选举无足轻重的”外交政策，一举赢得了大选，并彻底扭转了德国政治家长期以来轻视外交政策的观念和现状。当时，身为联邦总理的施罗德提出了一条拒绝一切针对伊拉克军事行动的“德意志道路”，不管这些行动是在欧盟的框架之内，还是得到联合国的授权。正是这一政策为其政党赢得当年大选具有决定意义的选票。然而，这一政策也使其成为第一位将“反美主义”公开化的德国政府首脑，并给了长期以来对德国国家根本利益举足轻重的跨大西洋关系，即德美关系重重一击。但令人惊讶的是，德国民众以及精英阶层的大部分人都对这种有意的、目标明确的，并且是明显“错误”的外交政治倾向采取了沉默、纵容的态度，甚至暗暗为之叫好。在取得国内选举胜利的同时，施罗德政府也不得不默默承受伴随德美关系受损而来的一系列后遗症，包括与几大邻国关系的倒退，这也使得其后的默克尔政府在修补德美及与周边国家关系上举步维艰。

经过这一事件，许多德国研究者一针见血地指出，德国社会还缺少一个研讨外交政策问题，并为国家外交行为提供坚实基础的相对广泛的“社群”。正是在这样的大背景下，造成在国际社会上，几乎听不到德国在外政方面强有力的声音，就连在经济领域也鲜有具国际影响力的人物。而放眼德国国内，几乎没有大规模关于外交政策利益得失的辩论，这对于从国会到农庄，从电子媒体到社区黑板报，各种辩论纷繁芜杂、汗牛充栋的民主社会来说，简直是一种莫大的讽刺。随着德国国力的恢复与振兴，德国虽然再次成为世界经济巨人，然而政治侏儒的这顶帽子却依然无法摘去。也许是国内的财政原因，在两德统一之后，随着德国国际地位的不断提升，外交领域的投入却持续下降，从1990年至今，在德国外交部、国防部以及联邦发展与合作部预算中有关外政的支出缩减了近十个百分点，许多有识之士对这一发展现状深表忧虑。以战后联邦德国第一位总理名字命名的康纳德·阿登纳基金会为营造和培育德国外交政治文化，建立了“21世纪对外政治”工作组，资助国家外交领域的新生力量。到目前为止，已经有25名学者、记者以及议会外事工作人员等专家被集中到这里，对德国对外政治的相关课题进行分析研究。诸如此类亡羊补牢、知耻后勇的举措不仅体现了德意志民族严谨、务实的精神，其成果也必将对德国政治形象的改善及国际地位的提升发挥重要作用。

固本安邻——掌控欧洲

其实，所谓的外交政策并非局限于政治层面，它涵盖了军事、经济及文化等社会生活的方方面面。它也绝不会与国家的内政无关，相反它正是一个国家内政的延伸，因为一切外交政策与行为都不纯粹是为外国人制定与服务的，它的最终目的无不是为了各个国家自身的利益。只不过在变化莫测、波谲云诡的国际社会中，很多情况下一个外交事件的发生和发展让人难以一目了然，往往在很长时间之后，其因果利害才会慢慢显露，也正因为如此，外交政策的制定需要长远的眼光与开阔的视角，短视行为所带来的常常是无穷的后患。比如上文提到的前总理施罗德的“德意志道路”，就被诸多人士认定为是一个贻害无穷的外交政策。当然对这一政策盖棺定论还为时尚早，其对德国以及欧洲，乃至整个世界的意义，恐怕得等到二十年甚至更久以后才会真正显露出来，因为在全球化日益加剧，多级世界格局逐渐成形的今天，对美国说不，也并非一定是鲁莽的行为。

总括当今德国的对外政策其实就八个字：立足欧洲，放眼全球。德国地处欧洲中部，又挟其自身强大的经济实力，在欧洲可谓举足轻重。然而也许国人没有想到的是，欧洲于德国而言，其意义更为突出。我们知道，在当今世界，闭门发展已然不可能，像德国这样一个科技发达，拥有完备工业体系和超强资本的国家，需要的是稳定的原材料供应以及广阔的市场。随着人口老龄化问题的加剧，社会福利体系不堪重负，德国还需要能够为其增加税收，又相对廉价的新生力量。于是，欧洲特别是东欧对于德国的意义也就不言自明了。不仅如此，欧洲还是德国走向世界的跳板，是德国人开门迎客的厅堂。由于众所周知的战争原罪，德国人在世界警惕的目光中无法名正言顺地参与那些涉及政治、军事等敏感领域的国际事务，所以它需要以欧洲代理人的形象为其政治诉求探索出一条不会惊扰他人的道路。深谋远虑的德国政治家清醒地认识到，如果真有一条所谓的“德意志道路”，那么它只能一如既往地建立在放弃“独立自主”的原则之上，德国必须将国家利益的诉求贴上欧洲的标签才有可能获得认可，为人接纳。其实这种在处理国际事务时挂羊头卖狗肉的做法绝非德国人首创，稍微了解亚洲历史的人都不会忘记，当年的日本就是打着“大东亚共荣”的幌子，以团结、帮助广大亚洲国家反抗西方的殖民主义为名，而行侵略、奴役别国之实。虽然今天的德国与当年的日本有着根本的不同的目标与战略，但从战术上看，似有异曲同工之处。

德国的欧洲政策中有两个问题最为关键：一个是与欧盟，另一个是与东欧以及俄罗斯的关系。首先，德国一直立足欧盟，竭力推动欧洲一体化进程。可以这么说，欧盟是世界上最为成功的区域性国际组织，没有其他任何一个组织能够像欧盟一样带动和保障其成员取得持续和平和稳步发展。这一成就对所有欧洲国家来说都具有不可估量的价值和意义，因为此框架内各成员不同的国家潜力可通过协约得以充分发挥，从而为整个欧洲带来利益，前西德就从中获益良多。两德统一后，随着两级结构的解体以及“9·11”恐怖袭击后美国在安全政策方面的调整，欧洲一体化进程对德国来讲，就具有更为重要的意义，而推动这一进程的发展也无可置疑地登上德国对外政治优先表的顶端。具有先见之明的前总理科尔在1994年就曾经对记者说：“如果我们不同时推进欧洲统一，德国统一这一具有历史意义的事件就毫无意义，德国人将得不到任何帮助了。”如果这一表达还显得犹抱琵琶半遮面的话，那么当他说出“我认为，我们仍然是欧洲发展的发动机，这很重要”时，则彻底暴露了德国掌控欧洲主导权的政治诉求。

经过长期不懈努力，德国已在欧盟扎下了坚实、几乎不可动摇的根基。为了将自身的影响扩大到整个欧洲，进而在世界舞台上发挥更大的作用，德国不遗余力地推动欧盟向东扩张，使得欧盟的正式成员国截至目前达到了27个。而且欧洲一体化这一进程绝不仅仅停留在地域面积的扩大以及经济合作的深化上，德国更是把将欧盟建成一个打破国家界限的超级联邦制国家这一政治改革作为其外交政策的首要目标。回顾欧洲20世纪50年代以来的发展史，不难知道欧盟前身原本是一个由包括原西德在内的几个国家的行业合作组织发展而来的区域经济组织。而随着2009年末《里斯本条约》的生效，欧盟已经摇身一变成为一个政治实体。相比《马斯特里赫特条约》对经济和货币联盟的建设，《里斯本条约》则是对欧盟在政治层面的改革与整合。这一发展进程与德国急欲摆脱“经济巨人，政治侏儒”这一称号的诉求步调完全一致。有了欧盟这个“超级国家”为后盾，德国必将在世界舞台上取得更大的话语权。而这种效果恐怕很难用巧合来解释，有心的读者不难发现，根据《里斯本条约》欧盟新设了欧洲理事会常任主席，任期两年半，可连任一次，并调整了原先的共同外交与安全政策高级代表的地位与职权范围。从条约对这两个职位的设定和实际效果来看，被外界称为“欧盟外长”的高级代表远比俗称“欧盟总统”的理事会主席显得更为突出和重要。表面上看，这两个职位保证了欧盟无论对内对外都保持统一的声音，但轮值主席国制度的继续存在却使得理事会主席一职的身份极为尴尬。换句话说，在确保一致对外的同时，欧盟内部各成员国依然保留了相对的独立性和话语权。这一在《欧盟宪法条约》订立时由于法国与荷兰公投胎死腹中后各方妥协形成的局面，虽然令很多人扼腕叹息，但是却没有能够阻挡德国利用欧盟发挥外交影响力的脚步。通过这种政治一体化的深入，德国已经将欧盟牢牢捆绑在其进军世界的战车履带之上。当然，为了完成利用欧盟这一平台实现“政治脱贫”的目标，德国人还有很长的路要走，其中最为关键的首先是如何使欧盟在实际操作上真正实现用一个声音说话；其次是确保德国在联盟内部的主导地位。在这两个方面柏林-巴黎轴心都将发挥关键作用，可以说，欧盟未来的走向在很大程度上取决于德法两国关系的发展。于是继续保持科尔与施罗德两任总理建立的与法国的“亲密”关系具有特殊意义。当然，与法国建立与保持特殊关系不仅仅是为了发挥集合优势，更是为了减少因两德统一带来的“德国威胁论”的负面影响。曾经有一位德国作家在其书中这样写道：“没有哪一个邻邦相信日耳曼人会信守和平。不管他们的生活如何美满，那不安分的热血总令他们提出一些出格的要求。好斗的日耳曼人无法忍受恬静的生活，更有浮士德博士及其万千随众，不甘于思想上的极度平静。”这一描写正是柏林墙拆除之后众多欧洲国家不安与忧虑的真实写照，“恐德症”在因德国统一而均势失衡的欧洲蔓延。为了扭转这一局面，当时的科尔总理果断地与法国达成谅解，努力消弭两国之间因冷战结束而出现的裂缝，重新建立起由阿登纳建立的“德法轴心”，迫使紧随美国人步伐的英国在欧洲的地位逐渐被边缘化。当然，出于历史的原因，法国人对德国的不信任感是根深蒂固的，德法关系究竟会如何演变，还取决于科尔、施罗德的后继者们的政治智慧。

德国的欧洲战略中另一个关键问题是如何处理与东欧及俄罗斯等国家的关

系，因为这一地区也是“恐德症”的疫区。这些国家由于自身经济发展的要求非常需要德国的扶持与援助，因此对德国的统一保持了放任的态度。撒切尔夫人一语道破：“俄国人需要德国的贷款和投资，所以他们只好沉默。”而德国在统一后，为了消除东欧及俄罗斯的疑虑，也确实慷慨地向这些地区伸出了援助之手。德国所提供的经济援助与其他西方国家相比多出一半以上。德国还是前苏联解体后，世界主要大国中最早承认俄罗斯的国家。德国不仅同这些国家建立起贸易伙伴关系，作为最大的投资者，其资本大量涌进捷克、波兰等东欧国家，成功地与这些邻国建立起紧密的经济和政治联系。随着中、东欧国家加入欧盟的愿望日益迫切，德国对此不仅表示支持，甚至大力推动，在“经济唱戏”的同时，不遗余力地输出“民主”、“自由”、“人权”等政治理念。因为一旦这些地区出现问题，首当其冲受到危害的将会是德国。出于对这些地缘和历史原因的考量，德国的对欧政策逐渐发展形成前外长金克尔所概括的“既向西，又向东”的格局，德国利用其左右逢源的地理优势，正在借助欧盟的东扩，将中、东欧纳入其势力范围，一方面架构沟通东西的桥梁，缓和东西方紧张关系，另一方面则将中、东欧地区变成防范俄国的屏障与缓冲地带。为了实现这一目标，在欧盟无法触及的地方，德国就借助由原欧洲安全与合作会议易名而来的欧洲安全与合作组织这一覆盖整个欧洲的庞大而松散的安全政治组织发挥其影响力。比如欧安组织 1995 年通过的《欧洲稳定公约》，其签约国竟达到 52 个。这个原本属于欧盟的计划能够在欧安组织框架内得以实现，1994 年下半年担任欧盟轮值主席国的德国居功至伟。前外长金克尔“我们两者都要”的发言概括了德国以西为本、兼顾东方、连接东西、辐射全境的全盘欧洲战略。

日耳曼雄心——进军世界

德国外交政策的第二步，即进军世界的战略核心主要包括处理与美国及联合国的关系。在当今世界，随着两极格局的瓦解，美国无可争议地成为世界一哥，没有哪一个国家的崛起可以绕过美国的影响，曾经野心勃勃的前苏联解体以及东欧一系列剧变正是美国超级战舰乘风破浪的痕迹，就连亦步亦趋的日本人也在经济发展中连遭美国暗算，长时间无法完全恢复。德国人可以创造奇迹吗？

“二战”结束，两德建立之初，两国均需要得到政治上的支持，经济上的援助以及军事上的保护，因此不约而同地倒向各自阵营的大哥美国和前苏联，与其结盟自然而然成为各自外交政策的重要基石。阿登纳就曾直言不讳地说过："我的政策的出发点是紧紧地依靠美国。"当时的西德也确实利用美国欲同前苏联抗衡控制欧洲的契机，在马歇尔计划的帮助下，在北约军事组织的框架内，在美国的"核保护伞"下，迅速从战争的创伤中恢复过来，再加上以经济和贸易立国政策的正确引导，逐渐发展成为仅次于美国和日本的世界经济大国。但如前文所述，这一时期的西德政府，鉴于本国的历史重负，加之宪法的限制，在国际政治中只能老老实实夹着尾巴。而同一时期的东德政府在前苏联的政治、经济与军事的三重高压下，在国际事务中更是俯首帖耳，毫无作为。

然而，随着前苏联的解体，冷战的结束，拆除了柏林墙的德国人再也不甘于"小弟"这一角色，不少德国政治家甚至不满足于将外交舞台局限于欧洲。"统一总理"科尔就曾经说过："直到1990年10月德国统一之时，我们都可以找到借口说，我们的国家是分裂的，一直不能完全履行我们的国际责任。但是现在不能这样讲了。"德国统一后的第一任全德总统赫尔佐克更是在其就职演说中毫不掩饰地宣称："我尤其要强调的是，德国应该不再像过去那样，以一个伺偻者的形象出现在世界舞台，德国应当堂堂正正地发挥自己的作用。"赫尔佐克的这一发言宣示了德国外交史上一个新时代的来临。但就在德国民众欢呼雀跃的同时，德美关系，也就是德国人眼中的跨大西洋关系却随着共同敌人的倒下，即被称为跨大西洋关系粘合剂的来自东方的威胁的消失而悄然发生着改变，两者之间的主要矛盾也由主权之争易位于欧洲领主之争，甚至于世界霸权之争。德美关系的裂缝终于在前总理施罗德出于内政压力，在美国对伊拉克军事行动中采取"非暴力不合作"政策而达到顶点，德国也由此被美国冠以"旧欧洲"的称号。

尽管德美之间存在分歧和矛盾，但由于种种利害关系，两国不可能完全撕破脸皮。一方面美国依然需要通过德国影响、控制欧洲；另一方面德国在安全方面仍需美国的保护。目前德国看似已经扬眉吐气，挺直了腰杆，但实际上基于两国共同的价值观念、意识形态以及社会制度，加上半个世纪以来的结盟关系，特别是在政治和经济方面的密切联系，德国依然不可缺少美国这一联盟伙伴。这也是施罗德政府外交政策不断为人诟病，默克尔总理继任后立即着手修补德美关系的主要原因。随着事态的发展，冷静下来的德国政治家们日益认识到，德国不仅仍需美国的军事支持，以抵抗逐渐复苏的俄罗斯的潜在威胁；而且德国要想在国际舞台上扮演大国角色，以及争取联合国安理会常任理事国地位，必须获得美国的支持。1992年科尔对美国记者说："德美友谊是我国政治前途的基本条件。"这绝不是虚伪的迎合，而是德国人必须面对的现实。

我们知道，北约是连接德美关系的基石。在雅尔塔体制下，北约的作用曾经不容置疑，然而这一机构却是由美国领导，而非美欧共管的，可以说它是美国在欧洲发挥影响的重要渠道。随着它的对立面华沙条约组织的解散，很多德国人认为，北约已失去存在的必要。然而作为一个拥有武装力量这一特殊优势的跨国组织，美国仍然需要其在欧洲乃至国际安全事务中的威慑作用，特别是在“9·11”恐怖袭击发生后，随着国际恐怖主义逐渐成为美国的头号威胁，以及联合国对美国单边主义行动的掣肘，美国愈加看重北约在完成其安全战略方面的作用，因而北约不仅没有被削弱，反而不断扩大，并从一个防御性组织逐渐向干预地区性甚至全球性安全事务的进攻性军事与政治组织蜕变。虽然前西德直到1955年才加入北约，但作为欧洲大国，德国在北约的地位不言而喻。德国统一后，一方面认为北约仍然是德国安全的支柱，但同时也希望北约调整其职能，加强政治作用，并强调跨大西洋的伙伴关系。这一诉求充分表明了德国对欧美在安全、防御领域不对称性的忧虑。于是，1988年由科尔和密特朗共同决定建立起一支德法部队，这支部队于1993年发展成为欧洲军团，它和之前于20世纪70年代成立的欧安会一起成为德国欧洲安全战略的重要环节，也是对美国“欧洲家长”身份提出的挑战。在德美关系陷入低谷之后，新一届德国领导人经过反思与总结，认为目前德国要想实现其“全球化外交”战略，不可能绕过美国，美国依然是德国不可或缺的盟友。但是大西洋两岸之间必须建立平等的对称性双边关系，而不是由美国主导。当然如今德国人十分“低调”地称双边的其中之一为欧盟，而非德国。

德国“全球化外交”战略的另一关键步骤是加强与联合国的关系。尽管由于美国单边主义的抬头，使得联合国的身份与作用时常显得尴尬与捉襟见肘，但是联合国在维护世界稳定，加强世界各国联系，协调国际关系方面的作用依旧无可替代。立志谋求世界政治大国地位，“承担更多国际责任”的德国当然不会忽视这个展现其形象的舞台。提到德国与联合国的关系，不由得使人想起德国谋求联合国安理会常任理事国地位的努力。为了实现这一目标，德国甚至与日本、印度以及巴西组成“入常”的“四国集团”，抱成团向联合国施加压力。但是这一举措不仅没能扭转原本对德国怀有疑惧的欧洲国家的反对，反而因为日本在“二战”问题上与德国天差地别的反省态度激起包括联合国安理会常任理事国中国在内的亚洲国家的反感，使得德国对消弭“二战”阴霾所作的努力大打折扣。在这种情况下，务实的德国人不得不悄悄改变了努力的方向，即加大与联合国在维护世界和平、人道主义救援、打击恐怖主义、控制军备以及经济领域等方面的合作。截至2007年年底，已经约有8 000名德国士兵和230名警察投身于联合国领导或授权的各项维和使命，虽然这一数字只位居派员参与联合国维和行动国家的第20位，但背负历史负担的德国能够将士兵再次送出国境已经是一个了不起的成就，对德国具有十分深远的政治意义。目前已有16个联合国办事机构落户前西德首都波恩，600多名联合国人员在此工作，使得德国政府将该市建成国际及多边组织中心的政策显得小有成效。这一系列举措当然并非没有回报，2010年10月12日，德国在联合国大会经过3轮不记名投票后被选举成为2011/2012年度安理会非常任理事国。这已经是德国第5次当选。这一事实证明，德国在联合国框架内的行为已经得到了广泛的认可，是德国外交政策的又一次胜利。当然，德国对联合国行动的支持，其中包括占第3位的联合国会费及维和措施预算经费，绝非慷慨的乐善好施，比如默克尔政府所提出的"人权外交"口号明确显示，德国在处理国际事务时依然坚持顽固的意识形态观念及政治意图，在这一点上，德国与美国政府毫无二致，只不过在具体实施中德国没有美国那么底气十足和飞扬跋扈罢了。

德国外交政策的启示——精心包装

综观德国外交政策，无论是其欧洲战略，还是全球化外交政策，给笔者印象最为深刻的只有一个字——装，说的好听一点儿就是精心包装。虽然说外交语言本身就和中国古代相术语言一样，具有模糊性，但是却没有哪一个民族可以像日耳曼人那样，用精致如逻辑推理，严谨如哲学思辨一般的论证与阐述将真正的目的模糊掩藏起来，雄辩得好似真的自己相信，在一层又一层的包装之后，德国人已经不再是德国人，而是欧洲人，甚至是"地球人"。但是，当我们拆开精美的国际责任外盒，撕掉半透明的人道主义薄膜，看到的仍旧是赤裸裸的国家利益。国人在学习买椟还珠这一成语时总是嘲笑顾客舍本逐末，却大多忽视了商家妙绝的营销艺术，在这一点上德国人实在技高一筹。观察国际上的外交博弈，欣赏一下德国媒体对自身的"严格"要求不失是一个很好的借鉴，有心读者不妨品味如下"高论"："我们不能远离国际政治问题，不能坐在家门口看到邻居遭遇火险而不去救助。""人们期待着处于欧洲中心地带的这个国家具体参与世界政治。同时，参与也意味着做好担任领导的准备。"对于舆论界这些"换位思考"下的要求，德国前总统赫尔佐克的回答是"德国不得不在世界上发挥其作用，但要以一种宽容的方式，而不要气势汹汹"。

第四章
我们是一个民族！Wir sind ein Volk ——两德统一的启示

德国虽然于公元962年，当时的国王奥托一世由罗马教皇加冕为神圣罗马帝国皇帝，建立起所谓的“德意志第一帝国”，但真正意义上统一的德国，还得等到八百多年后德皇威廉一世在法国凡尔赛宫的加冕。这个由信奉“铁”和“血”的宰相俾斯麦一手打造的欧洲新贵史称“德意志第二帝国”。而更为大多数现代读者熟悉的则是由“二战”元凶之一的阿道夫·希特勒及其纳粹党（Nationalsozialistische Deutsche Arbeiterpartei 国家社会主义工人党，简称“国社党”，Nazi 是其德语缩写）信徒所建立的“德意志第三帝国”。从名称上看，纳粹党似乎受到马克思社会主义理论的影响，同时也是德国工人运动大发展下的产物，然而其奉行的却是国家对内控制一切，严格经济和社会组织化，对外积极扩张的法西斯主义（Faschismus）。纳粹党在获得国家政权前后一系列针对德国共产党的迫害与对工人运动的镇压，也十分清晰地表明其对共产主义的仇视。与法西斯主义不同的是，德国纳粹主义对民族，尤其是对种族的重视。我们知道，日耳曼民族本来就是一个严谨、注重团体配合、尊重规则与纪律的民族，相信但凡看过德国足球比赛的读者，都会在对德国人如机器般运转的传切攻防心生敬意的同时也郁闷不已。正是借由日耳曼民族这种认准便不放弃的特性，在建立一个纯雅利安人的德意志帝国的疯狂理念的指导下，第三帝国在加强对国民民族、种族主义宣传与教育的同时，展开了对其他民族，特别是对犹太人的迫害与清洗。这一政策使得德国在之后的岁月，包括“二战”结束数十年后的今天，一直背负着沉重的心理负荷，在外交政治中，尤其是涉及犹太民族的事务上缩手缩脚、如履薄冰。德国前副总理兼外交部长，绿党领袖约施卡·马丁·菲舍尔（Joseph Martin Fischer）在被问到，为何德国对于以色列和巴勒斯坦问题没能发挥更大作用时，这位曾经的德国20世纪60年代学生运动积极分子、“毛主义”的坚强粉丝十分无奈地坦承：“我们脚下的冰层并不坚实。”

约施卡·马丁·菲舍尔

在德国内部，民众也时时刻刻、胆战心惊地刻意回避与民族主义相关的话题，甚至连“祖国（Vaterland）”这样的词汇也成为政治家的禁忌（Tabu）”。在德国生活过，或者有机会听过德国政治家们演讲的读者不难发现，但凡涉及外交或民族、国家问题，这些女士、先生们言必称欧洲，语必出融合（Integration），俨然一副“忘宗背祖”的模样，就差拿起吉他高歌一曲“俺们德国都是欧洲人”。

在分析德国统一背后深层内涵以及东西方在对待国家统一问题上不同态度的原因之前，让我们先来看看德国统一的具体进程。说到德国统一就不得不提起当时的西德总理赫尔穆特·科尔（Helmut Kohl）。作为在德国占据总理宝座17年，同时也是德国统一后第一位总理，科尔的政治成就恐怕只有战后联邦德国第一任总理康拉德·阿登纳（Konrad Adenauer）以及因在波兰华沙犹太人起义纪念碑前下跪换来德波和解而获诺贝尔和平奖，却又因东德间谍门而被迫下台的威利·勃兰特（Willy Brandt）可比。在德国，很多学者甚至将这位被媒体调侃最多的政治家与“铁血”统一德国的俾斯麦相提并论。不论科尔在其他政治、经济领域的成就如何，单就其在促进德国统一大业方面所起到的作用和作出的贡献，就足以使其彪炳德国史册。然而，当我们静下心来仔细分析回顾德国重新统一这一历史性事件不难发现，在此进程中科尔领导的西德政府所作出的努力并非决定性的，这从本章标题“我们是一个民族”这一口号首先出现在东德街头就表现得十分明显了。与其说科尔领导德国人民完成了国家的重新统一，不如说是他独具政治慧眼，顺应东、西德人民实现统一的迫切要求，抓住了苏东剧变的历史机遇。换句时髦的话说就是，他“被”领导人民实现了国家的统一。

任何一个重大历史事件的发生都是外部与内在因素双重作用的结果，两德统一也不例外。由经济危机与政治改革而引发的前苏联、东欧地区的社会剧烈动荡构成了两德统一的外部条件。我们知道，在雅尔塔体制下，作为东西方两大阵营冷战的前沿阵地，任何国际政治、经济方面的风吹草动都会对两个德国造成重大影响。20世纪80年代末，经济危机和前苏共领导人戈尔巴乔夫的“民主社会主义”新思维最终动摇了社会主义东方阵营的基础，引爆了东欧国家民众对政府的长期积怨，在西方国家“热心”支持与引导下，大批示威抗议者走上街头，矛头慢慢指向了在前苏联扶植与帮助下所建立的斯大林模式的社会主义政治、经济制度。匈牙利十月事件、布拉格之春等一系列事件被武力平息后压抑多年情绪的再次暴发，最终导致了东欧国家的政权更迭以及政治制度的改变，就连作为老大的前苏联也无法幸免，于1991年底走向解体。相对于苏联解体，捷克斯洛伐克分裂，南斯拉夫一分为五的结局来说，两个德国实现重新统一使得德国人民成为这场剧变的大赢家。

民主德国的社会动荡首先来自经济领域。1979年到1980年的第二次石油危机给东德经济造成重大影响，自身难保的前苏联减少了对东德的原油供给，使得东德政府和民众对前苏联的不满和抱怨一浪高过一浪，致使前苏联政府不得不逐步放宽了对民主德国的限制。前民主德国也和其他东欧国家一样开始了政治、经济领域的改革。在内政外交的压力下，民主德国政府与1989年初开始实施新的边境管理条例，放宽了对公民出境的管制，从而直接引发了一次大规模的逃亡潮，在不到一年的时间里，约有十余万东德公民通过各种途径辗转移民西欧，形成第三次东德居民出逃浪潮。与此同时，东德民众掀起了对前苏联以及本国政府的抗议浪潮，在莱比锡、德累斯顿、波茨坦、马格德堡、耶拿等城市持续爆发群众集会和游行，要求政府进行民主改革，改善供给和服务，进一步开放出国旅行，放宽对言论及新闻媒体的控制。随着抗议活动以及与政府冲突的不断升级，民众抗争的目标也逐渐转变为要求反对派组织合法化、要求多党制和自由选举等。“我们是一个民族”这样要求统一的标语也随之出现在游行队伍当中。

高举“我们是一个民族”标语牌的游行群众

迫于形势的压力，1989年10月18日，执政民主德国的统一社会党领袖埃里希·昂纳克（Erich Honecker）宣布因为健康原因辞职，统一社会党中央委员会选举埃贡·克伦茨（Egon Krenz）接替昂纳克的职位。克伦茨上台后随即宣布实行“彻底改革”，宣布赦免所有外逃和参与游行人员，并决定与西德政府正式接触，商讨两德统一问题。然而这些举措并没有平息民众的怒火，在获准公开活动的原非法反对派组织的推动下，全国各地的抗议活动不断升级，

11 月柏林和莱比锡更是爆发了有 50 万人参与的大游行。至此，形势已不受政府控制，在万般无奈之下民主德国政府于 11 月 7 日宣布集体辞职，第二天民德统一社会党政治局也集体辞职。12 月 7 日包括统一社会党、民主党派、反对派在内的各前东德政治团体，在柏林召开圆桌会议，决定为民主德国制定新的宪法，并遣散秘密警察部队。这一年的圣诞节，数十万西德居民涌入东德，柏林墙彻底沦为虚设，一家东德公司甚至开始公开出售柏林墙的碎块。时至今日，笔者在武汉家中就收藏有一块柏林墙的混凝土块，它并非购得，而是笔者夫人 1990 年赴德交流时亲手从柏林墙上敲下的。如不介绍，谁也不会想到这块毫不起眼的小小混凝土块会是那条长约 155 千米，始建于 1961 年，屹立了 28 年，名为“反法西斯防卫墙”（Antifaschistischer Schutzwall），实则是防止东柏林居民逃往西方的赫赫有名的柏林墙残片。正是这一道围墙，隔绝了两个德国人民同宗同祖的骨肉亲情，也见证了德意志民族再次统一的盛举。1990 年 3 月东德开始了新一轮，也是最后一次人民议会（Volkskammer）大选，4 月 12 日东德基民盟和东德社民党联合成立新政府。5 月 18 日新政府与联邦德国经过协商正式决定建立两德货币、经济和社会联盟，7 月 1 日东德马克完成其历史使命，退出流通，西德马克成为两德共同的货币。7 月 6 日两德开始就国家统一的原则、方式和时间，以及两德统一后的政治制度等问题进行谈判。当年 8 月 31 日两德政府签署了第二个国家条约，规定民主德国恢复 1952 年行政区划调整以前的五个州，这五个州遵照德意志联邦共和国基本法第 23 条集体加入联邦德国。随着 1990 年 10 月 2 日东德政府机关停止工作，德意志民主共和国正式退出历史舞台。第二天，即 1990 年 10 月 3 日零点，在前东德首都柏林，两德举行了盛大的统一庆典，柏林帝国议会大厦广场上聚集了超过一百万群众，对于人口数不到四百万的柏林来说，这一数字绝对值得所有柏林人骄傲。当那一天零点钟声敲响的时刻，全世界的媒体都在向自己的国家传送着这样一则消息，德国再次统一了。在柏林街头人头涌动，黑、红、金三色旗帜飞扬的时刻，世界为之震动，许多欧洲国家都审慎的，甚或有些颤栗地注视着这个统一国家的诞生。人们不会忘记，1933 年 2 月 27 日，就是在这里发生了臭名昭著的议会大厦纵火案，从而直接导致纳粹政权上台，并最终将全世界人民拖入战争的深渊。智慧的德国政治家们也清醒地意识到世界，特别是欧洲国家对德国统一的疑虑。于是，在这一历史时刻，当时的联邦德国总统魏茨泽克（Richard Karl Freiherr von Weizsäcker）向全世界人民郑重承诺：“我们愿意生活在一个统一的欧洲以及一个和平的世界。”

读者不难发现，德国统一的方式并非常规意义上东西两个德国的正式合并，从而产生一个新的德国，而仅仅只是修改西德基本法，把其权力扩展到原东德的五个州，从而使两德于宪制上成为一个国家。这或许的确是一种比较简便易行的方式，然而，这种方式没有将东德视为对等的主权国家，合并入德国的只是后来德国人口中的“新五州”，而并非民主德国。因此也就不难理解，为什么前东德最后一任总理德梅齐埃（Lothar de Maizière）会在他的告别演说中说出：“一个国家自动退出历史舞台，这本身是一个不同寻常的事件。”我们可以说，德国的重新统一其实是民主德国的覆灭。

从以上史实看，德国的统一之路似乎十分简单，特别是西德政府好像并没有多少作为。据说，在10月3日的广场上，科尔总理也仅对身边的观礼嘉宾们说了一句中国人都耳熟能详的“这是历史的必然”，似乎他也只是作为一名看客，见证这一激动人心的历史时刻罢了。然而，在德国统一道路上科尔总理所起的作用，绝对值得人们敬仰和钦佩，虽然前文说过，他只是顺应和利用了德国人民强烈要求统一的呼声与愿望，但这绝对不能抹杀这位睿智的政治领袖对德国人民所作出的贡献。就如很多时候男婚女嫁绝对不只是青年男女相互爱慕，自愿结合组成一个新的家庭，而是两个家庭，甚或是两个家族的结合一样，两个德国的统一也绝非完全由这两个国家所主宰，它涉及东西方两大阵营，欧洲诸多国家的政治、经济等利益，同样是大国博弈的结果。重新统一对于德国来说不仅是骨肉分离痛苦的结束，它更标志着德国，这一过去的历史巨人在世界政治舞台的重新崛起，而大国崛起的道路从来就不是一帆风顺的，与之相随的往往是血雨腥风。德国的这一次却做到了“和平崛起”，但在这看似平和的表象背后同样隐藏着无数的争斗，其过程之凶险恐怕也只有那些亲身参与者们才能体会。科尔总理的一句轻言，或许正是这位亲历者在克服重重困难之后，仍有余悸的心语。

两个德国从来就不是完全独立自主的国家，这一点从它们各自的立国之路已经表露无疑。虽然在经历两次世界大战的创痛之后，殖民主义的罪恶已经为世人所唾弃，然而世界强权们绝对不甘放弃对其他国家的掠夺与掌控，他们也绝不会慷慨到毫无保留地无私奉献，真心实意地支持和帮助其他民族发展壮大，从而威胁其自身的各种利益。身处东西方冲突前沿的两德在各自占领国的利益驱动下，更无法决定自身的命运，但是两德的分裂对于德国人民来说，也并非全无益处。冷战格局形成后，两个德国遂成为东西方角力的战场，同时也成为双方向对手展示实力的橱窗。成也萧何，败也萧何，若非为了对抗来自苏联的压力，德国恐怕早就按照战后法国的设想，永久性沦为一个农业国；若非为了显示双方意识形态和社会制度的优越性，两个德国也不可能获得高额援

德国前总理赫尔穆特·科尔

助，迅速发展成双方阵营中的佼佼者，而这一切却是以丧失主权完整为代价的。因此，固然国际气候的演变为统一带来曙光，要想脱离各自“宗主国”以及其他大国的控制与影响，实现国家真正意义上的统一与独立，道路之曲折、艰辛可想而知。德国的这次统一，其重大意义不仅在于实现了领土的完整，更为重要的是，借助这一契机，德国获得了完整的主权——这才是德国政治家们，尤其是科尔总理足以引以为傲的伟大成就。

如前文所述，两德各自的“宗主国”，也就是前苏联和美国是其统一最大的外部阻力，在当时，别说是直接受他们控制的两德，世界上多数国际事务，甚至许多国家的内政，没有他们的支持或者默许，都无法解决。而当时的民主德国政府疲于应付风起云涌的群众运动，几乎丧失对国家的控制，更别提在外交领域发挥作用了。于是统一德国的领导权自然而然落到联邦德国政府肩上。为了排除来自外部的阻碍，争取获得各大国的支持，科尔总理展开了一系列外交努力，政治的、经济的手段无所不用其极。

在所有外部干扰中，前苏联首当其冲。当时的前苏联领导人戈尔巴乔夫内心绝不会愿意两德统一，因为他十分清楚，两德统一实际上将是西德对东德的吞并，而这样一来势必会动摇华沙条约组织的根基，从而在其东欧的势力范围内引发一系列连锁效应，甚至有可能是致命的，这绝不符合苏联的利益。这一担心被后来的历史证明并不是杞人忧天。然而当时的苏联深陷经济、政治危机泥沼自顾不暇，有心强力干预，却无回天之术。针对这一情况，科尔果断地对前苏联展开了“银弹”外交，不仅促使欧共体给苏联提供150亿美元的援助，而且以西德政府担保向其提供50亿马克的贷款。说是贷款，但要不要还却也不是没得商量的。在后来的磋商中，联邦德国政府还承诺给苏联30亿马克的援助，并支付用于苏联撤离其在东德驻军的120亿马克费用。在这一系列看似冤大头的银弹攻击之后，德国人终于获得了满意的回报：戈尔巴乔夫在1990年年初会见到访的科尔时，一反常态地明确表示不反对德国的统一，因为德国人“有统一的权利”。

用马克摆平来自东方的障碍在德国通往统一的道路上具有里程碑式的重大意义，因为历来习惯在国际事务中与苏联针锋相对的美国出于冷战的需要，尽管也并不十分愿意让德国迅速统一，因而失去制约德国最重要的一枚筹码，但是统一后的德国如若能够留在北约组织，则是西方在与共产主义阵营斗争中的重大胜利，因此从一开始就在德国的统一问题上乐见其成。在当时的美国总统老布什的算计中，苏联应该竭力反对德国统一，以此来维护其在东欧仅存的几道安全屏障，因此对于德国谋求统一的努力放任自流。美国的这一态度自然令德国人喜出望外，要知道德国的目标不仅仅是简单的统一，而是获得完全的独立自主，美国的态度与私心使德国人看到实现这一终极目标的一线曙光。

在西方世界，德国统一所面临的最大阻力来自其欧洲大陆的老对手法国。德法两国在历上就恩怨不断。同为欧洲大国，两国都试图成为欧洲大陆的主宰，彼此之间的矛盾冲突时有发生，这也是“二战”后法国以打击纳粹军国主义为借口，欲将德国完全解除武装的重要原因。戴高乐曾经表示“要确保法国的安全，就要以防止一个新的德意志帝国对法国再次形成威胁”为出发点。在将德国永久性变成一个农业国的目标因国际政治斗争的需要而流产之后，法国转而加强对西德的拉拢，这也是欧洲共同体得以建立的缘由。出于历史的经验与对自身利益的考量，法国不愿意看到一个统一的德国出现，因为在他们看来那将会是法国人又一轮噩梦的开始。当时的法国领导人密特朗甚至警告说：“如果德国先于欧洲实现统一，一切将以战争结束。”由此可以看出，虽然法国不愿意德国再次崛起，但也认识到德国的统一已经不可避免，法国人所能做到的只是尽可能地拖缓这一进程的步伐而已。一时间，密特朗频频穿梭与苏、美、英等大国之间寻求支持，并暗示戈尔巴乔夫，如果德国实现统一，他可能会失去在苏联的领导地位。谁知竟然一语成谶，德国统一不到一年的时间，戈尔巴乔夫就因为一场政变而不得不交出了权力。密特朗甚至于1989年年底到东柏林进行了为期三天的访问，并公开表示两个德国都是主权国家，试图以此稳定东德政权。如果说戈尔巴乔夫的前后不一是力不从心、沽名钓誉，那么密特朗的一系列举动则有些病急乱投医的嫌疑。

欧洲的另一大国英国对待德国统一问题的态度与法国类似。但由于其与美国的特殊关系，加之自身发展问题，又游离于欧洲大陆之外，对于欧洲事务的影响力日趋式微，若非当政的“铁娘子”撒切尔夫人的个人魅力，恐怕早已为欧洲所边缘化。1989 年 11 月，科尔在巴黎与撒切尔夫人会面时就曾直截了当地指出：“谁也无法阻止人们决定自己的命运，你也没有这种能力。”据传当时撒切尔夫人一时情绪都失去控制，最终反驳科尔：“这仅只是你的看法。”

针对英、法的强烈反对，就在与撒切尔夫人会面不久后，联邦德国总理科尔在没有与盟友通气的情况下，于 1989 年底突然抛出实现德国统一的“十点计划”，并在此基础上进一步提出了实现统一的“三个步骤”。1990 年 2 月，在美国的支持和前苏联的认可下，美、苏、英、法与两德就统一与统一后德国地位问题开启了所谓的“4+2”程序。同年五月，两德签署货币、经济联盟条约，实现经济统一；八月签署政治统一条约。至此，在国际、国内气候的影响下，经过大国博弈，再加上科尔的精心布局与巧妙斡旋，德国的统一进程已不可逆转。1990 年 9 月，六国外长在莫斯科签署了《最终解决德国问题条约》。条约规定：四大国停止对德国的权利和责任，统一后的德国享有完全的主权。这一条约的签订标志着德国在“二战”后终于再次跻身世界大国的行列，这一条约不仅仅使德国统一在国际法上得到承认，更为重要的是，它也让德国人获得了梦寐以求的独立和自由。

德国的统一不仅对德国人，而且对欧洲乃至世界都具有划时代的意义。在德国，有人将其与 1789 年法国大革命等量齐观。虽然对这一评价我们可以保留自己的观点，但却不能嘲笑德国人在经历近半个世纪分裂并丧失独立自主权利后，终于扬眉吐气的豪情，就像我们也希望世界人民理解与尊重中国人举办奥运会时所产生的自豪。反思德国统一的进程与意义，我们不仅希望从中寻找可以借鉴的思路与手段，更应该分析其背后的动力和底蕴。日耳曼民族从诞生之日起就以其彪悍、严谨、自律、理性与思辩等特质而著称。和拥有两千多年有史文明的中华民族相比，日耳曼民族是年轻的，但其本身所具备的某些品质却是值得中国人赞赏与学习的。与我们的近邻日本一样，德国人喜欢钻牛角尖，他们可以将每一件感兴趣的事情研究、发展到令人感到无聊的极致，这种穷追到底的作风是深受老庄道家自然随性思想影响的中国人所无法理解的。这也是为什么源自中国的茶、花文化能够在日本发展成形式完备的茶道与花道，而绚烂的焰火当年却成为八国联军枪膛里的弹药。在德国的思想史上没有产生文艺复兴的浪漫，没有启蒙运动的波澜，有的多是颓废青年的烦恼、疯狂博士的理想以及逻辑与批判，他们善于在深思熟虑后将理想付诸实践，而且纪律严明、百折不挠。这恐怕正是德国人无论做好事还是坏事都十分干脆、彻底的原因。有人说德国人是矛盾的，一边为追求人生的意义哲思不敏，一边手握屠刀荼毒生灵。在了解了德国人的性格特质后，这一点却十分容易理解，无非是他们敢想人所不敢想，敢干人所不敢干而已。

由于具体情况的不同，我们无法复制德国统一的模式，但是他们面对困难一往无前的勇气与克服障碍灵活应对的谋略却是值得我们深思的。面对国家的统一，中国人应该更具有迫切的要求和决心。笔者所研究的领域是语言学，曾经研读到这样一种观点，认为不无道理：欧洲大陆之所以存在如此众多的民族、国家与其所使用的字母文字有关，因为字母文字又称拼音文字，它的一大特点是容易被不同的语言利用形成各自不同的书面语；而汉语的方块字却是不表音的文字，一旦使用，哪怕各地方言发音不同，却可以通过文字交流，而且不易分化。从这一点上来说，毛泽东主席当年慨叹“昔秦皇汉武，略输文采”似乎有失偏颇，单就统一文字这一项功绩，秦始皇就足以光照中华民族的文化史册。虽然德国乃至西方政治家们将德国的这次统一当做民主与自由对专制与压迫的胜利，但却抹杀不了民族认同与骨肉亲情的作用，同样也无法掩盖任何民族、国家的独立与统一都是国际、国内经济、政治等利益纠葛的结果这一事实。秦始皇的另一项伟业，即一统中国作为中华民族的永恒梦想传承至今。时光荏苒，当今的天下，战争已经不是解决民族、领土争端的主流方式，但是没有自身的强大，没有一往无前的精神，没有“犯强汉者，虽远必诛”的勇气，不会有人将统一送到中国人的手中。德国的统一就是一个很好的例子，它的统一与崛起，依靠的无非是自身的实力、强烈的愿望、坚定的信念以及高超的外交手段。对统一有着更加迫切诉求的中国人绝不缺乏政治智慧，我们所欠缺的还是自身实力。当中华民族真正实现和平崛起之后，于右任先生的子孙们在高山之上回望时将会发现，统一只是一个注脚。

第五章

永远的德意志人——宗教与民族性格

德国目前主要的宗教派别是天主教和新教，虽然今天的年轻人很少去教堂，不像以前的人那样经常做礼拜或去忏悔，但宗教的内容实际已融入到德国人的日常生活中，内化成为生活的一部分。德国社会的宗教气氛还是很浓重的，单纯的全国性宗教节日就有13个，如三圣节、狂欢节、复活节、圣体节、圣诞节等，每逢这些节日，全国都要放假，由此不难看出宗教对国家及社会的影响。此外，德国人结婚、孩子出生受洗、取名、葬礼的举行等也都与宗教有关，各式各样的教堂是城市生活的中心场所，更不必说数不胜数的绘画建筑艺术与宗教的密切联系了。往更深的层次看，宗教对德国人精神气质上的影响更是不容小视，德国人民族性格的形成在很大程度上受到德国宗教历史的影响，而让全世界感到震惊的德国人的民族沙文主义和其战争性格，确实在很大程度上源自于那些民族与宗教互相纠葛的日子。

德国的宗教史可以追溯到日耳曼族法兰克人接受基督教信仰的时期，法兰克王国是日耳曼诸多王国中的一个，它最终成为众多日耳曼王国的霸主，与它接受基督教为国教有很大的关系。公元6世纪，法兰克的克洛维国王迎娶勃艮第公主克罗蒂希尔德，因为妻子是虔诚的基督教徒，克洛维国王也逐渐受到影响，最后接受了洗礼，成为了基督徒，法兰克从而成为罗马基督教的王国。法兰克王国借助基督教取得西欧各地教会和基督信众的支持，完成了它的两次大规模扩张，成为日耳曼最强盛的一支。另外，法兰克王国和罗马教廷也相互

借力，为了实现各自的利益目标而组成联盟，法兰克人出兵援助罗马教会，帮助其击败异端教徒，并将罗马的城池进贡给罗马教皇，使他拥有一个“教皇国”，而法兰克国王查理曼即查理大帝，则受到教皇的加冕，得到神授的名分和权威，教皇宣布法兰克的统治是“上帝创造的秩序”的一部分，法兰克的君王将作为“罗马人的皇帝”和罗马教会保护者，获得监护和摄政意大利的权力，履行其基督教的神圣的使命。这里所呈现出的这种“二王”互相扶助、支持的权力模式正是后来“德意志神圣罗马帝国”国王和教廷结盟的雏形和基础，罗马神圣教廷与世俗宫廷权力之间通过互相承认和支撑，以实现各自利益的最大化。①

法兰克王国在查理大帝的孙辈时期陷入分裂，帝国一分为三，东法兰克王国就是后来的德意志王国，它逐渐与原法兰克的加洛林王朝分离，形成了自己的语言，逐步走向独立，孕育形成了今天的德意志民族。当时王国中帝王和诸侯之间关系也为后来德意志的发展预埋了重要的作用力。当时的王国由五大公国组成——萨克森、法兰克恩、施瓦本、巴伐利亚和洛林，准确地说，王国是五个公国的联合体，国王与各大公爵达成协议，国王的位置不高于任何一位

① 上图反映的正是当时“二王”——国王和教皇之间的关系，他们相互平等，和谐共处，互相扶持。

公爵，而仅仅是各位公爵之间的召集人和联系人，各公国内部事务实行自治。这种邦国的模式形成了德意志独特的历史悖论，即王国统一同时必须得保证邦国的分治，它在后来的德国历史中极大地影响了德意志民族的最终统一，更有甚之，德意志在分裂的道路上，就像坐上了一辆失控的马车，越跑越远，越来越绝望地远离当初的国家形式。

在这个痛苦的过程中，宗教是重要的导火索和推动力，从而使德意志民族在整个中世纪一直挣扎在分裂的深渊里。纵观德国的宗教史，总是与德意志国家王权紧密联系在一起的，宗教又反过来促进了王权的兴衰和民族的分合。在德国宗教史的背后，人们看到的实际是权力斗争：世俗统治与教会权力的制衡，邦国之间为了夺取领土与控制权的无止尽的争斗，而所有的这一切都将德国拖上了一条分裂道路。国家被分割得七零八落，民族实力日益衰落，面对近邻英格兰和法兰西一天天变得强大，德意志——这头曾经的欧洲雄狮——在落后中不得不默默忍受屈辱，心中积累着对民族统一和强盛的渴望。

这种由宗教引发的分裂局面对德国的民族心理有重大的影响。学术界有观点指出，德意志民族在短短几十年内发动两次世界大战，这个令人恐惧的民族战争性格非常突出。一方面，近几个世纪中几次大的国际战争都与德意志有关，另一方面，近百年来一些骇人的杀人理论，如对人类种族的优劣区分、社会达尔文主义、极端民族主义等，几乎也都发自于德国。德意志民族的性格特征不是民族所固有的，而是历史的雕刻师一斧一凿雕铸而成，从德国历史尤其是宗教史的脉络中可以发现它形成的痕迹和原因。

《德意志人》的作者卡勒尔说，德意志民族的“民族冲动”很快堕落成了武力扩张主义，并成为19世纪德意志政治生活中的特点。按照这位研究德国人性格的德国专家的说法，所谓“民族冲动”是德国挑起“一战”和“二战”的一个重要的主观原因，也是德国人战争性格的根源，然而，让人奇怪的是，19世纪前的德国并不是遭受民族压迫的民族，何以会产生民族冲动，进而萌发出强烈的民族复兴的愿望呢？这个问题在了解了德国宗教历史后可以找到答案。

德国宗教概况

我们首先从德国宗教的基本状况看起，如果你在德国旅行，你会发现大大小小的城市，几乎每个城市都至少有一座教堂，而且往往位于城市的闹市区，教堂外观通常高大宏伟，如果走进教堂内部，则会发现有的教堂富丽堂皇，气势恢弘，硕大的圆柱支撑着巨大的拱型穹顶，高高的穹顶上绘着彩色的栩栩如生的宗教人物，墙壁和立柱上立有圣人的雕像，窗户全部镶着彩绘玻璃，生动传神地描绘着《圣经》故事中的人物及场景，在阳光的映射下异彩纷呈，给人恍然进入天堂圣境之感。但是，如果在德国北部，也许你也会发现一些风格截然不同的教堂，它们规模不大，内部极其简单朴素，装饰很少，灰白色的墙壁，几排普通的条椅，前面是一个平淡无奇的布道讲坛。两种教堂风格迥异，差别悬殊，其实，在这里，我们可以非常直观地体验到德国两大宗教派别不同的宗教理念。一般来说，前一种是天主教教堂。天主教认为，教堂是为上帝建造的神圣殿堂。因此，他们采取了尽可能华丽和隆重的形式来神化这个空间，除了众多的金色天使、圣徒雕像、花饰、画像等。天主教的教堂必须通过特殊的落成仪式才能移交使用，整个落成典礼由主教主持，包括喷洒圣水净化教堂、用洒过圣水的灰在地上用希腊文和拉丁文书写成十字、给圣坛涂圣油、举行第一次圣餐、安葬圣徒的遗骸在圣坛下方的墓穴里等繁琐项目。在教堂里，信徒们仿佛已经摆脱了日常生活的沉重负荷，在虔诚祈祷的一瞬间，心中充满着对上帝的景仰，信徒们似乎进入了一个人间的天堂。与天主教教堂相反，其教徒主要分布于北部地区的新教教堂往往显得朴素甚至简陋，教堂的建筑并不高大，墙壁也只经过简单粉刷，几乎没有装饰物。在新教看来，教堂只是一间普通的房屋，不过是用来做礼拜而已。新教对弥撒的理解有别于天主教，他们强调的重点在于信仰的真实性和虔诚度，教堂的风格和布置并不重要。正如马丁·路德本人所说，“一场严肃的祈祷同样可以在草屋中或者在一个猪圈里进行”。他们认为，只要心中充满信仰，上帝就会与你同在。马丁·路德还曾经说过：“只有到最后一个穷人真正得到了照应，然后才能考虑去建造教堂。”由此可见，天主教和新教观点对立，分歧巨大。可以想见，当初的宗教改革该是经过何等激烈的斗争，才能达到最终各举一隅，独自发展。

所以，在介绍德国的宗教时，首先应该了解它的两大主要教派，即传统天主教和新教。除此之外，还有少数的东正教教徒，主要是来自于希腊和塞尔维亚的外籍劳工及其后裔，另外有少数外来人口信奉伊斯兰教 。在德国人口中，基督教徒仍占绝大多数，其中，天主教徒和新教教徒人数相当，各占总人口的1/3 左右。

然而，这种状况在历史上并非一直如此。在 15 世纪之前，天主教是德国人除犹太教信仰以外的全民信仰。1517 年，宗教改革改变了这种状况，马丁·路德看到基督教体制内的腐化，开始反对天主教会，并创立了新教，从此，他改写了德国和欧洲的历史。新教在德国北部大量地发展教众，第二次世界大战以前，大约2/3的德国人是新教徒，1/3是天主教徒，然而在战后新教衰落了。在1945年至1990年的西德，天主教占微弱多数，而在前东德地区，对宗教的信仰程度和参入程度均明显低于前西德地区，平均只有5%的人每周参加一次礼拜，是世界上宗教热情最低的地方之一。

目前，在德国共有24个州立基督教会和27个教区，4.2万名神职人员。德国几乎每个角落都有教堂，每平方公里土地上有两个牧师从事教会工作。由此不难看出，宗教在德国具有很深的根基，在人们的生活中占有重要地位。德意志联邦共和国宪法保证信仰和宗教自由，没有人会因为信仰或宗教观点受到歧视。宪法承认国家和宗教社团之间的合作。稳定的、有一定规模的、遵守宪法的宗教社团被认为是“公共法律团体”，有一定的权利，例如可以在公立学校为信徒的孩子讲授宗教知识，可以通过财政部门或由它们自己直接向信徒收取费用，如相当于收入8%～9%的教会税等，居民如果在人口登记时或在税务报表中承认是某种宗教的信徒，就要交纳教会税。教会通过同国家签订协定与和约来处理它与国家的关系。为了在联邦政府和议会面前代表自己的利益，各教会在首都城市驻有自己的全权代表。教会有权要求国家提供财政帮助，教会创办的幼儿园、医院及学校的费用全部或部分由国家承担。在德国，教会从事的慈善事业遍布全国，天主教有24 033个社会福利机构，重点是医院和幼儿园，拥有113 683个床（席）位，40.7万工作人员，新教有27 885个社会福利机构，拥有91.2万张床位，32.6万名工作人员。德国75%的养老院由教会管理和控制，教会是仅次于全国公共机构的第二大“雇主”，提供有120万个工作岗位。由于教会所属的青年旅馆、托儿所和幼儿园收费比较便宜，因而深受人们欢迎。如今，教会的社会福利和慈善活动已成为公众生活的一个重要组成部分。

神圣罗马帝国与德国民族性格的关系

在德国国家历史和宗教史上，神圣罗马帝国是一个特殊而关键的阶段，从时间上来说，它历史跨度长，神圣罗马帝国建立于962年，结束于1806年，它在德国历史上占据了800多年时间，对于整个历史不足1 200年的德国来说，这一段时间长度足以影响到国家的走向。在这段时期里，英国、法国发展成了欧洲强国，在英法国内，新兴的资产阶级取代封建贵族。对比来看，德国却一直踟蹰不前，仍然是一个封建王侯割据的邦国。11世纪挥师南下，在罗马建立“神圣罗马帝国”的欧洲霸主却在“神圣罗马帝国”之后逐渐走向衰弱和分裂，不仅不堪与英法两国相比，在欧洲国家中也掉到了落后国家行列，这对德意志民族来说毫无疑问是屈辱而痛苦的。“神圣罗马帝国”是这场实力分化的起始点，可以说，它是德国发展的分水岭，是导致中世纪德国衰落最关键的原因，甚至可以设想，如果没有过“神圣罗马帝国”，也许德国的历史将会改写。因而，“神圣罗马帝国”值得我们好好研究，也许了解了“神圣罗马帝国”，德国的许多问题就会豁然开朗，而研究神圣罗马帝国，必定绕不过欧洲的宗教史，因为在这段时期，宗教对德国政治起到了至关重要的作用。

神圣罗马帝国最早叫“罗马帝国”，领土包括德意志、意大利和伦巴德，不久后改成“神圣罗马帝国”，后来又补充成为“德意志民族的神圣罗马帝国”。这里面包含三个关键词：“德意志”、“神圣”和“罗马”。

先来看第一个关键词“罗马”，它指的是历史上由古罗马人建立的“罗马帝国”，神圣罗马帝国代表的是其皇帝奥托一世承继古代罗马帝国、创建伟大帝业的理想。说到奥托一世，大家想必还记得本章开头提到的法兰克王国，法兰克王国一分为三后，东法兰克王国便是后来德意志王国的前身，919 年，在东法兰克王国开始了萨克森王朝的统治，德意志王权也随之开始创建。在德意志史籍中，萨克森王朝的第一个国王海因里希一世是“德意志帝国的缔造者”，奥托一世便是海因里希一世的儿子。① 在海因里希一世统治期间，实行的是加强王权的政策，对内力图置各个公爵于国王的控制下，对外遏制外敌入侵，保卫甚至扩张了王国的疆土，王室的中央集权得到了大力巩固。在这种政策的统治下，德意志日益强大，11 世纪上半叶，德意志处于极盛时期。海因里希一世的儿子奥托一世继承王位后，继续执行父亲的政策，为了削弱公爵的权力，奥托一世更多地依赖教会，他赋予主教和修道院长国家行政管理的职权，把收取市集捐税的权力也交到德意志主教和教会手里，他有计划地利用教会力量来遏制公爵势力，希望两者能互相制衡，都服从于他的王权，就这样，奥托

① 插图为奥托大帝的雕像。

的萨克森王朝控制了德意志王国的五大公国。王权表面上似乎得到了巩固，但真能保证长治久安吗？今天，我们当然知道历史给予了否定的回答。在当时的德意志王国里，宗教成为不可忽视的重要力量，对内，教会力量成为德意志王国政策的重要支柱，对外，奥托也越来越关注罗马教会和教皇所在地——意大利。951 年奥托开始入侵意大利，秋天占领了上意大利的帕维亚，并戴上了“伦巴德国王”的王冠。961 年，罗马教廷为摆脱罗马城市贵族的控制，向德意志国王求助，奥托即率兵征服意大利的大部分地区。962 年 2 月 2 日，教皇在罗马圣彼得大教堂为奥托加冕，把“罗马皇帝”的称号赐予德意志国王，德意志王国从此便获得称号“罗马帝国”，后改称“神圣罗马帝国”。

神圣罗马帝国是历史上非常特殊的一个国家和一段时期，虽然号称罗马帝国，但与罗马人却没有什么关系，这是日耳曼人建立的帝国，仔细研究一下就可以发现，日耳曼人并不是罗马人的后代，和罗马人既没有血缘关系，也没有政治上的承继关系，那为什么把国家命名为“罗马帝国”呢？这里面宗教和教会起了非常大的作用。古罗马帝国早已灭亡，但位于罗马城的教皇和教会还在，他们作为上帝的代言人，具有这样的权威，能将“罗马帝国”这一历史荣耀的象征再一次赐予上帝所挑选的君王。由此可见，教会的作用非常关键，它就像一个纽带，继往开来，连接起两段历史，并赋予它合理的名分和意义。可以说，没有罗马教皇所代表的宗教势力的帮助，就不会有“神圣罗马帝国”，就算奥托利用强力建立一个大帝国，也难以摆脱“蛮夷野人”的身份，名不正、言不顺也就是必然的了。

从日耳曼人的角度来看，他们的意图十分明显，有了“罗马帝国”这个旗号，他们可以大张旗鼓地出兵欧洲大陆，实现他们的野心抱负，并美其名曰“保护基督教会，征服异教徒”，为大力扩张找到一个很好的借口。应该说，奥托一世是一位雄心万丈的国王，他本已有稳固的王国基业，但却不满足于做德意志的皇帝，而想通过罗马教皇的加冕当上欧洲皇帝，通过保护罗马教皇而成为教廷产业的宗主，通过控制罗马教皇，镇压罗马贵族实现他的大帝国梦想。这时的德意志，金戈铁马，野心勃勃，不啻为欧洲的一代霸主。奥托借助教会的力量实现了自己的理想，这样的一个欧洲帝国，是全体欧洲人帝国观念的寄托，在当时的欧洲，可能其他任何国家都无法企及，它贯穿整个中世纪，直到拿破仑最终拿下神圣罗马帝国的王冠，代之以“法兰西帝国”，当然这已是后话。

自“神圣罗马帝国”以后，双王（世俗和教会）合一，包括罗马教皇在内的教会诸侯从属于帝国并为帝国政策服务。但另一方面，德意志国王为得到皇帝的称号和皇位，必须去罗马由教皇加冕。奥托试图建立一个世俗和教会相统一的中央集权，但德意志王国和罗马教廷的依赖制约关系却由此开端，导致以后纠纷不断，矛盾越来越深，教权和政权的争斗持续了几百年。神圣罗马帝国在一个问题上一直摇摆不定，没有明确答案，这为以后埋下了隐患，这个重要问题就是，德意志皇帝和罗马教皇到底孰主孰从。

一开始，奥托一世所希望的并也最终实现了的关系是，皇帝是教皇的宗主。他通过将意大利的部分产业和领地献给罗马教皇，确定了皇帝的宗主地位，同时，德意志皇帝也履行自己宗主的义务，向罗马教廷提供保护，当教会受到外部势力的威胁时，由皇帝出面帮助维持基督教会的秩序。奥托确实非常尽职地这样做了，他曾多次出兵为罗马教皇平定罗马城贵族的叛乱，以至于他统治的后半期几乎都是在意大利度过的。当然，作为受保护的一方，罗马教皇对德意志皇帝必须履行效忠的义务。这样一来，神圣罗马帝国实际使教皇等同于公爵和王侯，拥有了世俗的财富，并行使世俗的义务。野心勃勃的皇帝妄图用王权控制教会，战场上的铮铮铁骑，屡屡告捷，帮助他更顺利地达成了目标。奥托要求罗马人保证，在他们选举教皇、授予教皇圣职前必须得到皇帝的同意，更有甚者，皇帝干脆直接指定教皇。963 年和 965 年，奥托连续指定了两位教皇——利奥八世和约翰十三世，使他们成为罗马的“总督”，代皇帝管理和统治教廷。而奥托的孙子奥托三世则完全不知避嫌，将自己的一个远房外甥扶上了教皇宝座。998 年，奥托三世在平定叛乱后，又任命自己的老师和亲信格伯特为拉温纳大主教，显然，奥托三世这个时期，世俗王权对罗马教权的控制程度又远远超出了奥托大帝时代。

在传统意义上，教皇与皇帝管理的分别是世俗和宗教的两个世界，教皇和皇帝是相对独立的“双王”，教会拥有极大的权力和自由，而德意志神圣罗马帝国的皇帝们，强行用王权和武力干预教会，控制教会，使教会势力屈从于世俗帝王，或者直接任用亲信心腹担任教会职位，这种做法已经违背了宗教最初的精神和使命，必然会遭到强烈的反抗。事实也确实如此，神圣罗马帝国所开创的政教结合，让教士们同时效忠于世俗国王和神圣天国的理想，承担国家和教会的双重义务，这一点一开始就遭到许多教士的反对，代表者有美茵兹大主教弗里德里希和他的继任者威廉，以及当时如火如荼地进行改革的克吕尼派修士们。克吕尼派是 10 世纪起在天主教内部出现的支持改革的修士派别，目的在于加强教皇的权力，创立教会对世俗权力的独立性。皇帝成为教、俗两界的首领，这一点是否合理，是引起宗教界激烈争议的话题，在宗教界内部的意见并不统一，虽然皇帝可以利用权力控制教会的人员组成，但反对的声音却一直不绝于耳。

从另一方面看，正是皇帝自己将这场矛盾激化为不可调和的斗争。一开始，教会的力量还不足以和日耳曼铁骑对抗，教皇和皇帝最早的合作是建立在互帮互惠的基础上的，皇帝为了借助教会抑制公爵和贵族的势力，也为了让教会更好地效忠，因此赐予了教会很多土地以及种种特权，教会的力量因而得以壮大扩张，实力不输于任何公爵王侯，这为后来的对抗提供了可能性。皇帝为了拉拢教会，忘记了这是一个力量足以与王权抗衡、甚至可以颠覆王权的搭档。教会不同于封建诸侯，其神圣的宗教性赋予它无穷的精神力量，最好的方式也许是保持一定独立性的合作，而不是驾驭和将其世俗化。神圣罗马帝国的教会非常独特，其主教往往既是宗教的首领，同时又是世俗的统治者，拥有世俗领地和权力，如奥托一世的弟弟布鲁诺就身兼二职，既是洛林公爵又是科隆大主教，奥托特别倚重于他。这种教会参与统治的情况在历史上并不多见。教廷越来越世俗化的后果是，它越来越多地受到世俗权力的诱惑，越来越深地沉溺于世俗的浮华荣耀，从而越来越急切地捍卫自己的财富和利益，进而无法回避地卷入世俗的权力争夺之中。

再来谈谈第二个关键词“德意志”，这里强调的是德意志的使命，神圣罗马帝国是一个可以与古罗马相媲美的伟大帝国，但它不是由罗马人，而是由日耳曼人所建立，是德意志人的帝国。

第三个关键词“神圣”，它代表的是上帝的意志、基督的十字架，即通俗所说的君权神授。神圣罗马帝国之神圣，在于它的君主是上帝挑选和恩准的，是上帝授命罗马教皇涂膏加冕的王。这个“神圣”注明了其宗教性质，罗马的皇帝并不需要加冕，野蛮的日耳曼人取代文明的罗马人统治欧洲，必须得到上帝的慈爱和恩典，才是获得承认的君主。从这里，我们可以感受到教廷的权威，也就是说，教廷仍然保留否认皇帝、拒绝加冕的权力，这为日后两者互相疏远和互相斗争预设了重要的条件。

接下来的神圣罗马帝国的历史几乎乏善可陈，只有一个贯穿的内容，就是或明或暗的教皇和皇帝之间的权力斗争，一些相似的情景不断地重复上演：新王即位，受到教皇的加冕，皇帝出兵意大利，皇帝罢免或指派新教皇，教皇将皇帝驱逐出教……

其中值得一提的是两位比较有代表性的德意志神圣罗马帝国皇帝：海因里希四世和红胡子弗里德里希一世。海因里希四世和格里高利七世教皇的斗争激烈而曲折。1076 年，在沃尔姆斯会议上，海因里希四世经过德意志主教们的赞同，公开罢免了教皇。教皇对此的反击是宣布所谓的破门律：开除、废黜和放逐海因里希四世。按照破门律，被惩罚者如果不能在一年内获得教皇的宽恕，他的臣民都要对他解除效忠宣誓。德意志的大封建主趁机和教会结成同盟，反对皇权，并自立了一位新国王。面对当时的不利局面，海因里希四世倒也能屈能伸，1077 年他亲自到意大利卡诺莎，在风雪中赤足披毡，等候三天，向教皇忏悔赎罪，此举使教皇不得不取消破门律，海因里希四世得以获得转圜之机，他重新聚集力量，取得贵族和城市的支持。1081 年，海因里希四世第二次进军意大利，1084 年攻陷罗马，另立教皇。但是，这一次的胜利并不意味着斗争的终结，罗马教廷改革派很快恢复过来，选出新教皇，并与德意志的封建主反对派联合，斗争由海因里希四世和格里高利七世的后继者们继续下去。红胡子弗里德里希一世是一位强悍的君主，他在国策中将国家的最大目标定为对意大利的统治，为了这个政策在德意志能得到足够的支持，他向大封建主们作出种种让步，给他们赐封领土和爵位，并授予公国世袭权和各种独立特权。在近三十年的时间里，弗里德里希一世曾六次入侵意大利，他的红胡子据说是被意大利人的鲜血染红的。他的暴力最终激起了意大利城市同盟和教皇的联合反抗。1176 年，皇帝被击败，签署《威尼斯合约》，答应归还教会财产，并屈辱地吻了教皇的脚。从此，德意志皇权越发江河日下，再也没有力量恢复旧日的风光。在红胡子弗里德里希一世的儿子弗里德里希二世统治时期，各大封建主势力强大，成为了各邦诸侯，各自割据一方，皇帝沦为傀儡，帝国形同分裂，一代帝国迅速地衰落下去了。

如上所说，神圣罗马帝国是德国历史的一个拐点，德国在此从统一走向分裂，从强大走向衰弱，我们分析其中的原因，至少可以发现以下三点特别之处：

首先，神圣罗马帝国是一种世俗权力与教会权力媾合的国家组成方式，世俗君主试图成为教会的保卫者和承担者，或者说是控制者，国王在一定程度上脱离了其世俗使命，教会的事务占据了其日常事务的核心内容。对于国家来说，这将导致一个直接的后果，就是国家行政权力的减弱，同时，民族的凝聚力也随之减弱。这一点有直接的历史材料为证，德意志国王们因为肩负保护和扩大基督教会利益的神职，每一位国王在刚上任时都要到罗马一行，以后也要不断赶赴罗马，德意志将政治中心逐渐移往了意大利，德国因此没有统治中心，没有国家政府机关，甚至没有国家首都，国王实行“行旅政治”，国家的文件带在随行的马车上，国家的事务也在马队行进中处理。这对一个刚刚建立中央集权的国家来说，不能不说是非常危险的。神圣罗马帝国意味着国家重心的转移，从本土转往境外，从对国家的管理转往对罗马教会的控制，从追求民族统一到追求神圣帝国的光环，其不可逃避的结局就是王权的衰弱，国家虽然笼罩着一层神圣的光环，但内部却一天天松散瓦解，最后留下一个没有多少实力和凝聚力的国家空壳。

其次，德意志神圣罗马帝国是在德意志强大的军事压力下建立的，最初罗马教皇基本被德意志皇帝控制，但教皇也手握一个重要的制衡条件，即德意志皇帝必须由罗马教会承认和加冕。相对于绝对的君主制，君权神授无疑是给王权套上了一层枷锁，这个格局从一开始就蕴藏着不稳定的因素。尤其当强硬派的教皇在位时，例如格里高利七世和英诺森三世，他们都奉行教权至上的观念，认为罗马教皇作为圣彼得的继承人，是基督耶稣的在世代表，应继承基督掌管人世间的两种权力：世俗权力和宗教权力。神权由教皇亲自掌管，政权只是通过加冕形式暂时交给皇帝掌管，皇帝的世俗权力既然由教皇授予，教皇就能随意废黜他们。他们把教皇比做太阳，世俗君主比做月亮，月亮之所以明亮乃是借助太阳的光辉，因而，皇帝、国王应臣属于教皇。在教皇的这种观念影响下，教权和政权的斗争几乎是不可避免而且会激烈而持久。这场斗争在教会方面也得到许多下层修士的支持，例如克吕尼改革派修士们，他们反对世俗统治者任命神职人员，反对买卖圣职，主张从事更多的宗教文化活动，这些改革主张不仅得到教会内部的广泛响应，而且也赢得一些要求改革教会以加强封建统治的世俗权贵的支持。随着时间的推移，神圣罗马帝国逐渐变成了世俗王权和宗教神权斗争的阵地，最终牺牲掉的是国家和人民。

再次，在皇权和教权斗争的过程中，皇权为了取得和教会斗争的胜利，往往设法寻找同盟军，这时的城市势力尚不够壮大，皇帝首先选择拉拢的是财势雄厚的封建诸侯和贵族。为了获取他们的支持，皇帝对他们大力封赏，授予他们种种特权，纵容他们进一步扩大领土和权力，这样，教权和皇权斗争的直接后果就是——德意志中央集权的衰弱和分裂势力的强大。强大的诸侯使皇权对他们愈加依赖。1356 年，神圣罗马帝国皇帝卡尔四世颁布“黄金诏书”，承认七个选帝侯有选举皇帝的权力，地方封建主在其统治区内有绝对的君主权，其中包括行政权、关税权、司法权、铸币权等，并排除皇帝的审判权，诸侯们因此几乎享有和皇帝同等的地位，帝国只不过是由各自独立的几百个封建邦国组成的联合体。教会调转头来也与封建诸侯结盟，使得皇权摇摇欲坠，分裂大局形成。

因此，我们可以说，正是“神圣罗马帝国”这一称号，连同两种权力的斗争发展了教会、诸侯和邦国的势力，使德国陷入长期的权力争夺而导致分裂，分裂是德国中世纪的一个重要标识，几百年争斗的最终获胜者还是教会和分离势力，对于民族和国家来说，却是掉入了无尽灾难的深渊。

无论怎样，今天的我们可以记住，在德国历史上，曾经有这么一个政教合一的国家——神圣罗马帝国，它最初表达的政教合一的愿望虽然恢宏，但却将德国拖入长久的分裂割据的痛苦之中。历史显示，在17世纪30年战争之后，荷兰和瑞士脱离德国，神圣罗马帝国分裂成365个大小邦国和1 000多个骑士国，货币达千种以上，德国大片土地荒芜，人口减少了约1/3，经济上蒙受重大损失，“德意志神圣罗马帝国”名存实亡。由于国家四分五裂，各个邦国各自独立，始终不能形成一个共同的经济中心，同当时已经发展成强大中央集权的民族国家英格兰、法兰西相比，德意志的经济发展落后，并且差距越来越大，统一民族国家的形成大大地被延误了。这就是在本章开头所提到的，《德意志人》作者卡勒尔所谈到的德意志民族的“民族冲动”所产生的根本原因，在卡勒尔看来，正是在被战争的铁骑蹂躏过后，在曾经的欧洲霸主沦落为落后之邦后，在没有国家、没有民族的境况中辗转了几百年后，希望民族崛起复兴的“民族冲动”，使德国在普鲁士统一之后，迅速走上了武力扩张的道路，使德国在更远的历史中两次挑起世界大战。

今天的我们也许可以坐在书斋里纵观历史、天马行空一番：假如德意志人没有建立神圣罗马帝国，德意志历史将会如何延续呢？也许将是一番不同的面貌，也许德意志可以继续10世纪以来欧洲大国的辉煌，同毗邻的英国、法国一样，成为了中世纪的欧洲强国，在进入资本主义阶段后，也许德意志民族会凝聚统一，国家也不会沦入分裂的悲惨境况，德意志人的民族心理也许不会因此受到压抑和践踏，也许就不会有以后民族复兴的补偿心理，不会产生极端民族主义和民族沙文主义，也许就不会有“一战”和“二战”的发生……

马丁·路德的宗教改革——民族意识的觉醒

马丁·路德宗教改革是德国宗教史上一次非常重要的事件，它发生在神圣罗马帝国后期，是对罗马天主教的反叛和革命，直接导致德国宗教派别——新教的建立。马丁·路德宗教改革不仅是宗教事件，它对德国民族也具有不同寻常的意义。对于德意志民族来说，它是一次民族冲动的萌发，一次民族意识的觉醒，一次不成功的民族独立运动。

15至16世纪的欧洲，英国和法国的民族凝聚力和国家独立性已达到相当高的程度，皇帝和国王们王权强大，足以抵制教皇对其权威的任何侵犯，并能够阻止罗马天主教会向自己国家臣民征收税款，国内的主教和教会也越来越民族化，成为王权的重要支柱。而此时的德国，国内邦国割据，皇帝形同傀儡，成为天主教廷掠夺的主要对象。罗马教廷、教会诸侯和世俗诸侯相勾结，巧立名目，榨取钱财，分享着从人民那儿盘剥来的各种捐税和勒索。“德意志是教皇的奶牛”，这句话形象地反映出当时德意志和罗马教廷的关系，德意志的财富源源不断地流入了罗马教会和教皇的金库中，据统计，当时教廷每年约从德国搜刮去30万金币，占教廷全年收入的一半。1517年，教皇利奥十世借口修缮圣彼得大教堂，派修道士到德国兜售“赎罪券”，修道士骑着毛驴，手拿铃铛走街串巷，大声吆喝着：“只要购买赎罪券的钱一敲响钱柜，灵魂就从炼狱升上天堂！”这些修道士被教皇授予免罪的权力，听取信徒的忏悔并给予免罪。普通信众为了自己和亲人在死后能获得救赎，不得不掏钱购买教会的“赎罪券”。

“赎罪券”交易在当时西欧的其他国家，如英国和法国，被王国政府明令禁止和拒绝，德国因而成了它的主要销售国，这导致德国原始资本积累缓慢，广大人民负担加重，封建主的领地收入也受到教会的侵蚀，因此，德国国内的社会矛盾主要集中针对教会和教皇，对教会和教皇的憎恨与日俱增，渴盼民族独立，摆脱教会控制的呼声越来越高。马丁·路德的宗教改革正是在这个时候发起，于是迅速得到整个德国的响应。

马丁·路德（Martin Luther，1483—1546）①生于萨克森的埃斯列本，他出生半年后全家迁往工业重镇曼斯菲尔德，父亲汉斯开始当矿工，后来成为小矿主。路德七岁进入当地一所拉丁文学校就读，后转往马格德堡。根据民间传说，二十二岁时的一场遭遇，改变了路德的一生。那是七月的一天，路德在埃尔富特附近旅行，突然遇到一场暴风雨，狂风大作，雷电交加，天空像被扯破了似的，路德被困在野外，既不能返回又不能前行，因此向矿工的守护神、圣母玛利亚之母希伯来女神圣安娜求救，并向圣安娜女神承诺说，一旦脱难他会成为一名修道士。后来，暴风雨果然停止了，路德在埃尔富特大学获得文学硕士学位后，不顾父亲和同学的劝阻，毅然进入当地的奥古斯丁修道院，潜心修习神学。1512年路德获神学博士学位，被聘为维滕贝

① 插图为马丁·路德像。

格大学神学教授，讲授《圣经学》，同时任维滕贝格修道院副院长，1515 年升任主管图林根和迈森十一座修道院的副主教。

在教授《圣经》课程的过程中，路德反复研读圣经，获得不少心得体会，他认为，人的灵魂的获救必须依靠个人的虔诚信仰，而非购买教堂的赎罪券，罗马教廷的赎罪券举动与《圣经》的教义和基督教的精神相悖，是教廷堕落腐化的体现。1517 年 10 月 31 日，路德在维滕贝格教堂的正门上，贴出了用拉丁文撰写的《关于赎罪券功能的辩论》，全文共计 95 条，因此通常被称做《九十五条论纲》。路德在这篇公开的檄文中，明确反对罗马教廷兜售赎罪券的行为，并要求在维滕贝格大学就他所提出的问题进行辩论。论纲愤然谴责教会贩卖赎罪券的举措，慷慨激昂地指出，自称为"上帝的代表"，"从来无谬误"的教皇出售赎罪券是违背基督教教义的，论纲每一条都从一个方面对此进行了驳斥。例如第一条就开篇明义地澄清，信徒的整个一生应如基督所说的真心进行忏悔，而不是设法补赎；第三十六条补充道，每一个虔诚忏悔的基督教徒，即使没有赎罪券，也能减免他的罪过和惩罚；第三十二条又宣布，基督将对出售和购买赎罪券、违背教义的人实施惩罚，那些相信依靠罗马教皇的一纸赎罪券就能获得拯救的人，将和教导他们的人一起，永远被打入地狱；第八十二条则矛头直指教皇，痛斥教皇的虚伪，路德对教皇发出质问："您为什么没有出于慈爱而把炼狱中的所有灵魂都拯救出来呢？"

《九十五条论纲》一贴出，就像火星落入了火药桶，引起德国民众的极大反响。《论纲》被译成德文，争相传抄，两个星期内传遍全国，四个星期内传遍整个基督教世界，人们形容说："好像是天使在传送它们。"马丁·路德得到广泛的支持，萨克森选帝侯弗里德里希和德意志骑士为路德提供保卫和庇护。马丁·路德代表德意志民族对罗马教廷发出抗议，反对罗马教会多年对德国的控制和压榨。

说到这里，我们要了解一下马丁·路德赖以和罗马教皇对抗的理论武器，路德的核心教义是"因信称义"的神学理论，这是路德从《圣经》出发，根据自己多年的研读心得归纳出的一套宗教理论。根据《圣经》主旨和基督教教义，人有原罪和本罪，不能自救，因而在上帝面前不能称义，唯一的救赎办法是借上帝之子基督之手，将救恩赐给世人，因此，拯救的根源来自于上帝的恩典，这是基督教各派共同所信仰的。至于如何使罪人获得这种恩典，最终能够收到得救的效果，天主教主张除了信仰之外，还必须凭借圣事，通过天主教的神职人员，将救恩颁赐给信徒。在新教看来，这是把圣事作为上帝和人之间的一种“交易”，教会神职人员成为了垄断救恩的代理人。新教认为这不仅违背《圣经》的教导，而且导致许多弊端。因此，路德提出，根据《新约》的《罗马人书》和《加拉太书》的教义，遵守律法和诫命不能使人称义，得救的真谛在于相信和接受耶稣基督为主，凭借信心，使信徒和基督成为一体。由于这种神秘的结合，基督的救赎就在信徒身上生效，使信者“还是作为罪人的时候，在上帝面前得以被称为义”。

“因信称义”剥夺了以教皇为首的神职人员的特权，解除了人和上帝之间的教会阻隔。它宣称，人在上帝面前是平等的，不论是一名教士还是一名普通的信徒，均可通过阅读《圣经》、虔诚信仰直接和上帝相通。信徒皆教士，唯有信仰可以使人获救。我们可以从当时路德的印章图案中看出“因信称义”的含义，路德的印章如右图所示，这是马丁·路德在威登保大学任教时亲自设计：

图案中，黑色的十字架放在一颗红色的心里，红色的心代表虔诚的信仰，黑色的十字架代表耶稣，它的意思：我们得救是因为相信基督，人心里真心相信就可以称义。红色的心放在一朵白色玫瑰的中心，玫瑰是白色而非红色，因为白色是代表诸天使和天上诸灵的颜色，表明由信仰可以产生喜乐、安慰和平安。玫瑰的背景是蓝天，显示信仰的欢乐是天堂般欢乐的开端。图案为金环所围绕，象征天堂的祝福是无尽而永恒的，比其他的欢乐与宝藏更珍贵。整个图案凸显的正是路德教义的主要内容：信仰带来欢乐，虔诚信仰就能得到上帝救赎。

马丁·路德的反抗当然受到了罗马方面的惩罚、审判乃至追捕。1518 年 8 月，教皇命令路德到罗马受审，等待他的将是监禁或死刑，但萨克森选帝侯利用自己的影响，将审判地点改到了奥格斯堡。10 月，教皇特使卡杰旦、枢机主教、多明我会会长主持了审判，法庭上，路德引经据典，慷慨陈词，驳得教皇特使无言以对。事后因为听到消息说，枢机主教将下令逮捕路德，朋友们劝说路德赶快离开奥格斯堡。路德在众多支持者的帮助下，给教皇和枢机主教留下了一封信，乘着夜色逃回了维滕贝格。教皇特使卡杰旦要求萨克森选帝侯将路德驱逐出萨克森或将他遣送到罗马，但萨克森选帝侯弗里德里希没有遵从教皇的命令，坚定地继续支持和保护路德。

1519 年 7 月，路德与神学教授艾克在莱比锡就教皇权力问题进行辩论，辩论会由耳弗特大学和巴黎大学担任裁判。艾克在辩论中将路德和教会以前曾定罪的异教徒胡司相提并论，指责路德犯有“异端罪”，路德也毫不妥协，依附《圣经》的权威，抨击教皇的神权，并为胡司辩护，他说，一个有《圣经》为精神指引的普通平信徒，将被视为高于一个不以《圣经》为引导的教皇或教会。教会或教皇都不能设立信仰的条款，这些条款应该来自于《圣经》。辩论持续了十八天，双方争论不休，而两个负责仲裁的大学也无法作出裁决。

1520年，路德先后发表了三篇文章：《致基督教贵族的公开信》、《教会的巴比伦之囚》和《论基督徒的自由》，阐述了自己的神学观点以及与此相适应的组织原则和礼仪规定，为路德宗新教奠定了基础。

1538年，路德将自己为施马尔卡登大会起草的《施马尔卡登信纲》加以修改，并予以出版，全文共21条，主要列出天主教和新教之间的区别，成为路德新教脱离罗马天主教会的正式宣言。主要内容如下：

1. “因信称义”。众信徒只要信仰基督就可得救，这是新教各宗的理论依据。

2. 《圣经》权威。将《圣经》定为信仰的最高准则，以此否定教皇的最高权威。

3. 廉俭教会。在教会和教会各项事务中奉行简朴廉洁风气，圣事仅保留洗礼和圣餐两项。

4. 平信徒皆祭司。反对教阶制，主张普通信徒和教士在基督耶稣面前是平等的。

5. “天职”观。路德在这里用的是德语单词是“Beruf”（意义为“职业”、“工作”），表现日常工作的神圣性，它抛弃了原来天主教那种禁欲主义的修行而超越尘世的空洞劝解和训令，把个人在尘世中完成所赋予他的义务当做一种至高无上的天职，路德提倡修士自由结婚，反对修道禁欲，体现出路德重视世俗生活的道德意义。

6. 建立民族教会，与罗马天主教会断绝组织关系，以德语传教和举行仪式。

在罗马教皇追捕迫害路德的时候，萨克森选帝侯让路德隐姓埋名居住在瓦特堡，这一段时期，路德把圣经译成了德文。在中世纪的天主教会中，圣经都是拉丁文写的，只有教士和僧侣才能看得懂。路德认为，每一个人都应该能够读得懂圣经，这样，每一个人都能成为自己的教士。路德翻译时参考的是圣经原本，并要求自己使用一种“人民的语言”，这样，圣经的阅读不再是教士们的特权，每一个德国百姓都可以阅读圣经，建立自己的信仰。路德此举还有一个重要意义，就是统一的德意志语言文字从此被确定下来，并随着圣经的传播而在全国通用实行。依靠当时已有的印刷技术，路德版圣经在德国迅速传播，越来越多的德国人接受了这种德语，并开始使用这种德语说话和写作。

路德的宗教改革毋庸置疑首先是一个宗教事件，但把它置于神圣罗马帝国的历史背景下，置于一个曾经是欧洲霸主但却不得不接受眼下的落后并屈辱地受到罗马教廷盘剥压榨的国家里，这个事件所引发的更多是德国人民民族独立和复兴的冲动，无论在主观上或在客观上，宗教改革都起到了摆脱罗马教廷的控制，推动德意志民族统一进程的作用，具体来说，我们可以发现宗教改革以下三个方面的推动意义：

第一，宗教改革为德意志民族脱离神圣罗马帝国和罗马教廷提供了强大动力。宗教改革代表的是以路德为首的德意志人民的反抗之声，表面看是宗教教义之争，实际上是民族独立和振兴的呼声，正如路德在《致基督教贵族的公开信》中所倡议的：“教皇须让我国不再受他的不堪忍受的劫掠和搜刮，教皇须交还我们的自由、权利、财产、荣誉、身体和灵魂，教皇须让皇权成为名副其实的皇权。”当德意志国家已经不是德意志民族做主的国家，而是罗马教廷的一个附属品，反对罗马教廷不仅具有宗教意义，更具有民族的意义，因此，马丁·路德反对罗马教廷的“赎罪券”，不仅是宗教内部的斗争，同时也代表了整个德意志民族对罗马发出了抗议，在英法拒绝罗马“赎罪券”的参照下，德意志的这种抗议姿态更是表现出德意志民族的整体利益。这种抗议也确实取得了一定的成果。1508 年，神圣罗马帝国的皇帝马克西米连一世宣布，经教皇同意，他已经成为“被选举的皇帝”，从此结束了自 962 年奥托大帝以来德意志国王必须接受罗马教皇加冕才能成为神圣罗马帝国皇帝的历史。自此之后的十八位神圣罗马帝国皇帝再也不必前往罗马接受教皇加冕，“加冕的罗马皇帝”被“选举的罗马皇帝”所取代。神圣罗马帝国也不再承担保卫基督教会的职责和义务，德意志帝国实现了与罗马教会脱离的第一步。宗教改革所体现的民族精神，也得到了德国大部分世俗贵族的支持，以萨克森选帝侯为代表的诸侯和贵族为路德提供庇护和援助，这一部分人的目的当然是希望能够借此摆脱教皇的控制，使自己的邦国不再受到教廷的压榨，从而巩固和加强领地邦国的势力。不可否认，这种邦国强盛的愿望有损于民族统一，但在当时的德国，齐心协力对抗外敌是首要的对民族有利的明智之举。总而言之，马丁·路德的宗教改革将矛头直指罗马教廷，是对神圣罗马帝国以来教廷和皇帝分享权力的政治模式的挑战，摆脱教会意味着行政权力的加强，德意志民族有可能就此脱离罗马教会的控制，迎来真正的行政集权的国王，民族也有可能就此凝聚在一起，成为统一的国家，所以说，宗教改革其中蕴含着民族独立的愿望和契机。

第二，宗教改革直接导致路德宗新教的创立，基督教世界被分裂了，天主教会一统天下的局面结束了，新教是对原来具有普世性质的天主教的反叛，是对罗马教廷的破坏，它是德意志的民族宗教，有自己的神学理论，建立了新的教会组织和制度，并用世俗政府的管理取代了罗马教会的统治。马丁·路德借助自己的神学理论，将改革后的基督教和罗马教廷的联系斩断，否认教皇的权威和天主教会的制度，希望恢复到原始基督教的状况，他说："我们只信靠经文。"通过这个口号，他希望将基督教带到它的源头，他认为，要取得上帝的赦免不是靠购买教会所出售的"赎罪券"，人们不需要教会或教士居中代祷才能获得上帝的赦免。他认为教士与上帝的关系并不比一般人亲近，教会雇用教士，只是为了处理一些实际性的日常工作。马丁·路德认为，任何人不能通过教会举行的某种仪式，获得上帝的赦免和宽恕，人只能通过信仰获救，这是无法用金钱交换的。宗教改革后的新教不再由罗马教会主宰，而是由德意志人自己管理，这些改革内容对于德国诸侯和世俗贵族来说，正迎合了他们希望摆脱罗马的控制、强盛国邦的愿望，因此，他们大力支持路德，公然拒绝罗马教廷的指令，正是由于世俗贵族的支持，宗教改革运动才越演越烈，并夹杂着民族独立、民族强盛的呼声变成一道民族运动的洪流。

第三，马丁·路德翻译《圣经》在很大程度上促使了德国文化民族的形成，德国的文化民族先于政治民族实现了统一。路德通过将圣经译成德文，使用一般大众化的语言代替了拉丁文的地位，用德语取代拉丁文成为传道和思维的语言，因而创造了统一的德语书面语言，这加强了德国在精神文化层面的民族感，实现了德国的语言统一，为文化民族意义上的统一奠定了基础。在路德翻译圣经之前，德国语言内部存在很大差异，与当时政治上邦国割据的分裂状态相对应，在德国不同地区，使用的德语都各不相同，据统计，《圣经》当时已有南德语言的十四种译本和北德语言的三种译本。路德通过翻译圣经创立了统一的德意志语言文字，这个“统一的德语”成为联系德意志大大小小邦国和乡镇的纽带，是推动德意志民族融合、结束分裂、争取统一重要的精神文化力量。如拉夫在《德意志史》中描述的那样，路德翻译的《圣经》“遍布了神圣罗马帝国的东西南北，不仅铺平了通往上帝的语言之路，而且创造了德语语言的书写规范，使德语克服了口语中的诸多差异而得以普遍通过”。

但是，令人非常遗憾的是，德国错失了这一次民族统一的机会，马丁·路德宗教改革虽然代表了德意志民族意识的觉醒，在精神文化层面和政治层面也取得了一定的战果，但从最后的实际结果来看，只能说是一次不成功的民族独立的努力，因为德国的统一非但没有达成，宗教改革反而直接或间接地造成了国家更为分裂的局面。

1555 年，德意志神圣罗马帝国会议签订《奥格斯堡合约》，合约结束了天主教和新教各邦诸侯之间的战争，制定了“教随国定”的原则，承认各邦诸侯有权自由选定其自身及其臣民信仰天主教或路德宗新教，帝国城市则允许两种信仰并存。这个合约是结束多年教派纷争和缓解矛盾的权宜之计，以宽容和和平为最高目的，但却加速了德意志的散裂，德国 16 世纪八九十年代的历史就是帝国诸侯以宗教为划分，以天主教和新教为阵营，发生武装冲突的历史。

宗教改革失败的原因，究其根本，还是德意志民族缺乏一个中央集权的国家和一个绝对的君主，因此，不论是当时神圣罗马帝国的皇帝还是各地诸侯贵族，都试图在不稳定的局面中最大保全自己的利益。他们的力量均衡，每一个都有机会，但没有一个强大到能实现国家的统一。他们利用宗教斗争，借机巩固自己，消灭对手，挑起更大的争斗，国家版图就在不断地斗争中变得七零八落。新教与天主教之间的三十年战争不仅给德国人民带来巨大的痛苦，而且进一步造成了分裂。三十年战争后，各地诸侯签订《威斯特伐利亚条约》，邦国君主同时是各自邦国的最高主教，政教实行合一，宗教的分歧转移到政治上，进一步加剧了国家的分裂。

德国哲学家费希特在他发表的《对德意志民族的演讲》中曾说道：“……他们（日耳曼人）经过了好多时代，一直在那种总是以同样的力量再三兴起的血腥战争中奋战，究竟是为了什么呢？……罗马人提供给他们的所有那些好处，对他们来说则意味着奴役，因为他们在接受这些好处时就必定成为了别的什么人，成为罗马人，而不是德意志人。不言而喻，他们的前提是，每一个人都宁愿死，而不愿成为这样的人，一个真正的德意志只有为了做德意志人、永远做先决人和把自己的孩子培养成德意志人，才会愿意活着。”①

客观公正地说，马丁·路德宗教改革不仅代表德意志发出了民族的呼声，而且部分实现了摆脱罗马教廷控制的目的，但是，在各诸侯借宗教名义进行的争斗中，王权难以对抗领地诸侯和贵族，统一的道路似乎变得更为漫长，这个民族仍然在压抑中等待机会，伺机实现其欧洲雄狮的梦想。

---

① ［德］费希特：《对德意志民族的演讲》，辽宁教育出版社 2003 年版，第 118～119 页。

第六章

历史的理性——逆时代潮流而思的“现实”政治家

2003年德国电视二台（ZDF）组织评选了德国历史上的十大伟人，俾斯麦荣列其中。当我们看到在最终的结果中，文学家只有歌德一人，音乐家也只有巴赫一人入选时，我们确实可以感觉到现代德国人对俾斯麦的认同和喜爱。

在名人众多的德意志历史中，俾斯麦为什么可以脱颖而出入选“十大伟人”呢？俾斯麦的历史功绩确实是辉煌的，世界历史告诉我们，他通过对丹麦、对奥地利和对法国的战争完成了德国历史上首次真正的统一；另外，正是俾斯麦任首相的德国政府引进了针对老年人、疾病和事故的国家保险制度，并且这不是模仿，而是首创，这在全世界范围内都是最早的。单单这两件事情就已经非常了不起。德国的统一，德意志人民盼望了几百年，如果没有俾斯麦，人们不知还要等待多久；而保险制度，从现在反观历史，人们可以更清楚地认识到：它是一个多么具有生命力并且意义深远的制度。

但是，历史为什么偏偏选中俾斯麦来完成德意志的统一大业呢？从很多方面来看，俾斯麦都是一个逆历史潮流而“思”的人。他丝毫不赞同那时的自由主义、民主主义和社会主义思潮（在当时，这些可都是一些先进思潮），俾斯麦甚至对它们抱有敌意，他的反对社会民主党的《非常法》很是有名。此外，他对那时轰轰烈烈的民族运动只是冷眼旁观，直到最后也没有真心认同它。在俾斯麦心中仿佛只有普鲁士，他只是现实地利用了“民族主义”来完成以普鲁士为主导的德意志统一。对于国外的势力，他也只是利用，而不去关心其意识形态究竟为何，他说："有人问我是俄国派还是西方派，我总是这样回答：我是普鲁士派。"① 在殖民主义扩张狂潮席卷欧洲的时候，俾斯麦又是殖民主义坚决的反对者。这样一个人怎么会在德国历史上扮演如此重要的角色呢？

历史并不总是青睐追逐时代潮流的人，因为潮流里总有太多的理想，甚而幻想的因素，它往往不能真正地扎根于现实。俾斯麦是一个现实的政治家，很显然，他不会跟着潮流跑，让潮流牵着鼻子走，但他在时机成熟时会利用它们，让时代潮流推他到自己想去的地方。事实上，俾斯麦很巧妙地利用了当时的时代潮流，这个潮流就是"德意志人民渴望统一"。俾斯麦曾说过："在整个时代潮流中苏醒的民族情绪，同时加上抵御外部进攻的要求，迫使我们走向比较紧密地统一德国的目标……"②

文化、民族与国家

德国人为什么渴望统一呢？为了更好地回答这个问题，我们先来看另外一个问题：既然在此以前还从来没有一个真正的、统一的德意志国家，那么谁是德国人？如果说德国人本来就是一个虚无的概念，那么谈论"德国人渴望统一"就显得毫无意义。

德国著名历史学家梅尼克在他的著作《世界主义与民族国家》曾作过这样的区分："除去一些特例，人们可以将民族分为文化民族（Kulturnation）与国家民族（Staatsnation）。前者主要基于某种共同的文化经历而凝聚起来；后者首先建立在一种普遍的政治历史与法则的统一力量之上。"③

根据梅尼克的区分，那时的德国人虽然没有一个统一的国家，也就是说他们还没有组成一个 Staatsnation（民族国家），但他们确实有着共同的语言、进而共同的文学，用梅尼克的话说，他们有着共同的文化经历，因此他们已经组成了一个 Kulturnation（文化国家）。这也是德国不同于英、法的地方，德国人的存在先于一个统一的德意志民族国家的存在。统一，对德意志人民来说，就

---

① Otto von Bismark, *Die Gesammelten Werke*, Band 14, Berlin: Otto Stolberg, 1924-35, S. 465.

② Otto von Bismark, *Die Gesammelten Werke*, Band 3, Berlin: Otto Stolberg, 1924-35, S. 266.

③ ［德］弗里德里希·梅尼克：《世界主义与民族国家》，孟钟捷译，上海三联书店 2007 年版，第 4 页。

是在 Kulturnation（文化国家）的基础上建立起自己的 Staatsnation（民族国家）。

现在，我们就可以回到刚才那个问题：德国人为什么渴望统一？统一会给德国人带来什么好处呢？

在当时的欧洲，很多国家已经成为了强大的民族国家，像英国、法国、西班牙和瑞典等，可欧洲中部的德语区还是一盘散沙，至此还从未组成一个真正的民族国家。也许有人会提到神圣罗马帝国，但是我们知道，神圣罗马帝国实质上只是一个松散的联邦，就像 17 世纪的法学家塞缪尔·冯·普芬道夫（Samuel von Pufendorf）的名言所说：“帝国是一个怪物：它不符合政治学上的任何传统定义，即不是罗马的，也不是神圣的，甚至不是一个帝国。”①

这样的一个所谓“帝国”当然保护不了德国人的利益，其他国家之间的战争，战火却在德意志人民的土地上燃烧。诚如历史学教授米夏埃尔·施蒂默尔所言：“对大多数德意志人来说，历史在他们的记忆中，就是一场场灾难及其带来的悲痛后果，德意志这片土地在和平时期充当列强博弈的棋盘，战时则是列强厮杀的战场。”② 统一可以使德意志民族变得强大，进而可以将自己从一场场的灾难中解救出来。就像基辛格所指出的那样：“……德意志邦联原来的构想，便是只为对抗强大的外来危险而团结在一起的组织。”③ 所以，统一早已是众望所归，到那时为止，可以说已经被德意志人讨论了几百年。但是如何达成统一呢？

为了能够充分理解俾斯麦的政治外交智慧，我们稍微概述一下历史也许是必要的。关于如何统一，当时有两个大的方向：一个是由奥地利主导统一德国，这就是所谓的大德意志方案；一个是由普鲁士主导统一德国，并把奥地利排除在外，这就是小德意志方案。大德意志方案事实上的可行性很小，就像俾斯麦清楚看到的那样，奥地利已经处于残暮之年，苟延残喘，事实上已经没有能力完成德国的统一，即使勉强为之，统一的德国必将仍是一个松散的联邦，和神圣罗马帝国并没有什么两样，而德意志人民渴望的真正的民族主义意义上的统一根本就没有实现，所以也只剩下由普鲁士主导来走上统一的道路。

---

① 引自［德］米夏埃尔·施蒂默尔：《德意志：一段寻找自我的国家历史》，孙雪晶译，天津人民出版社 2007 年版，第 3 页。

② ［德］米夏埃尔·施蒂默尔：《德意志：一段寻找自我的国家历史》，孙雪晶译，天津人民出版社 2007 年版，第 3 页。

③ ［美］亨利·基辛格：《大外交》，顾淑馨、林添贵译，海南出版社 1998 年版，第 99 页。

但是，具体又该如何操作呢？这里还有一些根本的困难。尽管那些曾经是康德在柯尼斯堡的学生、现在是普鲁士官员的那些人对普鲁士的自由经济有很大的促进，但是这也只是在经济上，政治体制上的改变并不多。在南方小的德意志国家眼里普鲁士仍是一个专制的、不自由的、军国主义的和官僚主义的国家，所以由这样的普鲁士主导来统一德国对他们来说是不能令人完全放心的。比方说当时的历史学家海因里希·冯·加格恩就认为：统一的自由德国的基础是摧毁普鲁士，将之转变为小邦。① 符腾堡的民主人士更是“希望在普鲁士解体的基础上为德意志的自由和统一做好必要准备，他们希望完全屏斥普鲁士，因为将来的民族统一须是一种更牢固、更联合的形式”。②

而普鲁士是否愿意为德意志的统一牺牲自己呢？事实上，普鲁士政府别说以牺牲自己来重振德意志民族事业，单单在对是否成立北德意志联盟上就飘摇了好几个月，最终普鲁士承担起主导德国统一的任务的原因更多是因为俾斯麦意识到：普鲁士应该尝试并引导当时汹涌的民族主义浪潮，否则其可能被自由主义者和社会主义者所利用，危及普鲁士自身的统治。

后来在普鲁士的强权下，北德意志联盟成立。虽然宪法保证民主选举和自由议会，但管理大权和军队控制权仍在普鲁士国王手里。再后来普鲁士又通过军事把美茵河南部的四个邦国并入自己的版图。即使是这样，在 1871 年 1 月 18 日威廉一世登基的那天早上，他还是对俾斯麦悲伤地说：“今天我们埋葬了古老的普鲁士王朝。”③ 由此可见，让普鲁士真正地为德意志作出牺牲是非常困难的。历史是反讽的，德国的统一最终还是由对统一最不热心的普鲁士完成了。

细腻的“统一工程”

俾斯麦常被称为“铁血宰相”，这和他的一句非常有名的话有关，他在一次演讲中说：“我们这个时代的众多问题不能靠演讲和投票来解决——那是

---

① 参见［德］弗里德里希·梅尼克：《世界主义与民族国家》，上海三联书店 2007 年版，第 351 页。

② ［德］弗里德里希·梅尼克：《世界主义与民族国家》，上海三联书店 2007 年版，第 352 页。

③ 引自［德］米夏埃尔·施蒂默尔：《德意志：一段寻找自我的国家历史》，天津人民出版社 2007 年版，第 7 页。

1848—1849 年所谓革命留下的虚幻印象——而是要依靠铁与血。”① 其实他说这些话的时候不是针对外交和战争，而是针对预算和社会事务而言的。②

俾斯麦的政治和外交才能和他的文采一样，都是卓尔不群的，据说他的德文文采可以媲美德意志的伟大作家海因里希·海涅和托马斯·曼。③ 作为伟大的政治家，他熟谙政治领导本身的限度。从以上的引述我们已经可以粗略地看出，普鲁士如果不作出一定程度的牺牲，那么德意志的统一就是极其困难的，如何不牺牲自己，如何对待其他德意志国家始终是个难题；此外，德意志的统一其实并不仅仅是德国人的事，它几乎牵动着整个欧洲。就像基辛格所指出的那样：“当时的国际秩序包括三个因素：欧洲均势；德国内部普奥相安无事；因保守理念而结合的联盟体系。”④ 俾斯麦要想完成德意志的统一，他必然得撼动当时的国际秩序，并且在一定程度上和保守理念分道扬镳。令人叹服的是，俾斯麦就是在这样错综复杂的欧洲关系中可以说是游刃有余地完成了这一切。在这个过程中，他也作为现实政治家超越了自己的保守派别。他的工作是非常出色和细腻的。

下面我们用具体的例子来说明这一点。

例一：1864 年俾斯麦借机丹麦国王的不明智（丹麦试图吞并两个德语区，即两个易北河公国：石勒苏益格和荷尔斯泰因），发起了对丹麦的战争。这场战争显得师出有名，并且符合民意。俾斯麦聪明地联合了奥地利，并巧妙利用当时的民族情绪轻易地赢得了这场战争。而丹麦到底吃了什么哑巴亏后人却不得而知了，因为虽然这两个公国名义上属于德意志联邦，但它们和丹麦王室有着密切的关系。政治、王族及民族问题极其复杂且很难厘清。当时的英国首相帕默斯顿曾说只有三个人明白所谓的石勒苏益格-荷尔斯泰因问题：“一个是女王的丈夫，已经死了；另一个是位德国学者，已经疯了；还有一个是我，而我什么都不记得了。”⑤

---

① Otto von Bismark, *Die Gesammelten Werke*, Band 10, Berlin: Otto Stolberg, 1924-35, S. 139-140.

② 参见［英］诺曼·戴维斯：《欧洲史》，世界知识出版社 2007 年版，第 775 页。

③ 参见［德］米夏埃尔·施蒂默尔：《德意志：一段寻找自我的国家历史》，孙雪晶译，天津人民出版社 2007 年版，第 12 页。

④ ［美］亨利·基辛格：《大外交》，顾淑馨、林添贵译，海南出版社 1998 年版，第 110 页。

⑤ 引自［德］米夏埃尔·施蒂默尔：《德意志：一段寻找自我的国家历史》，孙雪晶译，天津人民出版社 2007 年版，第 18 页。

例二：在战胜奥地利之后，普鲁士的国王和将军都准备耀武扬威地进入维也纳之时，俾斯麦却劝阻了国王威廉一世。这样他就给奥地利保留了一些尊严和颜面，因为俾斯麦知道将来的某一天他还需要和奥地利结盟，而历史证明俾斯麦是正确的。

例三：战胜法国之后，德国皇帝选择在象征着法国光荣和辉煌的凡尔赛王宫登基似乎过于羞辱法国人，不太像俾斯麦的风格。其实不然，因为如果在柏林登基，这就会显得普鲁士在其他德意志邦国面前炫耀军事和独裁，这确实是南方邦国最讨厌的事情，因为他们已经普遍对普鲁士的霸权充满了愤恨和敌对的情绪，所以最好不要再火上浇油；如果在法兰克福，也不恰当，因为法兰克福和先前的神圣罗马帝国有太多的联系，这样就会给人一种真正意义上的德意志统一并没有发生的感觉。在凡尔赛确是一个明智的选择，这充分显示了俾斯麦的魄力与智慧，不过反观历史，还是留下了一些后患，但这实与后来的德国领导人的政治决策失误有关。

文化的流失与历史的断层

从以上引述我们可以看出，被称为“铁血宰相”的俾斯麦其实是保守和谨慎的，在对外政策上甚至是温和的。他所设计的德意志帝国从其实质上讲是一个大的普鲁士王国，普奥战争的目的是想把以普鲁士为主导的德国缩小到一个合理的面积，这样普鲁士（或者说德国）可以更好地生存，有充足的资料显示，俾斯麦并无任意扩张和称霸的企图。有些学者认为，俾斯麦的对外政策带有强烈的军国主义争霸性质。对于这样的观点，笔者认为还有很多商榷的余地。

俾斯麦巧妙地运用他的外交才能，在当时复杂的欧洲局势中给德国以合理的定位。他懂得节制，并且深刻地领会到，在德国所处的这样复杂的地缘政治关系中，为了能够持续地生存，德国必须成为权力平衡的捍卫者，而不是时刻引起邻国不安的挑战者，所以他很不情愿看到德国成为一个扩张的帝国，因为扩张可能导致德国的毁灭。但是，就像施蒂默尔教授所指出的那样：“……遗憾的是，俾斯麦以后的德国政府缺乏远见，不能理解和接受俾斯麦的治国之道。”① 基辛格在《大外交》中也恰当地指出：“德国人只记得完成统一大业

① ［德］米夏埃尔·施蒂默尔：《德意志：一段寻找自我的国家历史》，孙雪晶译，天津人民出版社2007年版，第11页。

的三场战争，却忘记在事前曾费尽多少心血做准备功夫，以及在成功后必须改持稳当温和的路线。他们只看到耀武扬威的一面，却未能对成功背后的基础观察清楚。”①

但问题是，后来的德国领导者为什么不能够继承俾斯麦的政治外交政策呢？这难道完全可以归因为他们的不理性和不冷静吗？客观地讲，我们并不能这样一味地怪罪他们。从马克思主义的观点来看，历史自有其必然性。

新的德意志帝国并没有属于自己的、主流的意识形态。如果说，意识形态这个词听起来过于政治化，那么我们还可以说，新的德意志帝国还没有一个能把全民族汇集在一起的精神性的（文化性）的力量。俾斯麦一手建立起来的德意志帝国脱胎于普鲁士，帝国的产生在具体操作上依靠的是军事、政治、外交和经济，但是在文化上，俾斯麦所做的工作还是太少。不过，客观地讲，在文化上俾斯麦也不可能做太多，因为德意志的优秀文化多少都带有自由主义和人道主义的色彩，这样的例子很多，比方说歌德和席勒的文学作品，康德和费希特的哲学著作等，但这些优秀文化和普鲁士的不自由的、专制主义的东西总有些格格不入。而在大哲学家、历史学家和法学家留下的国家观念中又有太多的普世性的、世界主义的东西，这些都不太讨普鲁士，或者清楚地说，俾斯麦的喜欢。黑格尔的哲学曾被戏称为普鲁士的官方哲学，但是即使如此，读过黑格尔的人都知道，他那一套哲学的东西太复杂了，并不适合用来做文化宣传。此外黑格尔的哲学是一把双刃剑。德国历史学家梅尼克在《世界主义和民族国家》中很恰当地评价了黑格尔的哲学：“谁如果沉浸于黑格尔这一理论精神之中，他就会有在一场皮影戏中只关注一方的危险，——假如我们可以进一步让这种基本思想发展下去——他也会陷于只关注国家与民族生活中的普世性因素与暴力的危险之中。”② 站在现在的角度上反观，梅尼克对黑格尔的评判在某种程度上成了世界历史发展的一个预言。最后，我们认为，也有些主观的因素——俾斯麦有点小瞧了文化性的（或者意识形态性的）东西。就像基辛格所说：“在俾斯麦心中，现实政治必不受制于意识形态，须有弹性及能够善用每一个可能的选择机会。”③ “现实政治不受制于意识形态”的观点确实能给

---

① ［美］亨利·基辛格：《大外交》，顾淑馨、林添贵译，海南出版社 1998 年版，第 125 页。

② ［德］弗里德里希·梅尼克：《世界主义与民族国家》，孟钟捷译，上海三联书店 2007 年版，第 208 页。

③ ［美］亨利·基辛格：《大外交》，顾淑馨、林添贵译，海南出版社 1998 年版，第 114 页。

政治行动带来某种程度的解放，但是它的弊端也是显而易见的，明白文化具有极强凝聚力的人都会看到，在文化上新德意志帝国确有其尴尬的地方。

由于可宣传的“德意志文化”在某种程度上的缺失，大多数德国人并不以德国人自居，于是地域自豪感和民族主义很是流行，他们还是说自己是“普鲁士人”、“巴伐利亚人”、“萨克森”或者“巴登人”等。更为有趣的是，即使是俾斯麦自己以及他一手扶植的德意志皇帝都更愿意称自己为普鲁士人，甚至是历史更悠久的勃兰登堡人。俾斯麦有时称自己为普鲁士国王身边的“勃兰登堡仆人”。① 也就是说，由于“德意志文化”的缺失，德意志人的身份是模糊不清的。即使那些极力追寻“德意志身份认同”的人，也必将会经历“身份认同危机”。

此外，新德意志帝国的政治格局结合了皇室专制主义和议会民主制两种元素，而这种结合是妥协的产物，它显然是有着内在矛盾的，如果皇权很强，那么议会根本不能发挥任何实质性的作用。此外，在帝国内部，普鲁士的地位也比其他邦国的地位高，所有重要的政务都由普鲁士政府来负责，由普鲁士内阁来监控，普鲁士大臣在级别上也要比帝国大臣高。在这样的体制下，不仅仅帝国影响力微弱，其他的邦国也无法实行任何实际的控制。② 基辛格在《大外交》中这样评价说：“刚统一的德国并未实现前两代德国人的理想，建立民主宪政的政府。事实上这个德国不代表过去任何重要的德国思潮……它不是民意的表现。其合法地位来自普鲁士的实力，并非民族自决原则。”③

俾斯麦执政的时候，他还可以用自己灵活高超的手腕化解矛盾，纵横捭阖，使充满矛盾和危机的制度运转，但是人们并不能期望德国后来的执政者也同样的精明能干。所以，基辛格这样来评价俾斯麦的失误：“他的失策之处在于，他把德国社会建构成务必每一代都要出一位能人，才能继续他所留下的传统。可惜这很难办到，而且德国的专制政体也不利于此。就这一点而言，俾斯麦不仅种下德国成功的种子，也埋下德国 20 世纪悲剧的伏笔。”④

---

① 参见［德］米夏埃尔 · 施蒂默尔：《德意志：一段寻找自我的国家历史》，孙雪晶译，天津人民出版社 2007 年版，第 47 页。

② 参见［德］米夏埃尔 · 施蒂默尔：《德意志：一段寻找自我的国家历史》，孙雪晶译，天津人民出版社 2007 年版，第 32 页。

③ ［美］亨利 · 基辛格：《大外交》，顾淑馨、林添贵译，海南出版社 1998 年版，第 124 页。

④ ［美］亨利 · 基辛格：《大外交》，顾淑馨、林添贵译，海南出版社 1998 年版，第 127 页。

如前所述，当时的德国没有行之有效的主流“德意志文化”，另外它的政治制度也有着固有的矛盾，这两者都是致命的，并最终导致了在“问题和诱惑”面前，俾斯麦以后的德意志领导人们不知道如何给自己定位，走向了极端，错误地认为通过无休止的扩张、获取殖民利益就可以增加德意志民族的凝聚力和自豪感，当问题仍得不到解决时，他们不惜发动战争。这样德国就彻底脱离了俾斯麦所设想的轨道。

德意志帝国那时正处于世界性帝国主义扩张大潮中，而德国的一切：国力、科学和工业都在快速发展。普鲁士王室为了得到更多的财政税收，大力支持工业，创造就业机会，于是，在客观上德国的工业得到了前所未有的巨大发展。1900 年后，德国的工业仅列美国之后，居世界第二位。有了这样的国力，面临殖民的诱惑，德国人早已经忘却了俾斯麦的告诫（俾斯麦曾经说过：“只要我当一天首相，德国就不会有殖民政策。”①），而现在，他们都认为俾斯麦的理念早已经过时了。就像施蒂默尔教授所指出的那样：欧洲列强都受到殖民地丰富的资源和专有市场的刺激，纷纷加入瓜分大潮中。在德国国内，殖民言论甚嚣尘上，人民已经为美好的殖民前景目眩神迷。② 就在这样的世界性帝国主义扩张大潮中，德国没能看清自己所处的位置，最终变成了一个货真价实的扩张性帝国。德国后来的历史悲剧在德国成为真正的扩张性帝国之后其实就已经开始了。

俾斯麦模式的现实意义

俾斯麦的政治与外交模式在今天仍具有一定的意义。当今美苏两极对峙的情况已经结束，世界呈现出多极化趋势，此外军事科技和交通运输的发展已经超出了前人的想象。我们可以这样说，现在地球上任何一个国家的地缘政治关系都是复杂的（地球是圆的!），因此，如果一个国家要保证自己生存、能够长期稳定地发展，那么俾斯麦的现实政治以及和许多国家建立密切关系的外交模式始终都具有借鉴意义。就目前中国所面临的国际局势而言，俾斯麦的政治与外交模式也有着值得我们参考的地方。随着中国经济的增长，加上先前中国

---

① ［德］米夏埃尔·施蒂默尔：《德意志：一段寻找自我的国家历史》，孙雪晶译，天津人民出版社 2007 年版，第 106 页。

② 参见［德］米夏埃尔·施蒂默尔：《德意志：一段寻找自我的国家历史》，孙雪晶译，天津人民出版社 2007 年版，第 106～107 页。

屈辱的历史，国内也出现了有些极端的“民族主义”，当它以“爱国主义”的面貌出现的时候就很能迷惑人，如果不能对它进行正确的引导，那么它极可能把中国带入一个很不确定的方向。“有着坚定的政治外交目标，成功后改持稳当温和的路线”，这都是人们可以向俾斯麦学习的地方。

即使强大如美国者，在基辛格看来，都应该多向俾斯麦学习，他分析说：“在一个相互依存的世界里，美国会发觉很难实行英国的孤立。但是她也同样不可能有能力建立一个完整的安全体系……最有创意的解决办法将是建立重叠的架构，有些以共同的政治、经济原则为基础（如西半球），有些则结合共同的原则与安全考虑（如大西洋地区与东北亚），有些则大体以经济关系做基础（如东南亚）。”① 这种重叠的外交架构正是俾斯麦的外交模式。

然而，俾斯麦忽略意识形态（或者说文化）的教训看来人们应该吸取。事实上美国就从人权外交中（我们不能否认人权外交的意识形态性）获得很多好处。自由民主的理念也成了凝聚美国人的强大精神力量。但我们不能忘记，好的文化或者说意识形态模式是需要探索的，糟糕的意识形态的确会成为政治与外交行动的枷锁，不过，这一切也并不能完全由人控制，用马克思的话来说，它遵循着“经济基础决定上层建筑”的客观规律。

---

① ［美］亨利·基辛格：《大外交》，顾淑馨、林添贵译，海南出版社 1998 年版，第 806 页。

第七章

艰难的跋涉——新闻自由之路

在标榜自由、民主的德国，人们可以从报纸、杂志、广播、电视中获得各自想要的内容，那些合乎自己口味的，挑战自我神经的，应有尽有。在满足了视听和情感需要的同时，人们也难免在潜移默化中被这些看似公正客观、连篇累牍的报道所误导、绑架。只有思想敏锐、不带偏见并且对媒体本身特点有较多了解的人才有可能从纷繁的表象与舆论中透视其真相与奥秘。

在德国，记者是一个完全自由的职业，根据德国《基本法》第五章，每一个人都可以成为记者并在新闻领域从业，而无需经过特别的教育以及通过国家考试。这一规定并非无人诟病，因为不受限制的从业资格无法确保记者的资质，从而存在因个人素质良莠不齐引发严重后果的风险。但是，一旦对这一职业的从业资格作出限制，又如何保障宪法所宣称的言论与新闻自由呢？这一职业涉及的不仅是对世界各地信息的报道，对强权的批评与监督，它还关系到社会弱势群体是否能够发出他们自己的声音。人们需要什么样的记者也因此成为民众所关心的问题，是否受过良好教育、勇敢、具有反思能力、诚实可信并不持偏见的人就是一个合格的媒体从业者呢？答案与大多数人的想像或许并不那么一致，但我们也完全不必为德国人担心，因为素以理性、逻辑见长的德国人早已习惯诸如此类悖论的存在，在纠结的同时，这些问题丝毫不会影响他们的日常生活，也丝毫不会影响他们在闲暇时阅读报纸、观看电视新闻，和朋友聚会时对时事发表自己的看法，或对国家政策提出尖锐的批评。是什么使德国人对媒体这样地关注又淡然视之，换句话说，是什么样的媒体将德国人的神经

“训练”得如此强韧呢？下面笔者就以德国传统的平面媒体，或者称印刷媒体，即报纸、杂志为例大致介绍一下德国媒体的前世今生。

大众媒体的发端

从严格意义上讲，报纸应该是最古老的大众媒体，而德国报纸业的发端与古滕贝格 1445 年在美茵茨发明铅活字印刷术密切相关。中国的读者大可不必太在意德国人对铅活字印刷术发明权的态度，无人蓄意否认，也无从否认中国古代的四大发明，但由于西方字母文字的特点，铅活字印刷术给西方文化传播所带来的影响是毕昇昇的发明所无法比拟的，除非找到古滕贝格是受到毕昇启发的证据，否则让他在德国人心中享受铅活字印刷术发明者这一殊荣也无可厚非。

当然，在印刷媒体出现之前德国也存在手写报纸和传单等原始媒体，而定期发行真正具有现代意义的报纸则出现于 1609 年。由于这一年出现了两种每周发行一期的报纸，因而也被公认为是报纸的诞生年。但根据媒体史学家的最新研究，上述两种报纸中的一种在之前的四年就应该已经存在，因此德国报纸实际上在 2005 年就已度过了 400 岁的生日。根据这项研究，自 1605 年的十月起，名为《关系》(*Relation*) 的报纸就开始在阿尔萨斯的斯特拉斯堡正式发行，五年之后《快艇》(*Aviso*) 报出现，但发行地不详。这两种报纸均以四开版面印制，分别为四版和八版，其主要内容为有关政治和军事的消息，因此也被视为最早的政治报纸。在它们出现之后很短的时间内，报纸迅速出现在欧洲各大城市：1610 年在巴塞尔，1615 年在法兰克福，1617 年在柏林，1618 年在汉堡，1619 年在斯图加特、弗莱堡、旦泽，1620 年在科隆和安特卫普，1621 年在伦敦，1622 年在维也纳，1623 年在苏黎世，1631 年在巴黎，然而真正的日报则直到 1650 年才在莱比锡出版发行。

另外一种定期出版的重要印刷媒体形式——杂志则是到 17 世纪末才普遍出现在公众面前，整整比报纸晚了几十年。严格意义上的杂志 1665 年率先在巴黎产生，德国杂志的历史则始于 1682 年的《学者的行为与报告》(Taten bzw. Berichte der Gelehrten)。由于当时拉丁语是学术界的通行语言，所以这本以高级知识分子为读者群的拉丁语杂志在莱比锡发行，但发行量仅为 50 本。发行量低导致无法长期出版这一问题一直伴随着早期杂志的发展，根据媒体史学家的统计，至 1790 年出版发行的杂志不少于 3 494 种，而其平均发行量只有 500 到 1 000 本，如此之低的发行量致使其中绝大部分根本没有幸存的可能，至少一半杂志的寿命短于三年。这一现象的出现也部分归因于当时印刷商与出版商身份的重叠，但另一个重要原因则是当时来自统治阶层对媒体的严格审查。当今德国人所自豪的新闻自由同样是通过不懈努力与斗争得来，毫不夸张地说，媒体发展的历史就是一部抗争的历史。

新闻自由之路

“新闻自由”这一西方社会引以为傲的保障媒体不受来自国家以及强势阶层干扰乃至控制的公众权利，在德国其实也还不到200年的历史。印刷媒体诞生后的300年，不论报刊杂志还是书籍出版，一直都受到统治阶层的严格限制与审查。古滕贝格活字印刷术诞生仅25年，教会就发明了新的检控手段与形式，其中最为重要的是审查制度（Zensur）：任何以印刷形式出现的文字都必须接受审查，而企图回避或绕过审查的行为都将受到刑事处罚。教会的理由是要杜绝对上帝信仰以及教会学说的伤害，防止道德伦理的堕落。早在1475年，也就是报纸出现的100多年前，教会就已经在科隆大学开始实施对印刷品的审查；1485年根据美茵茨大主教的命令成立了全德第一个审查委员会（Zensurkommission），随后法兰克福市的报纸业也被纳入其审查范围。随着时间推移，审查不再是教会的专利，也渐渐扩展为世俗统治阶层的权力之一，虽然在整个16、17世纪，教会和世俗的审查政策很多时候是携手并进，而在其后的岁月里也难以将两者割裂开来，但是却无法否认世俗的审查更侧重于在政治理念上对国家地位的强调这一事实。作为主要的审查机构，法兰克福书籍委员会（Bücherkommission）直接对皇家负责，接受维也纳皇家参议会（Reichshofrat）的指令与监督，其职责除检查博览会期间的书籍状况，查看书商目录及其是否拥有书籍的印刷许可，以充分体现皇室的印刷特权外，还包括没收违禁文献以及对已出版文献的追加审查。当然除皇室外，各邦国以及城市也有自己的审查机构，在皇室直辖的城市，这种审查由专门的大臣或者法律顾问负责，地方城市则由秘密顾问、秘书或者地方官员负责，至于在大学城，由教授肩负审查责任也屡见不鲜。

如果说美茵茨的审查委员会肩负的是天主教会的使命，那么在新教盛行的北方地区却与此截然不同：当印刷商和出版者们感觉到来自皇室的阻挠时，会得到新教教会的帮助。因此，尽管来自强势阶层的审查越来越严格，范围也越来越广泛，但出版者却依然能够在夹缝中顽强地生存发展，因为教会、皇室和邦国领主们之间时常发生管辖争端，也各自有着不同的利益范围。此外，帝国领域内邦国林立、领属关系混乱的局面也使得一些审查制度有名无实，并未充分发挥预期的作用。但这并不妨碍统治者各种新措施的出台，比如宗教改革时期，因深入的防御性审查制度实际上已举步维艰，因而统治者在加强对出版者管理的同时，还逐步开始实施对阅读的监控，不仅教会发出了禁读令，各地方，即世俗权力机关也出台了相关的禁读目录。在16世纪后的很长一段时间里，针对出版物的规定五花八门，层出不穷，其目的无外乎阻止对统治者不利思想、言论的传播，企图从源头上消除对当时社会统治模式的威胁，其中有据可查的媒体控制审查手段除建立审查委员会、出台禁书目录外，还有预审制度（在提交印刷前对书稿进行审查）、追审制度（对已经付印和流通的作品进行审查）、身份标明义务（确认印刷品出版者身份）、强制性保证金（必须在审查机构缴纳保证金）、报纸税（又称图章税）、印刷者从业许可限制、罚款、监禁直至驱逐出境、禁止某些特定内容及表达形式、禁止报纸杂志的个别版次、限制定期出版物的发行频率、提高印刷品的流通成本等。这样一系列审查制度和监督机制间接导致了1806年帝国的解体，因为世俗审查措施的根本目的在于限制和控制本邦国内信息的公开，今天所谓的内政新闻在相当长的时间里根本就是一片空白，而所有公开发行的消息都来自于邦国外部，带有个人观点的评论是被禁止的，报纸所登载的信息应不带任何政治、派别色彩，这一状况一直持续到18、19世纪之交才有所改变。

与英国1695年，美国1776年以及法国1789年废除审查机制相比，德国于18世纪末关于新闻自由的讨论就显得相当迟滞，而且因为法国大革命的影响，皇室及选帝侯们甚至重新勒紧了审查的缰绳。唯独1775年在石勒苏益格-荷尔斯泰因公国①第一次短时出现了一部由丹麦国王颁布的《无限制新闻自由法》(*Uneingeschränkte Freiheit der Presse*)，而在当时的德国这样的法令还尚无先例。18世纪80年代关于新闻自由的讨论广泛展开之初，公众还只是要求对专横的新闻审查设置合理的限制，随后才在社会各领域不同程度地出现对言论及新闻自由的诉求。尽管对于新闻自由的抗争导致了更为严厉的审查政策，甚至出现印刷品直接被焚毁的情况，但相关争论却从未间断，法国大革命在给帝国权威带来危机从而导致更为严厉的政治压迫的同时，也为出版者们争取其权利提供了效仿的榜样和斗争的动力。1806年，随着德意志帝国的崩塌，维持数

---

① 石勒苏益格—荷尔斯泰因西临北海、东临波罗的海，北与丹麦接壤，历史上曾在丹麦王国治下，后归属德国，成为德国最北部的州，但一直与丹麦关系密切，至今仍有丹麦少数民族在此生活，并在州议会占有专门议席。

百年的皇室监视不复存在，但是拿破仑却在其占领的帝国区域内建立了一套中央集权以及行之有效的新闻检查机制。拿破仑对媒体的态度与保守的专制主义新闻政策有着根本不同，他奉行积极的新闻政策，即通过宣传（Propaganda）进行控制，在占领区，他致力于对新闻媒体直接施加影响，并在莱茵联盟地区及德国北部除翻印来自法国巴黎的《箴言报》外禁止一切报纸。在这种形势下，德国媒体与同样忍受法国统治，希望重获自由的政府开始相互暗送秋波，在俄国以及日后强大起来的普鲁士的支持下，自 1813 年起在几乎全德境内掀起了一股报纸重建浪潮，于此同时地方政府也放松了审查，德国人终于可以通过媒体发出反抗法国的“爱国主义”的声音。这一切促成了政治出版业在 19 世纪 20 年代的繁荣。

法国占领结束之后，德国的部分地区实现了相对的新闻自由，当时被称为“理性的新闻自由（vernünftige Preßfreiheit）”的涵义是，原则上支持新闻自由，同时也视法律约束为必要的和正确的。1815 年联邦大会将新闻自由及保障作者和出版者的权利纳入规划，而最终的条文还需留待后续的联邦法律制定程序。然而 1830 年法国六月革命之后，德国境内革命的气氛变得浓厚起来，当权的自由党人和共和派因此要求更严厉地实行审查措施，这时距在巴登取消审查的举措还不足五个月，因此年轻一代的作家和出版者们不得不采取诸如匿名、假名出版，虚构出版社地址或者频繁变更报纸名称等更为灵活的对策。而更容易逃避政府监控的政治传单则在此时经历了一段繁荣期。

在政治和社会压力空前高涨，革命形势日趋严峻之时，1848 年资产阶级三月革命终于给人们带来盼望已久的转折：1819 年出台的《特别法》被废除，强制性预防审查被终止。同年于法兰克福圣保罗教堂召开的国民议会承认德国人民享有的各项权利，从而原则上确保了新闻自由，但随后制定的《新闻法》却显现出旧新闻政策的复辟，虽然预审制度不复存在，可强制性许可和保证金、图章税以及在报刊销售领域进行干预等预防性措施被重新祭出，尤其是在俾斯麦时代秘密进行的内容控制。1874 年 7 月 1 日生效的《帝国新闻法》（*Reichspressegesetz*）加强了地方法律的限制权限，认可了 30 条针对战争威胁及骚乱时期的特别规定，随之俾斯麦又于 1878 年出台了《社会党人法》（*Sozialistengesetz*），并以此对社会民主类新闻展开清洗，42 种党派报纸不得不暂时停止发行。随着 1914 年“一战”的爆发，媒体受到了严格的军事审查，虽然遭到议会强烈的批评，这种情况还是一直到战争结束才被扭转。1919 年，《魏玛宪法》第 118 章最终明确规定禁止审查和保障言论自由，但却并没有针对新闻自由的具体保障措施，而且这一权利还受到第 48 章授予帝国总统的紧急处置权的威胁。20年代又出现了后来一直困扰媒体，最终也没能得到解决的所谓“内部新闻自由”（innere Pressefreiheit）问题，即出版社和编辑各自权利、义务的界定问题。

19世纪媒体的现代化进程

19世纪，德国的媒体产业得到长足发展，但在19世纪初叶，受当时的政治与社会条件所限，大的变革并未出现，就报纸而言，其版面形式和内容与100多年以前的先驱并无多大差别，其现代化进程直到19世纪中叶才开始起步，并在之后的几十年中焕发出新的活力。而杂志则于19世纪上半叶就已显现出这一势头，究其缘由，或许是其中的非政治性刊物较少受到审查困扰，早期受欢迎的杂志仍保持了其读者群的缘故，而这对于1848年以前深陷政治泥沼的报纸来说是无法想象的。

如前所述，19世纪中叶报纸行业开始了其现代化进程，无论在传播范围还是多样性方面都取得了长足进步，并促成了19、20世纪之交现代大众传媒的建立。报纸现代化进程出现的原因大致有以下几个方面：首先，政治、法律方面可归因于1848年审查制度的终结。其次，在社会经济方面，“创业时代（Gründerzeit）”迅猛发展的经济以其爆炸式扩张的劳动力市场给报纸业带来持续增长的购买力。政府对广告垄断的取消也使得报纸通过长期广告得以稳定地发展，广告版面的增加使报纸成为廉价的大众产品，从而赢得新的读者阶层的青睐。再次，在科技方面，印刷及造纸技术的发展也给报纸业带来新的推动，而蒸汽动力则使报纸能够快速、大批量地生产，铁路以及当时的新通讯工具电报、电话的出现使得快速联系与新闻交换成为可能，从而促进了现代新闻通讯社的前身新闻办事处的出现。最后，在文化方面，随着教育的普及与识字率的提高，民众的阅读能力不断增强，使得报纸杂志第一次可以辐射包括农民在内的绝大多数民众。社会各阶层不断增长的对信息的关注又反过来促进了媒体信息量的扩大以及流通时间的缩短。

基于以上各方面原因，德国报纸行业在19世纪后半期得到了迅猛发展。1862年全德境内的报纸只有1 300种，而1881年增长到2 400种，1890年的数量是3 400，到1914年“一战”前夕则达到了其顶峰有4 200种，当然其中只有11%的报纸发行量超过5 000份，而近九成的是发行量不足1 000份的“小报”（Kleistzeitung）。

19世纪末，德国新闻业有以下三种类型：一是由党派或其他信仰团体发行的政党及思想类媒体，持中性政治态度的地方性媒体以及通过详尽政治、经济和文化报道而获得一定声望的跨地区传播的报纸，其代表为《法兰克福报》（*Frankfurter Zeitung*）、《北德意志汇报》（*Norddeutsche Allgemeine Zeitung*），后更名为《德意志汇报》（*Deutsche Allgemeine Zeizung*），以及《柏林日报》（*Berliner Tagsblatt*）。

再来看看另一种重要的印刷媒体——杂志。尽管19世纪伊始，杂志，尤其是文学、政治类也和报纸一样受到政治剧变的影响，但它却部分地在19世纪的前30年间就已经走向了现代化。例如和一份英国杂志同名的《传播公益知识协会芬尼画报》（*Pfennig-Magazin der Gesellschaft zur Verbreitung gemeinnütziger Kenntnisse*）就是大众杂志的典型代表，因为它每期只要一个格罗森，即十芬尼硬币。这份杂志每周六都用八版附图的页面寓教于乐地向社会各阶层民众介绍科技以及其他知识领域的发展与进步，在刊行第一年其发行量就稳定达到35 000份，至于之后所称的100 000份发行量倒仍存在争议。其他成功的周刊包括莱比锡的《画报》和《柏林画报》，与《芬尼画报》不同的是，它们所刊登的多为时事消息，到19世纪末，《柏林画报》的发行量才超过40 000份。

在其现代化进程中，杂志的种类也日益繁多起来。19世纪下半叶，一种新型杂志引起了公众的广泛关注，即“文化政治评论”（kulturpolitische Revue），其代表有1851年刊行的《德意志博物馆》（*Deutsche Museum*）、1855年刊行的保守的《柏林评论》（*Berliner Revue*）以及1856年刊行的《韦斯特曼月刊》（*Westermanns Monatshefte*）。1848年革命爆发后，讽刺杂志（Satirezeitschrift）空前繁荣起来，仅在柏林一市几个月内就出现了不少于35种讽刺及幽默杂志（尽管其中许多没能熬过试行期），得以长期发行并为人熟知的有柏林的《传单》（*Fliegende Blätter*）、《风言风语》（*Kladderadatsch*）、《慕尼黑潘趣酒》（*Münchener Punsch*）以及亲近德国共产党的斯图加特《滑稽的人》（*Eulenspiegel*）等。

总的说来，19世纪杂志在德国的发展速度是十分惊人的，1806年全德国有约1 000种杂志，1892年这一数字达到3 500，而其年发行总量高达6亿份，1914年在德国发行的近7 000种杂志的年发行总量更是突破了16亿份。第一次世界大战使德国杂志的数量减少到1923年的3 700种，在纳粹上台前的1932年，德国发行的杂志数攀升至7 650种，而到希特勒灭亡前的1944年，仅有458种幸存。

“二战”后德国媒体的重生

随着1945年5月7日纳粹德国的灭亡，德国媒体也暂时处于停顿状态。根据盟国军政府在占领区颁布的法律，任何印刷、生产、发行、销售、购买以及商业租借报纸、杂志、书籍以及海报、唱片和电影的行为均被禁止，此外法律还禁止经营新闻、通信、图片、无线电、电台、电视以及戏剧与电影，甚至禁止举办歌剧、音乐会、年会及马戏表演。通过这些禁令，战胜国试图清除现存的媒体系统并按照新的原则予以重建，因此可以说“二战”后在德国媒体行业的重建过程中，占领国拥有绝对的主导权。

按照占领国的设想，德国媒体业的重建工作分为以下四个阶段：第一阶段完全禁止任何形式的印刷品，结束所有印刷社和出版社，解散现存的编辑工作室；第二阶段由占领国自行出版发行军事报刊，并由各占区军政府具体负责；第三阶段按照战胜国的安排，给各军政府信赖的、没有受到纳粹影响的出版社和记者授予出版报纸杂志的许可，但这些报纸从一开始就必须接受军管当局的预审及追审，也就是说，要建立一个在军政府监控下的德国媒体业；最后一个阶段由盟国审查出版行业内的一切人员及技术问题，以杜绝纳粹思想的死灰复燃。在此阶段的最后则是将媒体移交至德国人手中。

总体来看，盟国许可证政策的目的不仅是要将德国民众从纳粹及军国主义导向民主政治，而且通过首先许可和建立地方性、区域性媒体机构，有意识地推行联邦主义，导致相对于地方性媒体而言，跨区域以及全国性的媒体在其建立与发展上都受到了很大的限制。

在联邦德国，媒体重建工作直至1954年才告结束，随后便开始了长达超过20年的整合时期，虽然自20世纪70年代末关于媒体联合的讨论渐渐归于沉寂，但直到今天这一状况和进程依旧是引人注目的话题，当然所涉及的早已不仅仅是印刷媒体市场了，在互联网时代到来之前的几十年中，全方位的媒体整合呈现出跨国媒体巨头实力不断增长的势头。媒体整合的形式多种多样，从松散的合作组织，比如组织编辑共同体、广告圈、隐形参与以及资本交织等，到兼并联合直至形成不同市场份额的垄断等。

至于媒体整合与媒体巨头出现的原因，首先要提到的是持续的出版权竞争，以及与之相伴的对政治进程的影响力竞争，然而最为关键的当然仍是经济因素：营销以及广告业务的变革在使广告收入增加的同时也使得报刊杂志更容易受到经济形势的影响；相对于广播电视的时效性以及画报杂志的形象性，报纸自身存在竞争劣势；其他的媒体比如广告传单等也在分流报纸的广告客源。上述情况在20世纪50年代给各报纸之间造成了严峻的竞争形势，而只有那些大型的、效益好的报纸得以在媒体市场继续坚守。

从1976年至1985年，联邦德国媒体行业进入巩固期，这一时期的特征是报纸的种类及发行量出现轻度回升。此外，在此阶段，众多平面媒体出版社开始参与到1984年获准的私营电台领域。同时，电子编辑技术的发展也为报纸的生产带来积极影响。

如果说媒体行业在联邦德国建立之初得以重建，在20世纪六七十年代处于剧烈变革时期，那么自80年代起直至两德重新统一，西德领域内媒体的结构再没有发生实质性变化，尽管1985年后，媒体整合再次出现，出版单位的总体数字在这几年从126家下降为119家。至于在德国东部，不同的政治制度及对媒体功能定位使得媒体所显现出来的结构特征完全不同于西部。基于篇幅关系，也由于民主德国媒体在两德合并后几乎不复存在，或者已经面目全非，本文将不对原东德媒体行业作详细的介绍。

统一后的德国媒体

1990年10月3日德国重新统一，而这一次德国媒体却没有像“二战”结束初期那样再经历一次阵痛。因为随着东德政府退出历史舞台，原东德的媒体版图也迅速发生了改变，新的报纸杂志得以建立，与德国西部出版社的合作得以开展，原联邦德国境内的出版物也开始在东部发行。但是在短暂的全面开花之后，1991年中期开始出现全方位的兼并整合，不过两德的统一并未如人们预料的那样形成一个共同的媒体市场，直到今天，德国东部地区的媒体市场结构依然有别于西部。总体来说，统一至今德国东部媒体业的发展经历了联邦德国初创时期所走过的进程，引人注目的是一些老出版社的企业行为导致的新创报纸的热潮，但这些新的报刊却很难在现有报纸的传统发行地推广。

自德国重新统一后，德国媒体总体来说经历了四个阶段：

第一阶段为相对稳定期。具体表现在独立运作的日报数量十分稳定，而在东部，发行量明显减少的趋势有所减弱。许多德国报刊出版社在挺进广播、电视领域后开始进入互联网，由此最终发展为多媒体巨头。

第二阶段，蓬勃发展期。大约自1998年开始，广告领域出现了持续近三年的经济繁荣，这在跨区域报刊中表现得尤为突出。这一强势发展主要得益于互联网热所带来的无数新创企业以及国有邮政、通信及能源企业私有化后在报纸上发布的股票信息。总之，千年之交喜人的经济形势为媒体带来了大笔的广告收入，其中报纸行业的经济数字尤其令人振奋。2000 年报纸的销售额相较于前一年增长了 6.6 个百分点，而仅广告收入就攀升了 12 个百分点，达到 14.5 亿欧元。

第三阶段，危机。自 2001 年中起，德国媒体的广告盈利戏剧性地出现了长达三年的衰退，广告净总收入从 2000 年的 233.8 亿欧元下降到 2003 年的 192.8亿欧元，而这一年日报的总销售额掉落到 1994 年的水平，如果只看广告额，甚至还不如 1993 年。针对这种局面，印刷媒体行业无论大小企业都不约而同地采取降低出版生产能力，削减出版及编辑部门员工等措施，一项 2004 年对 260 名德国地方性报纸编辑的问卷调查结果显示，被调查的编辑部平均有 11 名记者被解雇。令人措手不及的衰退原因是多方面的，其中尤以以下两点最为关键：其一是由于互联网浪潮回落，所谓的新经济重整，世界范围经济疲软造成的股价暴跌，持续走高的失业率带来的消费力下降，甚至还包括德国政治改革的举步维艰以及由于伊拉克战争所产生的对国际政治的不安全感等因素所造成的整体经济形势的衰弱；其二是在媒体结构方面，印刷媒体的专栏广告业务，例如求职、地产及私人汽车等广告，向互联网转移造成报纸广告客户的大量流失。从 1997 年到 2004 年，报纸流失了 45% 的求职广告、46% 的地产广告以及 27% 的汽车广告。

第四阶段，凭借新报纸、新产品和新服务走出危机。2004 年，一种新型的，即以小幅面印制的报纸出现在德国市场，它的尺寸差不多只有传统报纸的一半，它的名称 Tabloid 原本来自英语，意思是“街头小报”。这种形式的报纸数十年来不仅在英国，而且也在西班牙、荷兰、瑞士以及澳大利发行。在德国，它首先用来印制副刊或特刊，然后才在正式版面推广。为了创造新的盈利点，许多报纸出版社开始向客户，即读者以优惠的价格提供报纸之外的附加产品，比如书籍、百科词典、CD、DVD 等，这种创意同样来自国外，例如意大利《共和报》就在过去的数十年通过在其售报亭销售书籍等产品而获得了不俗的成绩。1998 年德国邮政市场的部分自由化使得更多的企业获准提供邮政服务，而德国报纸出版社也得以进军邮政市场并将其作为又一经营领域，他们可将旗下的销售、投递渠道用于邮政服务，从而在一定程度上平衡传统经营领域的萎缩。

尽管今天德国传统媒体行业在现代无线电技术以及数字技术大发展的形势下经历了严重的危机，但是这种压力也使得传统媒体在痛苦中不得不更加丰富多彩，从而始终拥有众多品种和可观的发行量，德国也可称得上是世界上拥有最多报纸杂志的国家之一了。当然德国传统印制媒体现在，而且在将来依然需要不断努力求得生存，就像它们在20世纪20年代面对电台，50年代面对电视所做的那样，新的多媒体及互联网技术在改变人们生活方式的同时也彻底改变了大众，特别是青年群体的阅读习惯和信息获取方式，因此这一次印制媒体所受到的冲击也将是最为严重的。有德国研究者认为，报纸依旧会不可或缺，因为它在选材、归类、连贯性、展望以及导向等方面有着其他媒体所不具备的优势。在报纸里，读者会碰到并非自己搜索的，但却很有意思的内容，因此报纸可以引导读者的思想，成为日常生活中值得信赖的伴侣。当然，事态会否如这位研究者所预测的那样，传统媒体到底会发展成什么样子，我们只能拭目以待。

当今媒体的使命

其实前文提到的那位德国研究者已经是从媒体功能的角度在展望报纸的前景，那么大众媒体究竟有哪些功能呢，换句话说，大众媒体在德国社会究竟承载着什么样的使命呢？弄清楚这一点对于我们从深层次了解和解读德国媒体的某些行为，特别是那些关于中国且并不令我国读者感到愉快的报道是十分必要的。

按照通行的观点，媒体最主要的作用自然是其信息功能，德国媒体在这一点上当然也不例外。媒体的这一功能看上去似乎没有什么特别，不管在中国还是德国均如此，但是，它所报道的可以是整个世界或者某个国家的社会、政治、经济情况，也可以针对某些社会团体或者个人，而它站在什么角度，从何种立场或意识形态出发对新闻事件进行分析，则会影响所报道信息的完整性、客观性以及可接受性。但是有的时候，客观性和大众的可接受性会发生矛盾，就比如对中国的报道，如果某个德国记者完全客观地描述中国日新月异的发展以及人们生活的不断提高，那么刻板并因前东德的原因对社会主义怀有厌恶情绪的德国大众是难以接受的。因此，以高素质著称的德国媒体也无法避免迎合大众口味的恶俗，以至在报道中国时，常常习惯将目光集中在落后的、尚需改进的角落。

除传播信息外，德国媒体还自觉肩负严肃的政治使命，包括建立公众社会，即通过媒体使国家机关、学术机构以及民众之间的信息交流成为可能；促进政治社会化及一体化，即令一般民众融入社会，真正成为国家的一分子，比如参与选举，加入党派，或者成为异见人士，为争取某种权利而示威抗议；批评与监督，即在促进公众参与、批评与监督国家法规的制定与实施方面发挥积极作用，在这里，媒体有时以第三方的形象出现，有时则直接扮演批评与监督者的角色。弄清楚德国媒体的这一功能或者说嗜好，中国的读者就不必为德国媒体对中国的批评感到困扰，因为德国媒体对本国政治人物以及事件的批评也十分尖锐，它们的政治使命感使德国的新闻工作者们觉得，如果不对政治人物的错误或政治丑闻进行深刻的批判，就是失职。因此，德国随处可见对政治人物的讽刺漫画，在前总理施罗德以大无畏的勇气制定“21 世纪议程”，并着手改革德国劳工市场，削减社会福利以刺激经济发展之时，德国电视上甚至出现了将其漫画成一部榨钱机器的 MTV；而在包括现任总理默克尔在内的大多数人都认为是施罗德的改革使德国走出了经济低谷，也使得德国在欧债危机袭来之时仍有余力在欧盟内部纵横捭阖的今天，当年对施罗德总理口诛笔伐的媒体没有表现出丝毫的不好意思，在他们看来，当年的批评至少起到了预防领导人犯错误的作用；与政治社会化及一体化紧密相连的是政治教育功能，即媒体应该在向公众介绍并助其理解政治信息方面发挥作用，使之形成自己的政治观点及判断能力。如果说德国媒体在实现第一条政治功能时还遮遮掩掩地为自己确立社会公众意识的代言人形象，那么在完成最后这一项使命时则完全以社会精英自居，直接对公众政治意识的形成进行干预，从而影响整个德国社会对本国乃至世界政治的理解与判断。那么媒体究竟会给大众“灌输”何种政治思想，它们的政治观点又从何而来呢？通过前文的介绍我们已经知道，经过媒体行业的抗争以及世界与德国自身形势的发展，媒体审查制度早已不复存在，那么是不是说，今天在德国或者任何一个标榜自由、民主的国家，政府或者说统治阶层对媒体完全不具备影响及控制能力了呢？据笔者的观察与经历，对这一问题的回答是否定的。虽然在当今资本主义社会，国家机器无法通过法律或行政行为直接对媒体进行干预和控制，但是这种干预甚或控制却依然存在，只不过是通过其他，比如经济手段潜移默化地发挥着作用。诚然媒体行业有着其特殊的独立性诉求，而且在德国也确实存在不少专业素质过硬，并具有良知的新闻从业人员，他们能够抵抗住来自各方面的压力，努力对包括中国在内世界各地发生的新闻事件客观、公证地进行报道，但基于以下几方面原因，他们的努力有时并没有取得应有的效果：首先从自身来看，这些新闻工作者对世界也包括中国的态度本身就不可避免地受到德国社会集体意识的影响，加上他们中的一部分人对德国以外其他国家的社会、文化、历史以及习俗等缺乏了解，因此在报道、分析时难免带有主观色彩甚至偏见，这一点有时候连其自身也毫无察觉。其次，媒体行业经过长期兼并整合之后，主流媒体日趋集中到一些传媒巨头，也就是德国人所谓的康采恩旗下，而这些巨型企业的掌控者们与国家的统治阶层有着巨大的利益关系，他们有时候直接就是国家政治的代言人，因此不符合这个利益共同体的新闻报道很难在媒体行业内得到支持与发展。总之，无论在何种意识形态的国家，政治正确永远是媒体必须遵循的潜规则，接受统治阶层的政治理念，再将其传递给读者，从而使整个国家在政治上保持稳定也永远是媒体行业的义务与责任。笔者在德国学习、生活的十年时间里，在媒体上见过各种讨论，但却从来没有在媒体上找到关于意识形态的争论，这一点足以说明德国大众在大政方针方面是多么的同一，而德国媒体在政治教育方面则可谓是功不可没。

最后还要提到的是媒体另一项不可或缺的功能，即娱乐大众，而对此笔者无需作详细的介绍，因为德国媒体上的娱乐节目与中国读者所熟悉的大致相同，来自美国的舶来品为数不少。虽然在德国也不乏“严肃”的娱乐，包括其传统的音乐、舞蹈以及戏剧等，但是每当笔者打开电视，看到音乐台充斥的英语歌曲，都不得不感慨全球化，或者说全球美国化的强大。

第八章 保守的自由——神秘的德国哲学

说到德国的文化，最值得一提的就是德国哲学。在人类文明发展历程中，德意志民族孕育了诸多的哲学大家，像莱布尼茨、康德、黑格尔和马克思，还有后来的胡塞尔、海德格尔等，他们为人类文明的发展贡献了丰富的精神财富。然而，大多数国人对德国哲学的认识，仅仅停留在泛泛地说出些德国哲学名人的名字，泛泛地说些他们的学说的层面。至于思考德国哲学的产生同德意志民族文化心态的关联，从而真正去了解认识这个所谓的“哲学的民族”，却鲜有人为之，在人们眼里这个问题始终披着一层神秘的外纱。

为了更好地回答这个有关“德国哲学特点”的问题，我们应该首先探讨一下“什么是哲学”。虽然很多哲学大家都对这个题目发表过自己的见解，但他们并不能，并且也没有阻止我们对“什么是哲学”作我们自己的思考与探讨，况且我们的探讨有我们的目的，他们的探讨有他们的时代背景、他们的语境以及他们的目的。我们的目的是要搞清楚德国哲学的特点。当然，在探讨这个问题时，我们肯定需要借助前辈们的观点。即使不去完整地借鉴前辈的观点，我们也会不由自主地使用自他们那个时代流传下来的词汇，而就在这些词汇的使用中我们已经得惠于前辈们的伟大哲思了。

哲学这个词在英文中写做 philosophy，在德文中写做 Philosophie，它们是同源词，都源于希腊文的 φιλοσοφία。φιλε̃ω 在希腊语中是“爱”的意思，σοφία 在希腊语中是“知识、智慧”的意思。哲学在西方语言中被理解成爱知识、爱智慧。不过，这已经不是什么新鲜的见解，即使是对那些不懂外文的中国人，可以说，这也是老生常谈了。但是我固执地认为，我们对 Philosophie 一词的词源含义还没有作充分的挖掘。现在我们就从 Philosophie 一词出发，对哲学本身进行一番思考。

首先，爱智慧显然不同于对智慧的占有，爱知识也不同于对知识的占有。举一个日常的例子，爱一个人和占有一个人是不同的，因为我们完全可以不占有地爱一个人；我们也可以占有一个人，而并不爱他。重要的是，爱始终包含着内在张力，而占有却意味着这种内在张力的消失。因此 Philosophie 这个名称本身就蕴含着张力，它深深根植于人性，可以毫不夸张地说，张力是一切活力的源泉。但这里我们并不是说我们不应当去拥有知识，占有知识，作为在社会竞争中生活的人我们当然应该去获取知识，来提高我们的生活技能，以更好地适应这个社会。但是，我们也得承认，一旦获取一些知识，并对自己所获得的知识志得意满的时候，我们就已经离开哲学的本质很远了。所以，在这个意义上，我们可以把哲学理解成没有占有的“永恒的追求”。哲学追求什么呢？简单地回答就是：追求知识、追求智慧、追求真理。虽然知识我们可以追求，进而我们也可以占有它，但是我们与真理的关系却不是简单的占有与被占有的关系，真理问题自始至终都是一个折磨着哲学家的问题。

因此，单单从哲学与知识的关系这个角度讲（先不考虑哲学与真理的关系），哲学是一个“永恒的悲剧”，也就是哲学只有在追求知识，爱知识的时候是哲学，但是它一旦占有了知识，不再追求和爱它的时候，哲学就消解了其自身，不再是哲学。这就很容易解释，为什么有些伟人，作为科学家，他在某个具体的学科上有被人公认的成就，而作为哲学家，却只留下了一大堆令人困惑的思考。据此，我们也很容易解释，某个具体的学科在发生着基础性的变革时，它一般地表现出一种哲学的意味，并且那些做奠基性工作的科学家也常常表现得像一个哲学家。而哲学作为学科，在它停止追求与思考的时候，也不再是真正的哲学，在这样的时刻也不再有真正的哲学家，他们只是些哲学史家，或者说哲学文献的整理者和传承者。但是，我们这样说的时候并不意指他们的工作不必要、不伟大，我们也并不断言他们在对哲学文献的整理过程中不会产生真正的哲学思考，我们只是说，从哲学与知识之间关系的角度上来讲，哲学一旦停止了对知识的追求与爱，而只是对既有知识的漠然运用和操作，哲学就不再是哲学。

作为一门学科，哲学没有自己的“一阶领域”，也就是说哲学并没有清楚地属于自己的、外在的研究对象。哲学不以自然物质本身为研究对象，那是物理学和化学的事情；哲学也不以动植物和人体为研究对象，那是生物学，或者说生命科学的事情；哲学也不以人类社会为研究对象，那是社会学和其他相关社会科学的事情；哲学也不以人类的内心活动为研究对象，那是心理学的事情。哲学到底在研究什么呢？从本质上讲，哲学是一门“思”，或者说“反思”的学问，它反思事物的根基，思考万物的基始，比方说它反思物理学的基础，它反思生命科学的基础，他反思心理学的基础。从这个角度上讲，从事哲学，对人的要求极高。如果你不懂物理学，你就无法反思物理学的基础，如果你不懂生命科学，你就无法反思生命科学的基础。柏拉图和亚里士多德并不是单纯的哲学家，他们懂得当时的几乎一切学科，并在好多学科中做了奠基性的工作，比方说亚里士多德在逻辑学、诗学、物理学、植物学等学科中都作出了重要的贡献，后来的笛卡尔和莱布尼茨也不单单以哲学而闻名，莱布尼茨是不折不扣的通才。我们知道，正是通过笛卡尔坐标，人们建立了代数和几何的联系；而莱布尼茨，他涉猎当时几乎所有知识领域，从外交、历史与语言到数学、物理和矿物学，永远值得人们钦佩的是，他独立地（并没有依赖牛顿）发现了微积分。之后的康德也凭借他的星云假说（现在被称为康德-拉普拉斯星云假说）在天文物理学中占有了一席之地。其他哲学家如费希特、谢林和黑格尔，虽然在具体学科中没有特别引人注目的成果（但这也并不意味着他们的学说在具体学科中毫无价值，现在正有科学家借助他们学说的启发，重新思考人与自然的关系），但是他们对当时的科学知识都还是十分熟悉的。我们熟悉的马克思，他在政治经济学和社会学中的声望甚至大过了他作为哲学家的声望。笔者曾经开玩笑说，古时的哲学家，因为他们什么都懂，我们没有恰当具体的名称称呼他们，所以被我们称为哲学家；今天的哲学家，因为他们什么都不懂，我们也没有恰当具体的名称称呼他们，所以也被我们称为哲学家。这当然是戏言，因为今天也有博学深思的大哲！我这里想说的只是，正因为哲学是反思根基的学问，从事哲学的门槛有时是非常高的，就像上面我们看到的，他有时要求我们精通具体的某些门类的科学。但也正因为哲学是反思根基的学问，从事哲学的门槛也可以非常低，原因很简单：只要人们活着，就会拥有一种生活，无论这种生活是多么的美好还是多么的糟糕，人们都可以反思生活的根基，反思生命的价值和意义——这也是哲学！笔者在德国访学期间，一位德国哲学教授常说：“一位大学哲学教授在哲学反思上可能没有一个山里的农民走得远！”打一个比方，哲学就像爱情一样，它虽然不是必然地和某一个具体的东西联系着，但它至少总和某一个具体的东西联系着，因此，纯粹的哲学和纯粹的爱情都是没有的。哲学和爱情一样，它们又都是超越的，就是说，虽然它们会因具体的事物而起，但是它们和具体的事物之间并没有自然主义意义上的因果联系，就爱情而言是触媒式的，就哲学而言是反思式的。

哲学除了思考根基以外，还思考“全部、全体（das Ganze）、一（das Eine）”。如果哲学不去思考全部（全体），就很难称之为哲学。但哲学的这个要求却给哲学带来了特殊的困难，因为从这个角度上来讲，哲学永远无法获得自己的对象。对象一词德文是 Gengenstand，它的含义是“立在……对面的”，立在谁的对面呢？立在观察者或者说研究者的对面。观察一张桌子，桌子就在我们的对面。“全体”能立在我们的对面吗？不能！因为我们作为观察者也已经包含在全体之中了。所以，从哲学的这个本性上来讲，哲学是必须反对对象化思维的，因为对象化思维并不能满足哲学要去思考全体的要求。藉此，我们就可以很清楚地解释，哲学不同于一般的科学，对于一般的科学来说，对象化思维是必不可少，并且也是行之有效的，因此也是不可以抛弃的；但对于哲学来说，对象化思维却和自己的本质背道而驰。哲学为了实现自己的抱负，总是去尝试新的思考方式，这也是为什么哲学不像其他学科有其一步步前进的脚印，哲学领域更像一个战场。

从上面的论述我们可以看到，哲学总是和“思”联系在一起的，哲学思考根基、哲学思考全体，并且哲学还思考生命的意义。但是谁（或者说什么）是思考的主体呢？人们会说，是人在思，是“我”在思，那么人，或者说“我”又是什么呢？我们又如何思考“我”呢？当我们在思考“我”的时候，总有一个“思考着的我”（das denkende Ich）和一个“被思考的我”（das gedachte Ich），而那个“思考着的我”，也就是说我思之我，暂时不被思考。真正的“我”总是处于不被思考的状态，简单地说，“我”是不可以对象化的。现代哲学中的物理主义者试图把“我”彻底消解掉，他们试图把“我”还原成物质和连接物质的规律。物理主义者如果想要成功，他们还有很长的路要走。如果真的去掉了“我”，先不说作为法哲学基础的自由很难得到恰当的解释，就是自然科学中创见和革新，以及范式的改变也会很难找到合理的解释。而坚持有“我”，坚持“我思”，努力去思考“大全”正是德国哲学的特点之一！

现在我们就根据以上得到的理解，来走向德国哲学，确切地说，走向德国的哲学家。

艾克哈特大师

要想把握住德国哲学的特点，人们得先从艾克哈特大师谈起。艾克哈特大师生于1260年，卒于1327年。我们知道，在他所生活的时代欧洲正处于中世纪。但是欧洲的中世纪并不像后来人们所想象的那样完全是愚昧和黑暗的，完全地置理性于不顾。在对待理性的态度方面，西欧的那些经院哲学家们有时表现得比现在的大学教授要理性得多，比方说，他们总是试图用逻辑来证明上帝的存在，当然，他们那时所使用的逻辑仅仅限于亚里士多德的形式逻辑，数理逻辑那时还是没有的。不过，先不论他们使用什么样的逻辑，单单他们的行为就已经够理性的！那时的他们，有些像后来的莱布尼茨，莱布尼茨曾说过，如果普遍语言完善了，人们不用图费口舌地争论上帝的存在与否。“上帝存在吗？让我们算一下吧！”

埃尔福特祈祷者教堂的“艾克哈特大师门”

文艺复兴以后，特别是20世纪以来，学者们很少有用逻辑来证明上帝存在的志趣了，当然也有例外，比方说哥德尔，这个被誉为亚里士多德以后最伟大的逻辑学家也曾试图运用逻辑来证明上帝的存在，不过，哥德尔的证明是站在另外的出发点上的，而这个出发点，可以毫不夸张地说，和德国的唯心主义哲学有着密切的关系。我们认为，德国唯心主义的源头却要从艾克哈特大师谈起。

艾克哈特大师本人是德国多明我会（Orden der Dominikaner）的一名修道士，他很早就参加了多明我会，后来成为该会的高级官员。艾克哈特口才极好，有很强的表达能力，他首先是作为布道者影响了他同时代的人以及他的后世。艾克哈特既是伟大的哲学家，又是伟大的神学家，并且他认为哲学和神学密不可分，天启和理性并不能截然分开。他的著作一部分是用拉丁语写的，一部分是用德语写的，这对他的著作在民间传播发挥了很大的作用。也正是由于他用德语写作的原因，艾克哈特对德国哲学术语的形成作出了很大的贡献。艾克哈特的神学和哲学面对的不仅仅是经院派的学者，还有普通的民众。事实上，艾克哈特对当时以经院哲学家为主的学术界极为不满，对他们所搞的既无聊又繁琐的上帝证明和哲学研究极为厌恶。艾克哈特大师区分“阅读的大师”（Lesemeister）和“生活的大师”（Lebemeister），在他看来，一个生活的大师抵得上一千个不去实践的阅读的经验派大师。看来当时的学术界和现在的学术界差不多，在一些无用的形式上斤斤计较，而对真正鲜活有力的思想缺乏判断力、欣赏力及把握力，起决定作用的大多是地位和声望。不过根据资料记载，当时的经院哲学家很是严肃认真，而现在的学者已经不是那么认真地对待自己的学问了，真不知道这是个进步还是退步，但宁愿这是个进步！艾克哈特大师虽然也使用经院哲学的语言，但是他敏锐地意识到在新柏拉图主义那里有着更多的他所需要的东西，因为通达上帝的路不是理性和逻辑，而是无需中介的、直接的内心体悟。

不过艾克哈特并不完全拒斥理性，他更加反对的是在信仰问题上对外在权威的诉求，对艾克哈特来说，受理性和经验支持的洞见比外在的权威更重要。

艾克哈特区分神（Gott）和神性（Gottheit），他甚至认为神性和神的差别有天和地的差别那么遥远。艾克哈特认为，神还具有一些人格特征，而神性是不可思的、不可言说的、不可规定的、无名的并且不可通过理性来证明的，因此艾克哈特认为，人们不应当停留在神那里，而是应当努力走向超人格的神性。不过艾克哈特在自己的文本中，这两个词有时也混用，因此人们得从上下文来判断。艾克哈特大师的这种态度很接近我们上面对哲学的本质所做的解说。其实这也不奇怪，因为神性本身在艾克哈特那里就是那个“全体”，就是那个“一”，因此神性本来就是不可以对象化的，所有对象化的思维用在神性上都是不恰当的，也不会产生任何结果，如果说产生出了结果，那也必定是错误的。那么人们如何才能通达神性呢？无论如何，人们必须拥有不同于对象化思维的、其他的思维方式。艾克哈特首先要求人们放弃外在的、世俗的东西，而把注意力集中在自己的“灵魂的根基”（Seelengrund）之上，因为神性自身始终都直接地存在于灵魂的最深处。而灵魂的根基向来就是离世的，用入世的方式不能接近离世的灵魂的根基。神性和灵魂的根基没有本质的区别，它们无名，无根据，但他们高于其他事物，因为没有根据的东西自身就是自己的根据和目的，它高于那些需要根据的东西。另外，艾克哈特大师反对“自我意志”(Eigenwille)，因为自我意志使人离不开世俗的东西，使人执着于世俗的东西，自我意志阻碍人回归神性。

我们现在可以简单地总结一下，在艾克哈特大师那里，已经包含了德国哲学基本特征的雏形。由于德国哲学总是试图认识那无所不包的“大全”，那个“一”，所以德国的哲学家们一般都抛弃在一般科学中常用的对象化思维，而试图采取其他的方式来认识或者说体悟那个“大全”，那个“一”，因此德国哲学和其他国家的哲学相比，就更具有玄想思辨的味道。正是由于这个原因，德国哲学一开始就遇到了语言问题，即如何谈论这个“大全”、这个“一”。像“神性存在于灵魂之中”这样的表达仿佛在给神性指明一个空间位置，但是我们知道，这是不可能的，因为神性就是大全，它超越时空，因此它不可能存在于某个地方。所以，我们在阅读德国哲学时，一定要注意到这个问题，不能做完全字面的理解。就“神性存在于灵魂之中”这句话而言，艾克哈特想表达的不是神性的方位结构，而是人类通达神性的方式。阅读海德格尔的哲学文本，也有类似的语言问题，因为在海德格尔那里“此在”与“存在”也是不可以对象化的，海德格尔有时也用方位介词描述它们，但这些方位词也不是对空间位置的限定。

马丁·路德

马丁·路德是宗教改革的先驱和导师。在宗教改革以前，罗马天主教会在所有的形式和内容方面都把自己视为上帝恩典的中介机构，也就是说，要想得到上帝的恩典，人们必须通过教会、教皇和教会的教义、教条这样的中介。“自视为上帝恩典的中介”是导致天主教会腐败的重要原因之一，因为虽然中介不必然导致腐败，但是中介的贪心容易导致腐败。在“救赎”问题上，教会又强调善功得救论。简单地说，善功得救就是对教会作贡献就可以得到救赎。善功得救加上教会作为上帝恩典的中介机构的结构性问题，在实践上它们导致的后果就是：用钱就可以买到救赎。

路德对罗马天主教会的这种丑恶状况极其不满，因此他强调上帝永恒的正义是一个纯粹恩赐的礼物，人只有通过对耶稣的信仰才能得到这个礼物，并且这个信仰是个人的信仰，并不需要像教会这样的中介，因为真正的信仰不需要任何中介，正义者靠信仰活着，而不是靠中介活着，这就是前文已经谈到过的“因信称义”。路德认为罗马天主教会的“善功得救”是错误的救赎思想，因为善功只是外在的东西，它可能和内心的虔诚信仰无关。正是这个原因，路德贬低个人意志，因为在路德看来，上帝的正义仅仅来源于恩赐，人不能靠自己的意志强行获得。

路德的神学思想很复杂，他留下了很多材料，我们不能一一详述，并且有些东西只能通过上下文才能得到一定的解释。德国人常常高度概括地把路德的神学思想总结成如下四点：

> 1. 唯独圣经（sola scriptura）：“唯独圣经”是所有信仰和关于上帝知识的源泉，而不是教会的教义教条，因此“唯独圣经”是一切基督教言行的评判标准。
> 2. 仅仅通过恩典（sola gratia）：上帝“仅仅通过恩典”为人辩护。
> 3. 仅仅通过信仰（sola fide）：“仅仅通过信仰”人类得到救赎，而不是人类依靠个人意志的可能的努力。
> 4. 唯独基督耶稣（solus Christus）：“唯独基督耶稣”给我们提供永恒的辩护和幸福。①

在这里，我们将艾克哈特和路德的思想作一个比较，希望有助于我们对问题的把握。在否定中介论和外因论方面，看来路德和艾克哈特大师是一致的，因为他们都强调要回归内心，艾克哈特强调神性就在灵魂深处，路德要求人们倾听自己内在的声音，强调因信称义。在对待意志方面，他们也很相像。艾克哈特反对自我意志，他认为自我意志必然导致一种执着，这种执着不仅包含对世俗东西的执着，也包含对某种理论、生活方式以及非世俗的东西的执着，从而阻碍人们回归最高的神性，这颇有些禅宗的味道，尽管在细节上很是不同；而路德强调上帝的意志，贬抑人的自由意志，他认为在上帝面前人类的意志是毫无用处的，人类不能通过自己的主观努力得到救赎，个人意志必须受到压制。

在贬抑理性上，路德和艾克哈特相比，至少在词汇的使用方面，有过之而无不及。艾克哈特还把理性视为灵魂的一种能力，在他看来，神学的天启和哲

---

① 更多关于路德神学思想的论述参见本书第五章。

学的理性密不可分，只不过理性这种能力是受到限制的罢了，通过它人们并不能通达神性；而路德却把理性称做“娼妓”（whore，现代德语中一般写作Hure），认为理性始终处于“魔鬼之权柄的支配之下”。当然，在路德的文本中也有表扬理性的地方，不过极其罕见。

从流传下来的史料看，艾克哈特等德国神秘主义者对路德的影响要远远大于经院哲学家、罗马天主教会以及人文主义者对他的影响，因为路德和艾克哈特一样，反对经院哲学的繁琐理论，反对罗马天主教会的“善功得救”的外因论，反对经院哲学家依靠逻辑推理来接近上帝的狂妄做法，而人文主义者张扬感性的做法在路德那里也并没有得到什么积极的反响。海涅曾经论述过，神秘主义的东西对德国人的影响比基督教对德国人的影响更深刻，海涅说：“基督教教会把古老的日尔曼民族宗教恶意地颠倒过来；把德国人的泛神主义世界观改造成泛鬼主义世界观；把这个民族早先视为神圣的东西变成了讨厌的妖魔鬼怪。但人总是不愿意抛弃自己和自己的祖先所珍惜过的东西。尽管这些东西受到糟蹋，受到歪曲，他的感情暗地里和它们仍是紧密地联系在一起的。因此那个被颠倒了的民间信仰在德国也许会比基督教保存得更为长久。因为在民族性中后者从来不如前者那样根深蒂固……路德虽不再相信天主教的奇迹，但他还相信妖魔的存在。他的席间演说集充满着妖魔鬼怪的故事。”

在近代，有这样一种观点是非常流行的，即路德的这种“唯独圣经”、“仅仅通过恩典”、“仅仅通过信仰”以及“唯独基督耶稣”的观点对于新兴的实验科学的发展是一个巨大的障碍，因为新兴的实验科学需要的是经验理性而不是虔诚的信仰。这种观点是部分地有其道理的，因为无论是路德用信仰和恩典反对善功和自由意志，还是他用圣经的权威反对教皇的权威，这些做法里都不包含促进自然科学发展的因素，说得浅白一点，路德的做法是用一个内在的权威取代了一个外在的权威。马克思曾经有趣而又深刻地指出：“他（指马丁·路德）破除了对权威的信仰，却恢复了信仰的权威。他把僧侣变成了俗人，但又把俗人变成了僧侣。他把人从外在宗教解放出来，但又把宗教变成了人的内在世界。他把肉体从锁链中解放出来，但又给人的心灵套上了锁链。”

但是，路德的宗教改革对科学发展造成了巨大的阻碍的说法，就“巨大”而言，却缺少根据，因为如果没有路德的改革，一统天下的天主教教会也不是科学友好的朋友。再者，从另一个角度来看，正是马丁·路德，借助宗教对人的影响，以及宗教改革的威力，继承并且大大地普及了一种与经验理性（或者说自然理性）迥然不同的思辨理性，使得思辨理性为更多的人所了解，并使其在德国民众中有了更好的基础和供其发展的土壤。后来德国唯心主义的繁荣发展，可以毫无夸张地说，很大程度上得惠于马丁·路德的宗教改革以及宗教改革所普及的新的思维方式。德国唯心主义繁荣发展时期也是德国文化最有活力的时期，也是德国人才辈出的时期。

更为了不起的是，路德实际上开创了一种新的自由，我们可以把这种自由称为德意志式的精神自由。英国人的自由观总是和经济联系在一起，因此英国人的自由我们可以简单地称为经济自由，像亚当·斯密的自由主义以及现今的新自由主义都和这种英国式的经济自由有着亲缘关系。法国人的自由总是和政治联系在一起，因此法国式的自由我们可以简单地称为政治自由，法国人的这种自由观也反映在他们的艺术文学创造活动中。正是从这个角度上讲，在看待自由方面，我们说后来的海涅和马克思身上有着浓厚的法国气息。

就像我们上面所看到的，路德在得救问题上反对外因论和中介论，把得救的根据完完全全地归于个人的虔诚信仰。通过虔诚的信仰，无论基督教徒的地位如何，都可以直接在内心的宗教体验中与上帝进行自由交流。这显然是一种内在的自由、精神的自由，并且通过这种内在的、精神的自由，人人平等的思想也获得了自己内在的理据，而人人平等的思想大大地解放了个人的思考力。

路德曾把基督徒的自由表达成这样两句话，这两句话互为补充、互相限定："一个基督徒是一个在一切事物之上的、完全自由的绝对的主人，他不附属于任何人——通过信仰。一个基督徒是所有人并且是每个人的、可支配的仆人——通过爱。"

雅各·波墨

雅各·波墨生于1575年，卒于1624年，是德国著名的神秘主义者、哲学家和基督教神学家。黑格尔甚至称他为"第一位德国哲学家"。波墨的思想有什么特色，以至于他赢得了大哲学家黑格尔的如此赞誉？波墨和艾克哈特以及路德不一样，后两者都受到过良好的教育，而波墨原本是一个没有受过任何高等教育的鞋匠。但是，他却在1612年，在没有任何学术知识的前提下，写了一本书，书名是*Aurora*，这本书虽然难懂，却具有着罕见的生动与深刻，况且在这本书中人们可以找到所有他后来思想的萌芽。这不得不说是一个奇迹，因为他接受新柏拉图主义者的思想影响是在这本书写出以后。但是，我们必须清楚的是，波墨也不可能凌空出世，肯定也存在影响他的人，不过波墨自己强调说，他的真正的老师是整个大自然。无论如何波墨是个领悟力极其高的人。

波墨对路德教很是不满，虽然在对待上帝方面，波墨和路德本人有相似

雅各·波墨

的地方，比方说他们都赞成每个人无中介地和上帝直接沟通。但是我们不应当忘记的是，波墨反对的是路德教，并不是路德本人，因为那时的路德教也已经有些僵化了。假使他和路德本人相识，也许他会欣赏路德。

波墨的思想虽然生动、深刻，但是他的语言粗糙，没有什么学术术语，更谈不上什么学术规范。不过，德国人用现在的语言把波墨的思想大概总结如下：

1. 上帝和自然是一样的。波墨认为，上帝不是纯粹的精神，为了能够成为鲜活的精神，它需要永恒的自然。大自然是上帝的躯体，在它之中存在着一切力量和整个的孕育力。波墨自己曾这样写道："如果人们想谈论上帝，谈论什么是上帝，那么他必须勤奋地考量大自然的力量。"在波墨看来，精神离不开自然，波墨说："如果没有自然，那么就没有美妙和力量，更没有伟大和精神，而只是一片无本质的寂静，一个永恒的没有光彩的虚无。"

2. 矛盾作为必要的动力因素存在于现实的所有的现象中。当然，波墨不会用到"矛盾"这样的现代词汇，不过他有更生动、更有趣的表达，我们知道，在黑格尔的哲学中，矛盾是事物发展变化的驱动力，在波墨那里，这个驱动力不叫矛盾，叫“质”（Qualität），它是一个事物的内在的痛苦和驱动。在德语中，痛苦写作“Qual”，动名词形式是“Qualen”，“Qualität”很像由它们变化而来的抽象名词。波墨在这里的做法确实有民间词源学的嫌疑，但是他的语言确实也因此更加令人回味了，词汇间充满着意想不到的联系。

3. 波墨认为理性思维是片面的、外在的。它必须通过心、躯体以及灵魂的认知力量得到完善和补充。

4. 人的自由能力生长于最原始的根据（Urgrund），因为人作为肉体的、灵魂的和精神的东西本身就是永恒、神性或者说最原始之根据的一部分，所以人可以在自己内部和最原始的根据建立联系。由于最原始的根据（或者说神性）是无限的、永恒的自由意志以及所有事物的起源，因此人在自己内部发现它越多，人就越自由。

“自由”是德国哲学中一个非常重要的概念，波墨通过把自由和最原始的根据联系在一起的方式挖掘出了自由的本质。自由自身生长于最原始的根据，它分有最原始的根据，因此自由自身是无根据的。

从诚实的道理出发，只要人们承认有自由，自由就必然是无根据的，或者说自由就是那个最原始的根据，否则自由将依赖于其他事物，和其他事物一起处在因果链条之中。处在因果链条中的事物是没有自由可言的。波墨所讲的自由很像艾克哈特的灵魂的根据，在艾克哈特那里，神性和灵魂的根基没有本质的区别，它们无名，无根据，但他们高于其他的事物，因为没有根据的东西自身就是自己的根据和目的，它高于那些需要根据的东西。因此我们可以这样来总结，自由自身就是自己的根据和目的。在波墨看来，人可以在自己内部和最原始的根据建立联系，用一句干脆的话说就是：人本来就是自由的。

但是，事实上我们经常感受不到自由，享受不到自由，套用卢梭的话，我们无处不在锁链之中。之所以会出现这种状况，从德国哲学的自由精神出发，那是因为我们误解了自由的本质，从而错误地采用了通达自由的方式。通常人们通达自由的方式有两种：

（1）加法。我们认为，我们之所以没有自由，是因为我们受到了种种限制。我们没有自由，因为我们受物质条件的限制，如果我们的物质财富足够丰富，我们就可以获得自由；我们没有自由，因为我们受精神条件的限制，如果我们的知识足够丰富，我们就可以获得自由。所以，为了通达自由，我们要不断地丰富自己，丰富自己的财产，丰富自己的知识。当我们足够丰富的时候，我们就获得了自由。

（2）减法。我们之所以没有自由，就是因为我们拥有了太多的物质财富和精神财富。我们慢慢地成了它们的奴隶。有钱的人成了守财奴，有知识的人变成了最固执的人，偏见最重的人。所以，为了通达自由，我们必须勇于抛弃自己的财产，抛弃自己已有的知识，甚至抛弃自己的亲人和身体。当我们舍弃到一定程度的时候，我们就获得了自由。

但是，这两种方式都不能使我们通达真正的自由。丰富并不带来自由，因为丰富是没有止境的，就在我们努力追求丰富的时候，我们可能已经成为既有的物质和精神财富的囚徒，彻底地丧失了自己的自由；舍弃也不带来自由，因为舍弃也是没有止境的，在我们拼命舍弃的时候，我们可能已经丧失了自由的最低的物质保障，比方说，我们的身体。身体都没有了，自由何从谈起？

我们必须深刻地理解德国哲学的精神：人本来就是自由的。我们可以用现在的语言把这个道理讲得浅显一些。“人本来就是自由的”意味着“我本来就是自由的”。这个“我”，用艾克哈特的话来说，就是灵魂的根据，它本身是无根据的，因此是自由的。

不过，我们要区分“我”和“我的”。“我”并不等于“我的”，“我”永远不可以置换成任何一个“我的”，也不可以还原成任何一个“我的”，“我的”总处于因果链中，比方说，我的思想、我的家庭、我的身体、我的子女等都是有条件的存在。任何置换都是对“我”的出卖，对“自由”的出卖，也就是说把“我”降低了，降低成了“我的”，也因此“我”不再 ist（is）。

但是，“我”永远也离不开“我的”。“我”永远都要靠“我的”来展现自己，来实现自己。这就像波墨所说的精神离不开自然，连上帝都不是纯粹的精神，上帝为了能够成为鲜活的精神，它需要永恒的自然。套用波墨的话，“我”不是纯粹的“我”，为了能够成为鲜活的“我”，它永恒地需要“我的”。但是我们需要明白的是：增加“我的”或减少“我的”，都不是通达自由的方法，因为“我”本来就是自由的。从消极的角度上来讲，我们可以这样看待自由：自由就是意识到“我”与“我的”之区分，在某些（关键）时刻“我”能与“我的”保持一定的距离。人们常常习惯于把“我”等同于某个“我的”，因而丧失了自由。恋爱中的人总是把“我”等同于“我的爱情”，甚至等同于“我的恋人”，所以当爱情消失，恋人远走的时候，他们便痛不欲生。满足的爱情要具备两个因素：“被承认”和“占有”。被一个自由的人，也就是说，有“我”的人承认，是最高的承认；但是，能够被彻底占有的人是把“我”等同于“我的”的人。把“我”等同于“我的”的人已经不是一个自由的人，他的承认不是令人满足的承认。有“我”的人永远不被彻底占有。所以人类的爱情永远处于一定的不满足的状态。

深思的人总是怀疑“我的”之意义。“我的”作为它本身的意义是没法怀疑的，因为它就是“我”之存在的依托，而只有凭借这个依托“我”才可以是自由的。简单地说，“我”是一切意义的源泉，它自由地、创造性地设定意义；“我的”是一切意义的载体，它使意义成为感性的和可经验的。

康德

一谈起德国哲学，人们很快会想到康德，不过实事求是地说，康德并不是典型的德意志哲学家。之所以这样说，是因为康德的哲学里包含着几乎当时所有的哲学思想：英国的经验主义、欧洲大陆的理性主义，而典型的德意志神秘主义的东西虽然不是完全没有，却并不是很多。但是康德却不能不谈，因为康德哲学的影响是如此之大，以至于跳过了康德，就无法谈论他以后的哲学家。

康德

当然在这里我们不能用康德的术语具体地谈论康德的哲学，像上面一样，我们也用现代的语言高度概括地谈论它。

康德向我们论证说，人们没有赤裸裸的经验，我们的经验已经是被我们加工过的经验。虽然康德说，所有的知识都来源于经验，但康德并不是一个典型的英美式的经验主义者，原因如前述，康德那里的经验已经是被“人”组建过的经验。我们也无法认识事物本身（Dinge an sich 物自体），我们认识的只是现象（Erscheinung）。作为纯粹直观的时间和空间，以及各种各样的范畴是人之经验的可能性条件，它们是先验的，但范畴的经验运用才是合法的运用。

在认识论上，简单地说，康德的观点就是：我们的经验是有条件的，因此人们永远无法经验事物本身（Dinge an sich）。从诚实的观点来看，我认为，我们应当重视康德的观点。现今我们习惯去说，我们要用经验去检验，我们要用经验去验证，这样说仿佛经验就是事物本身似的。

现在我们稍微偏离一下康德，从康德的视角来考察一些现代的问题。比方说，现代人习惯地以为，现代物理学所揭示的世界就是真实的事物本身、真实的世界。其实这样说是毫无根据的，因为现代物理学必须利用现代数学，没有现代数学，物理学就无法开展自己的工作。用康德的术语来类比，即现代数学是纯粹直观和范畴，现代物理学是经验，不是事物本身。而现代数学中一些很基本的概念是人们根本无法经验的，比方说连续和无限。因此，现代物理学根本没有能力直面事物本身。在康德看来，人类永远无法面对事物本身。

不过，康德看待自由的方式，还是继承了好多德意志的东西，只是在康德哲学自身的理论框架下，康德所理解的自由和路德以及波墨相比，不再具有那么多的神秘性，它也不再诉求神性和上帝，但它们的本质还是一样的，都是一种内在的、超越的自由。康德把自由和主体的自发性联系在一起。主体在康德的哲学框架下并不属于可能经验，就是说主体不在时空之中，也不能被对象化和范畴化。在康德那里，因果关系作为范畴的一种只对经验事物有效，主体属于本体，它根本就不处于因果链条之中，因此主体是自由的。康德的主体是不可认识的、根本不可对象化的，它有些像艾克哈特的灵魂的根据、波墨的最原始的根据，也正因为如此，我们说康德的哲学里也保留着一些德意志神秘主义的东西，但是康德把它大大地合理化了。这也正是德国人优秀的地方，他们不会很快地抛弃自己民族的、乍一看很糟糕的东西，而是很认真地对待它们，小心地发展它们。德意志人的深刻来源于他们理性地对神秘的东西的执着。

在对待理性的态度方面，康德也有和他的德意志先辈一致的地方。我们在前面已经看到，艾克哈特认为理性的能力是有限的，因为凭借理性人们根本无法接近神性，路德在自己的四个“唯独”和“仅仅”中根本没有提到理性，波墨也明言理性思维是片面的、外在的。我们知道，康德那本著名的书叫《纯粹理性批判》，顾名思义，它的意思就是对纯粹理性的批判。的确，在《纯粹理性批判》中，康德认为理性主义者的错误就在于他们把知性的范畴用在了“上帝”、“自我”等的上面。与其他先哲一样，康德也认为依靠理性去证明上帝是错误的，只不过在康德那里，批判纯粹理性的东西不是比理性更高一级的神性，而还是理性本身，因此康德的纯粹理性批判是理性的自我批判，而不是来自神性的批判。

费希特

费希特是德国著名的教育家和哲学家，和谢林以及黑格尔一起是德国唯心主义的重要代表。

费希特

费希特哲学的内核是“绝对自我”的概念。但是费希特不应该被理解成一个彻底的唯我主义者，因为费希特的绝对自我并不是单个人的精神。费希特在其后来的作品中，也用“绝对者”、“神”来称呼这个“绝对自我”。在他的著名著作《全部知识学基础》中，费希特是这样来界定“自我”的：

“自我设定其自身，并且自我依据自身的这个纯粹设定而存在；同时，自我存在，并且依据自己的单纯的存在设定自身的存在。自我同时是行动者和行动的产品，执行者和执行的结果。行动和执行是同一的，因此，我是，执行行动的表达。”

费希特使用康德的哲学术语，认为实践理性高于理论理性，因为理论理性需要实践理性，但实践理性是自治的。绝对自我用自我设定的方式存在，用存在的方式自我设定，因此，在费希特那里，“自我”就是“自由”，是纯粹的行动，它创造自己、发展自己，是绝对第一性的，是哲学的第一原理，哲学的出发点。在这个哲学的第一原理下，认识和实践、思维和存在、现象和本体都不再有差别。在康德的哲学里，物自体（或者叫事物本身）给“自我”以刺激，自我用时空直观和知性范畴来“整理”这些刺激，从而形成了经验。费希特对康德的物自体不满意，因为物自体既然不可知，它又如何给我们刺激？在费希特看来，自在之物完全是一种无法证明的虚构。简单地说，道理是这样的：因为当人们说到客体的时候，必然是以主体为前提的，没有主体，何谈客体。我们前面说过，德语的客体写作 Gegenstand，意思是“立在……对面的”，客体必然地立在主体的对面。因此，在费希特看来，外在的客体、经验依赖于自我，而自我不依赖于它们，自我可以设定自身，相反，客体和经验是由自我组建起来的。自我设定自我，自我组建非我（客体）。自我组建非我作为自己的限制者，是为了能够意识到其自身，因为自我只有在意识到其自身的时候才存在。同时自我设定自己为对非我的客服者，根据费希特的观点，自我就是永恒的对自治的追求，自我与非我原本一体，它们就是那个绝对自我。

在看待自由方面，和康德相比，费希特更像他们的德意志先哲。康德为了保证有“自由”，他把“自我”放进了本体界，并据此逃离了现象界的因果链条。而费希特把自由给了那个行动的“大全的我”，“大全的我”当然是自由的，因为它不再有“外”，没有外在的东西去产生它、发展它、消灭它。“大全的我”自在自为。在费希特那里，这个“大全的我”自己设定自己，自己设定自己的对立面，自己和自己的对立面统一。“绝对自我”拥有绝对的自由。

谢林

谢林是被封了贵族的，这在德国的哲学家中是很少见的。歌德仿佛很喜欢谢林，在谢林 23 岁的时候，他就在歌德的帮助下被聘为耶拿大学的教授。谢林年轻时爱上了大他两岁的施雷格尔的夫人卡罗琳娜，也是在歌德的促成下，卡罗琳娜和施雷格尔离婚并和谢林结了婚。

谢林追随过费希特，但是由于他的成长背景和知识背景，谢林很快和费希特分道扬镳了。在谢林看来，费希特的自我（或者说绝对自我）虽然不等同于单个人的精神，但是自我仍然是属人的，是人的“自我”，因此费希特的

谢林

哲学是一种“唯人主义”的哲学。由于主体间性的问题，费希特的哲学最终可能导致“唯我主义”的哲学，这样一来，真理和谬误的界限就模糊不清了。如果说我们把真理理解成观念与对象的符合，那么在费希特那里什么和什么符合呢？因为在费希特那里，一切都是自我的设定。

基于上述原因，谢林认为，费希特的“属人的自我”不能作为哲学的最高原理。简单地说，谢林对费希特的不满在于费希特把人（主体）无限放大了，由于受波墨的影响，谢林总还是心怀“自然”。

在这里我们不妨从康德出发，梳理一下哲学的“出发点”问题。康德同时把主体和客体都作为出发点，这就是我们常听说的，康德是一个二元论者。不过需要注意的是，在康德那里，真正的主体（先验自我）与真正的客体（物自体）都属于本体界，都是不可认识的，因此康德又被人称为不可知论者。康德其实是深刻的，真正地超越康德也是困难的，不过这并不能阻拦后来者对康德哲学的不满。二元论和不可知论都不是很讨人喜欢的东西，因为首先，人们总希望从一个最高的原理把所有的东西都导出来，这样的理论就会显得更美；其次，人们总希望能穷尽真理，不可知论在心理学意义上是难以接受的。费希特的哲学满足了人们在美学意义上以及在心理学意义上的要求，不过在谢林看来，费希特的哲学把出发点选择错了，主体不能作为出发点。谢林同时也反对把“自在之物”作为出发点的唯物主义，和费希特一样，在谢林看来，自在之物的存在只是一个假定，它永远也得不到令人满意的证实，顽固地承认自在之物的存在，那只是一种独断论。因此谢林认为，真正的出发点既不能是主体，也不能是客体，也不是两者的结合，而是超越于两者之上的“绝对者”，它是主体和客体的绝对无差别性，排斥了一切差别的同一性。

有了哲学的这个出发点，谢林就可以导出他的全部哲学了。谢林认为，这个“绝对者”并不是一个静止无为的绝对，它有一种内在的（当然是内在的，因为它不再有外）发展自己和认识自己的冲动。正由于这个冲动，自然界和人的精神就被产生了出来，像波墨一样，在自然界和人的精神中到处都充满着各种矛盾和差别，依靠这些矛盾（在波墨那里叫“质”）万物在世界历史的进程中回归到“绝对者”，和出发时不同的是，这时的世界精神获得了彻底的自我意识。

在这里，我们也同样先重点地看一下谢林的自由观。在费希特那里，“绝对者”归根到底就是人的主体、人的自我。这个“绝对者”无外、自在自为，因此人是自由的。而在谢林这里，“绝对者”不再是人的主体，虽然“绝对者”也必然是自由的，原因和在费希特那里一样，但是这不再直接地意味着人是自由的。依谢林所见，历史地看，人的自由刚开始的时候只是一种任意性，任意性只在它发生的一刹那表现为自由的，但马上也就堕入了因果链之中，由于人对背后的必然性毫无所知，不可避免的后果就是人被命运作弄、被命运支配。由于本书的结构，我们就不再重述谢林历史性的论述。简单地说，在谢林那里，历史地看，真正的人的自由开始于人对在背后起支配作用的必然性的意识，并使这种必然性上升到自由的必然性。如果自由与必然得到了最完美的协调，自由的理想就实现了。自由的就是必然的，必然的就是自由的。和康德的自由相比，谢林的自由多了一种辨证性，康德的乌托邦式的先验自我的自由是不需要必然的；和费希特的自由相比，谢林的自由又多了一种历史性，谢林的自由是在人类历史中向前发展的，直到自由的理想实现，而费希特的自我的自由始终都在。自由意味着对必然的认识，并且主动和必然相协调，这种自由观不仅影响了黑格尔，也影响了马克思。

但是谢林给予理性的信任比康德和费希特都少，也就是说，和康德、费希特相比，谢林更像是一个神秘主义者。谢林的哲学确实容易导致神秘主义，因为谢林哲学的出发点是“绝对者”，就像我们上面看到的，它是主体和客体的绝对无差别性，是排斥了一切差别的同一性。但是这个“绝对的同一”是如何产生出差别、对立和矛盾来的呢？绝对者又如何冲动？同质的东西如何能产生出异质的东西？这是神秘的。另外，那些有差别、有矛盾的事物又如何回归

"绝对的同一"？在谢林那里，人们通过神秘的艺术直观可以体验主客不分的"绝对"，看来，谢林确实把那些在自己哲学内部依靠理性和逻辑不好解决的东西都推进了神秘的深渊。最后，谢林认为，差别只是绝对同一自身所发展出的事物（比方说自然和人）在"量"上的差别，也就是说，它们所包含的主客观的比例不同，而从绝对同一的"质"的观点来看，它们仍无差别。谢林的这种解释不是不可以，神秘主义也不是非排除不可的东西，喜欢唯物主义的人可以看到，谢林的这种哲学比费希特的哲学包含了更多的唯物主义因素，只是对受过教育的西方人来说，把人和自然区别完全看成是量的区别是很难得到普遍承认的。

黑格尔

黑格尔曾与谢林是同学，受谢林的影响，也认为哲学的出发点既不能是主体，也不能是客体，但是他对谢林的"绝对者"不满意，就像前面我们所分析的那样，黑格尔也认为从这种同一性中除了凭借非理性和神秘的东西不可能产生出矛盾和差别来。看来，从气质上讲，黑格尔比谢林更注重理性与逻辑，虽然后来黑格尔的逻辑也受到了逻辑实证主义者的猛烈攻击，但是这种攻击有道理的地方并不能掩盖他们自身的褊狭，况且这种保留神秘的底色而又力图理性的做法正是德意志哲学的活力和特点所在。黑格尔认为，"绝对同一"从一开始就应该是包含差异和矛盾在内的"具体的同一"，这样黑格尔就消解了谢林的哲学之出发点的神秘。黑格尔也改造了谢林的"质""量"问题，他认为，自然和人的区别不只是量的区别，不只是主客观的比例不同，而是"绝对精神"从潜在到实现，最后彻底达到自我意识的历程，不是在量上，而是在质上的攀升过程。

黑格尔的哲学庞大得无所不包，像一座巨大的迷宫，但我们不愿迷失其中，因此我们的做法是：在和康德哲学的对比中，我们主要地探讨一下黑格尔哲学的一个核心概念——理性（或者说精神）以及它与矛盾的关系。黑格尔认为，康德对矛盾（二律背反）的解除是彻底的先验唯心主义的。康德让矛盾保持着，因为康德没有能力让矛盾彻底消失，但与此同时，康德又认为，事物本身是不会有矛盾的，矛盾仅仅出现在人们的心灵。黑格尔说："……康德哲学没有抓住'不是事物本身矛盾而是自我意思矛盾'这一论点，予以进一步挖掘。经验教导我们，自我并不因为有了矛盾而解体；我们知道，自我继续生存下去。因此我们用不着为了我们的矛盾而苦恼，因为矛盾并不能使自我解

黑格尔

体，自我能够忍受矛盾。”

因此，黑格尔认为康德所犯的错误就是：事物有了矛盾是不幸之事；并且有矛盾的东西就会毁灭自己；精神一旦有了矛盾就会陷入混乱、发狂。黑格尔认为，康德揭示出二律背反是对哲学认识的一个很重要的促进，但康德只从二律背反领悟到了“事物自在的不可知这个单纯消极的结果”，而没有认识到二律背反的积极意义。

与此相反，黑格尔充分理解和挖掘了矛盾的积极含义，认为矛盾是极其可贵的东西，他说：“一般说来，二律背反的真正的、积极的意义在于，一切现实事物都在自身包含着对立的规定，因此认识一个对象，确切地说，把握一个对象，恰恰意味着意识到这个对象是对立规定的具体统一。”黑格尔曾经清楚地表达过：作为最高的东西的精神就是矛盾。

从黑格尔的哲学体系来看，黑格尔在面对康德时，他对矛盾（二律背反）的处理是巧妙的。他首先抓住了一个关键的地方：康德并没有完全彻底地根除矛盾，因为在康德那里，矛盾还是出现在人们的心灵里，存在于自我意识里，存在于精神里，用黑格尔的话说，在康德那里，矛盾这种污点属于能思维的理性，属于精神的本质。然后他提醒读者注意简单的日常经验，让人们意识到“矛盾并没有导致自我的解体”，“自我也并不因为自我意思里的矛盾而总是变疯、发狂”。在这里，黑格尔完成了一个很自然的过渡，悄悄地打破了一个常常被认为是必然正确的观点：自相矛盾的东西必然不能存在。进而，黑格尔论证了“一切现实事物都在自身包含着对立的规定”，以及“作为最高的东西的精神就是矛盾”，再根据他的主体等于实体的哲学观点，结论就是显然的了：事物也不会因为有了矛盾就自我毁灭。

即使抛弃黑格尔的“主体等于实体”的哲学观点，“矛盾并不导致自我的解体”的洞见也还确实包含着令人深思的东西。现在的强人工智能支持者如果真想实现他们宣称的“机器最终可以和人一样思维”，那么他们必须注意到“人”的这一特性，并深刻地思考“人”的这一特性，因为和电脑不同的是，人不会一遇到矛盾就死机、停机什么的，而人会悬置矛盾，但并不是消灭它，矛盾一直还存留在人的思维里面，至少是在背景思维里，在适当的时候人还会去试图解决它，可以说，矛盾是进步的推动力。用黑格尔的话说，人最终会扬弃矛盾，我们知道，“扬弃”不是“消灭”和“抛弃”。黑格尔哲学的一些具体结论，对于现代人来说，可能已经很难认同。那些受过现代数理逻辑训练的人也经常对黑格尔的逻辑嗤之以鼻，这样做是有失公正的，因为黑格尔看待逻辑的视角和现代人有很大的不同，他是在一种和现代数理逻辑很不同的意义上来使用“逻辑”这个词汇，作为哲学家的黑格尔有他的思考重心和他想解决的难题。现代数理逻辑大家哥德尔对现代数理逻辑有过很好的评价，他说：“数理逻辑之重要，在于展开观念，不在于找到正确观念。”所以，如果我们用更加开放的心态阅读黑格尔，那么我想我们可以从黑格尔那里获得更多观念上的启发，也许他能帮助我们找到更加正确的观念。

现在，我们还是回到黑格尔。不过从健康的常识来看，至少在知识的领域内允许矛盾的持续存在还是不那么令人满意的，尽管矛盾作为动力是可以理解的。然而，黑格尔的“精神”并不永远停留在矛盾的阶段。就像邓晓芒教授所说：“精神、努斯作为自相矛盾、自我否定的主体，最后在绝对肯定的逻辑理念、概念或逻各斯中扬弃了自己的一切矛盾，成为了理性的上帝、实体。”从以上引述我们可以看出，在黑格尔那里，绝对精神带有明显的目的论神学（teleologische Theologie）的色彩，也就是说理性，或者说绝对精神在时间上最终会完全实现自己。用黑格尔自己的话说就是：“……世界精神现在已经成功地排除了一切异己的、对象性的本质，最后把自己理解为绝对精神，并且任何对于它是对象性的东西都是从自身创造出来的，从而以安静的态度把它保持在自身权利之下。”

通常人们认为，黑格尔超越了康德。这种看法是有其道理的。我们可以把康德的理性总结为以下三点：1. 理性是受到限制的，并且理性不能够在时间上，最终地打破这种限制。2. 理性是充满矛盾的，理性也没有能力在时间上彻底地扬弃这种矛盾。3. 理性的这种限制和矛盾来源于人类理性自身，是人类学（Antropologie）的，也就是说，只要人还是人，人的理性就始终得经受这种限制和矛盾的煎熬。

只从前两点来看，黑格尔确实超越了康德，因为绝对精神是自在自为的，它没有了康德的“理性”那些种种令自己“尴尬”的地方。在时间上绝对精神最终扬弃所有矛盾，成为理性的上帝。但是，就第三点而言，与其说黑格尔超越了康德，还不如说黑格尔在一个根本的问题上和康德有着完全不同的视角，即二人对理性这个比较核心的概念有着相当不同的看法。康德看待理性的视角总是人类的，而人是有限的（至多作为类是潜无限的），人类的理性虽然有追求大统一的倾向，但在康德那里，这只是一种倾向，理性永远不能在时间上完全实现自己的抱负。而黑格尔看待理性的视角则是目的论神学的。就像邓晓芒教授所指出的：“归根结底，黑格尔认为他讨论的并不是人和人类的思维，而是客观的思维、上帝的思维，是由这思维而来的上帝的目的性活动和认识活动……”从神的角度看，时间是无所谓的，神是超越时空的，绝对精神一向是自在自为的。这有些像数学上的实无限，它是可以实现的无限，甚至我们可以说，它一向就是完成了的，尽管在时间里看它包含着无限多的环节，有着自己的开端、发展和自我完成。

德国还有很多哲学家，还有很多值得我们深思与学习的哲学思想，但是在这里我们就不一一论及了。我们只关注了一些尤其具有德意志特征的哲学家，套用黑格尔的话，他们的哲学里包含着一些“真正德国气派”的东西。赵林教授对这个“真正德国气派”有很好的概括：“‘真正德国气派’是把上帝与世界、上帝与人、人与自然在一种神秘的精神（圣灵、绝对精神等）或意志（自由意志、生存意志、权力意志等）的自我运动、自我实现和自我认识的过程中统一起来的思想。”赵林教授对德国哲学思想的发展有很独到的见解，这里我们无法详述，不过，我们还是从赵林教授那里转引一段弗里德里希・希尔对这种“真正德意志气派”的思想线索所进行的历史性描述，这个描述精当极了：

“斯瓦比亚成为自阿尔伯特大帝经帕拉赛尔苏到波墨一脉相承的，把神与世界、人与自然连接起来的‘古老日耳曼’思想的汇聚点。这个传统由‘斯瓦比亚教父’们以哥廷根和图宾根神学院为中心继承下来，从中产生了荷尔德林、黑格尔和谢林。早在 1750 年，反对斯瓦比亚哲学的人便把它斥之为

'条顿式'思想。就某种意义上说，这个评论是公允的。这种哲学思想在自然之中理解神，在宇宙之中理解人，其中有炼金术、法术、古老的合一术、民间的、社会底层的各种思想和东方思想的影响。这种种思想构成了波墨的精神世界，而哥廷根和巴德（Baader）则把这种精神世界传授给黑格尔和谢林；浪漫派则把它传播到俄罗斯。波墨把世界看作是神的自我启示和灵的有形存在；善与恶在神里面汇合；三位一体被看作是自然中每一种进程的范式。……历史是神的自我实现。波墨的这种历史形而上学传统，经黑格尔把它发扬光大了。"

德国的哲学思想在德国的传播大大提高了德国人的思维能力，思想深刻的伟大德国人层出不穷，德国人的深刻也几乎得到了世界人民的公认。但是近代的德国却在"一战"和"二战"当中都扮演了很不光彩的角色，为什么德国的哲学思想不能在行动上给德国人以指导呢？为什么德国人在近代的世界政治生活中表现得要么是太理想主义，要么是有些无所适从呢？究其原因，就像德国历史学家奥茨门特恰当地指出的那样："德国的启蒙运动是自我意识的觉醒和自治，是德国人在审美或是在精神上所做的准备，而非有针对性地对现代政治生活的训练。"我觉得这句话也很好地概括了德国哲学在现代生活中所起的作用。

第九章 废墟文学——民族的自我拷问

1945 年 5 月 7 日至 8 日，纳粹德国向反希特勒的盟国无条件投降，第二次世界大战在欧洲战场以德国法西斯的全面失败而宣告结束。战后德国被划分为四个区，由美、英、法、苏四个战胜国占领，国家政权由上述四强接管，德国作为一个国家已不复存在。由于盟军飞机的连续轰炸和纳粹部队撤退时对道路、桥梁和公共设施的毁坏，战后的德国满目疮痍，形同废墟。在柏林、汉堡、科隆、慕尼黑这些大城市，一半以上的住宅已化为瓦砾。在战争当中德国已有约 400 万士兵和 200 万平民丧生，而战后波茨坦会议所确认的德国东部疆土割让又使约 1 400 万人被迫离开故土，200 万人死于迁徙途中。幸存下来的德国人不仅饱尝失去亲人或与亲人离散的痛苦，而且忍受着住宅被毁、交通和供应中断、物品奇缺所带来的寒冷、饥饿和疾病的折磨，他们对个人生活和民族前途均丧失了信心，忧虑、迷茫、麻木、绝望的情绪笼罩着战后初期的德国社会。此时的德国无论在物质上还是精神上均处于一种灾难性的状况，因而亦有“零点”之称。不过“零点”并不仅仅意味着消亡和终结，它同时也预示着新的开始和希望。在以雅斯贝斯为代表的哲学家、思想家的引导和影响下，德国人开始对法西斯产生的根源、个人对此应付的责任、纳粹德国所犯下的罪行等问题进行讨论、思考、反省和忏悔，因为他们意识到，唯有正视历史才能认清真相，面对未来。

产生于 1945 年至 50 年代初的“零点”时段德国西占区（即美、英、法占区）物质和精神的废墟之上的废墟文学所反映的，正是德意志民族在这一

特定历史时期之内的社会生活和社会心理——它也在一定程度上折射出德意志民族在“二战”之后所特有的某种心态。在对此展开具体分析之前，我们有必要首先对废墟文学的代表作家及其理论主张作一简要介绍。

废墟文学的代表作家并非纳粹时期流亡国外或“内心流亡”的老一代作家（后者指留在德国本土的反法西斯作家），而是有着截然不同经历和思想的年轻一代作家。这批作家大多成长于纳粹统治时期，亲历过第二次世界大战的硝烟，他们不仅有着强烈的反法西斯思想，而且有着明确的独立意识，即对事物持怀疑态度，拒绝顺从，拒绝一切自以为正确的观念。此外这批作家也较多地受到法国存在主义哲学和文学以及美国文学的影响。他们大多加入了成立于1947 年的文学团体“四七社”，并且成为战后联邦德国文学创作的主要力量。

1946 年初，从美国战俘营归来的青年作家阿尔弗雷德·安德施（Alfred Andersch，1914—1980）和汉斯·维尔纳·里希特（Hans Werner Richter，1908—1993）在慕尼黑创办了副题为“青年一代的独立刊物”的杂志《呼吁》，以便广泛、公开地讨论政治、社会和文学问题，在其中年轻作家对“内心流亡”作家和流亡国外的作家的创作进行了批评，并且提出了文学革新的主张。他们认为，老一代作家的作品已无法适应战后的新形势，因为它们追求唯美，逃避现实，即便对现实有所讽喻，也给人以隔靴搔痒之感；新的时代要求新的文学，战后德国文学应有鲜明的时代标志，进入一个新的时期。里希特在《呼吁》杂志第 15 期所发表的《空位时期的文学》一文中如此写道：“我们时代的标志是废墟。废墟环绕着我们的生活，包围着我们的城市和街道，是我们当前时代的真实。在断垣残壁的废墟堆上，没有浪漫派的‘兰花’盛开，而是毁灭、坍塌、末日的幽灵在日夜游荡。废墟是生活在我们这个时代的人们内心感到恐惧不安的外部征兆。我们不仅生活在废墟之中，废墟同时还堆压在我们的心头……要把生活在这样一个时代的人物反映出来，需要用新的描写方法，需要用新的修辞技巧，也就是说需要有一种新的文学。"① 里希特所说的"新的文学"指的是一种直接反映战后德国现实的文学，即以德国外在的废墟和心灵上的废墟为表现对象，他所主张的"新的描写方法"和"新的修辞技巧"则意味着客观冷静的现实主义手法以及与描写对象相契合的简洁质朴的"砍光伐尽"的语言风格。对于此种语言风格博尔歇特在《这是我们的宣言》一文中作了更为明确和形象化的表述："我们不需要文体华丽的诗人。对于精雕细琢我们没有耐心。我们需要的是不使用虚拟式的作家，需要的是十分清晰和高声大气地想说'树'就直接说'树'，想说'女人'就直接说'女人'，想说'不'就直接说'不'的情感真挚的作家。"战后年轻一代作家之所以刻意追求文学作品的语言革新，其原因亦在于欲通过文学语言的纯洁和简化来清除纳粹用语中的虚假不实之风及其对思想的毒害。

年轻一代作家对新文学的主张也在其创作实践中得到了贯彻和实现。从1946年年底开始，他们相继发表了自己的作品，它们大多以客观写实的手法和不事雕凿的语言表现法西斯专政和第二次世界大战所带来的深重灾难及其在人们心灵上所留下的巨大创伤。那么废墟文学的代表作是如何反映"二战"之后初期德国人的社会生活和社会心理的？我们可以将其概括为以下几个方面：

对于刚刚完结的战争的回顾和反思

亨利希·伯尔（Heinrich Böll，1917—1985）和沃尔夫冈·博尔歇特（Wolfgang Borchert，1921—1947）等人的作品均涉及这一问题。他们不仅在其作品中描绘了法西斯战争的血腥、残酷和荒唐以及小人物在战争中所遭受的心灵、肉体、物质上的苦难，而且也对德国人对于战争所应负的罪责问题进行了探讨。

伯尔（1972年获诺贝尔文学奖）曾告诫人们，不要从战争的废墟旁匆匆走过，而应停下脚步，对身边发生过的一切进行回顾和反思。他在废墟文学时期所发表的中篇小说《列车正点到达》（1949）、短篇小说集《流浪人，你若到斯巴……》（1950）和长篇小说《亚当，你到过哪里？》（1951）就充分体现了这一特点。

---

① 李昌珂：《德国文学史》第5卷，译林出版社2008年版，第21页。

《列车正点到达》是伯尔战后发表的第一部篇幅较长的小说，其主人公是一位名为安德列亚斯的年仅23岁的德军士兵。1943年秋，安德列亚斯在莱茵河流域的某个城市登上一列火车，为的是在休假之后重新返回东部前线。在火车刚刚启动的那一刻，他脱口对送别的朋友喊道："我不要死，多可怕呵，不久……我就要死了！"自己将不久于人世的念头自从产生后便一直在安德列亚斯的脑海里挥之不去。他在火车上结识了另外两个年轻士兵，和他们俩一起以打牌和酗酒来克服内心的痛苦和恐惧。列车驶入波兰境内的伦贝格后，安德列亚斯跟另外两个士兵来到当地的一家妓院，遇到原为波兰音乐学院学生的年轻姑娘奥丽娜——她不得不在德军入侵波兰后中断学业，现在以妓女身份探听德军秘密并向本国游击队报告。两个孤苦无依的年轻人在得知彼此的经历后产生了爱情。为了使安德列亚斯避开战争和死亡，奥丽娜准备和他一起逃往喀尔巴阡山中的一个村庄。然而他们在逃离时所乘坐的那辆由一位德国将军派来接奥丽娜的汽车，却被潜伏的波兰游击队所炸毁。

这篇小说采用第一人称视角和意识流手法深入细致地描绘了主人公重返前线时的心理状态。安德列亚斯认识到在战场上为法西斯卖命毫无意义，而且也不愿在这场肮脏的战争中"英勇牺牲"，但他作为一个士兵又无法摆脱自己在战争中充当炮灰的命运。因此安德列亚斯在开往东部前线的火车上便对死亡产生了强烈的恐惧和预感，他甚至"已经知道自己将于星期六夜晚与星期天黎明在伦贝格与切尔诺夫策之间死去"。尽管奥丽娜试图帮助安德列亚斯逃离死亡的威胁，但二人最终的悲剧性结局恰恰证实了安德列亚斯预感的正确。从主人公的遭遇中我们不难看出作者对于战争本质的深刻揭示：即使最热烈、最无私的爱情亦无法抵御战争的毁灭性力量，在战争中死亡已成为一个不愿死去的普通士兵在劫难逃的宿命。

《流浪人，你若到斯巴……》出自伯尔的同名短篇小说集，写的是一个受伤的年轻德国士兵的故事。这位伤兵躺在担架上，被抬到一家由一所文科中学改成的临时战地医院；他在做手术前认出了自己写在美术教室黑板上的字迹，原来这就是他三个月前刚刚离开的母校。小说以伤兵被锯掉双臂和左腿而结束。

这篇小说的主人公入伍之前是中学生，在学校就被灌输以军国主义教育；他从中学被直接送往战场，在战争中负伤，最终变成了一个肢体不全的残疾者，内心亦充满伤痛。显而易见，这位伤兵和《列车正点到达》中的主人公有着相似的命运，即被迫充当炮灰并且成为战争无辜的牺牲品。不过在《流浪人，你若到斯巴……》中，作者不仅通过主人公的经历展示了战争的残酷，而且同时也将讽刺和鞭挞的矛头直指纳粹德国对青年一代的欺骗教育——正是那些法西斯分子发动了战争，并且对德意志的民族灾难和个人不幸负有不可推卸的责任。这篇小说仍保留了《列车正点到达》的第一人称叙述和意识流手法，但篇幅较短，仅仅描述了伤兵被从汽车上抬下到做手术这一短暂的时间段里的内心活动。

废墟文学的先驱博尔歇特的剧作《大门之外》（1947）也部分地涉及了德国人在战争中的罪责问题。与伯尔相似，博尔歇特也在其作品中对被送上战场的德国青年所受的欺骗、愚弄和出卖作出了控诉，只不过他所批判的对象涉及面更为广泛——他们是所有那些热衷于战争并且在战后依然享有较高的社会地位的所谓父辈人物。《大门之外》的主人公是一个从战场上返回德国的失去了一切的年轻士兵（有关这部作品的内容我们稍后还要作详细介绍），作者借主人公之口对于父辈所犯下的罪恶作出了直接的谴责："当我们还在孩提时，他们发动了战争。我们长大一点时，他们给我们讲战争，津津乐道，他们总是津津乐道地讲。后来当我们长得更大一些时，他们又为我们计划好了打仗的事，然后把我们送到战场上。他们热衷于战争，总是热衷于这种事。没有人告诉我们，我们去到何方，没有人跟我们说过，你们是走向地狱。哦，没有，没有人这样做。……他们什么也不告诉我们，而只是说——好好干，孩子们！好好干，孩子们！他们就是这样出卖了我们，多么可怕的出卖。而现在他们坐在自己的家门里。他们当上了高级教师，经理，法院顾问，还有高级医生。现在谁也不派我们出去了。不，没有人这样做。所有人都坐在自己的家里面，他们把门紧紧关闭，而我们则站在门外边。他们从讲台上、从坐椅上用手指指着我们。他们就是这样背叛我们的。如此可怕地背叛了我们。"① 与此同时，作

① 贝恩特·巴尔泽等编著：《联邦德国文学史》，范大灿等译，北京大学出版社 1991 年版，第 74～75 页。

者还借主人公之口毫不留情地指出充当炮灰的德国青年自身在战争中所犯下的罪过，认为他们既是牺牲者也是犯罪者："我们天天遭杀戮，但我们也天天杀人！我们每天对谋杀视而不见！既当杀人犯，又被别人谋害。"从这短短的几句话中，我们可以清楚地看出德国人对自身在不义战争中的杀戮行为的忏悔之意。

从战场返回德国的青年士兵的痛苦遭遇

这一问题在以上所提及的博尔歇特的剧作《大门之外》中得到了最为突出的反映。《大门之外》是废墟文学的重要代表作。这部作品作者在1946年深秋仅用8天的时间一气呵成，1947年2月以广播剧的形式在电台首播，此后在电台多次播放，被多家剧院搬上舞台并被拍成电影。该剧的情节大致如下：年轻士兵贝克曼的一条腿在俄国前线受伤。战后他从西伯利亚战俘营回到德国，发现妻子已投入他人的怀抱，而且年幼的儿子也死在废墟之下。绝望的贝克曼跳入易北河自杀，不愿接纳他的易北河女神却将他重新抛回岸边；一位年轻女子将贝克曼带回家中，并让他换上自己在战争中失踪的丈夫的衣服，不料这位只剩下一条腿的男人却拄着拐杖回来了。之后深受内疚感折磨的贝克曼去找以前所在部队的上校清算战争罪责，因为他在俄国前线曾按上校的命令率兵外出侦察并导致十一人死亡，但上校却以为贝克曼在开玩笑；接着贝克曼到歌舞剧场找工作，遭到剧场经理拒绝，理由是贝克曼所演唱的有关战争的歌曲不会受观众欢迎；走投无路的贝克曼只得来到父母家，然而曾反对过犹太人的他的双亲已在纳粹失败后自杀身亡。贝克曼在绝望中再次来到易北河边，他梦见上帝、死神、上校、剧场经理以及自己的妻子等人，最后出现在贝克曼梦中的是他曾在年轻女子家中碰到的独腿人——他指责贝克曼是使他投河自尽的凶手。梦醒后贝克曼认识到，尽管生活毫无希望，但他必须活下去。

《大门之外》所表现的实际上不是某一个体，而是整整一代从战场上归来的德国青年的悲惨遭遇：他们饱受战争的摧残，失去了妻儿和父母，找不到工作，得不到同情和理解，虽然回到家园但却被拒之门外。正如作者在该剧的剧前说明中所指出的那样："他（指主人公）是那些回家，然而却并没有回家的人中的一个，因为对他们而言家已经不存在了。他们的家于是便在大门之外。他们的德国在外面，在夜晚的雨中，在街头。”① 在该剧的不少场面中，主人公的愤怒、痛苦和抗议之情亦溢于言表。也正是由于反映了成千上万个德国青年的经历、思想和情感，该剧才能在当时演播（演出）后引起巨大的反响和轰动。从艺术手法来看，《大门之外》在结构上继承了表现主义场景剧的形式，由主人公一人将一系列松散的事件串起；该剧的人物塑造也颇具特点：剧中既有现实生活中的人物，亦有死神、上帝、易北河女神以及代表作者的另一面的“他人”等象征性、虚拟性的人物，他们在剧中同时登场，相互对话；单词、句式的多次重复以及惊叹号的大量使用则使主人公内心强烈的情感得以抒发，从而使该剧产生了震憾人心的效果。

废墟上的生存体验

博尔歇特的短篇小说以及君特·艾希（Günter Eich，1907—1972）的诗歌均表现了这一问题。博尔歇特的短篇小说《面包》截取了战后饥荒时期的一个生活片断加以描写，被誉为“饥馑见证者的文献、记录”和“杰出的短篇小说”（伯尔语）。短篇小说这种文学式样实际上也受到当时年轻一代作家的普遍青睐，因为它故事紧凑，扣人心弦，能够以小见大地反映时代问题。《面包》中所出现的人物是一对已共同生活了 39 年的老夫妇。深夜妻子听到厨房传来响动声，于是便起床察看，发现丈夫在厨房里并且切过面包，不过丈夫却谎称他来厨房仅仅是由于听到了异常的声响；尽管不能忍受丈夫 39 年来第一次撒谎，但妻子却装出信以为真的样子。二人重新熄灯上床后，妻子听到丈夫在轻声咀嚼。第二天丈夫回家吃晚饭时，妻子多分给他一片面包，让他一共吃四片，而自己则仅吃两片，她解释说自己这样做是因为晚上消化不良，此刻丈夫面对盛放面包的盘子低头不语。这篇小说中的丈夫迫于饥饿而偷吃家中为

---

① Wolfgang Borchert：*Das Gesammtwerk*，Rowohlt Verlag，Hamburg，1982，S. 102.

数不多的面包，并且为此撒了婚姻生活中的第一次谎，深爱丈夫的妻子对其行为则报之以宽容、理解和自我牺牲，而这又使丈夫羞愧难当。在此作者不仅从一个侧面表现了战后德国饥荒程度之严重，而且也深刻揭示了人性在这一困境中的全部卑微和伟大。和博歇尔特的大多数短篇小说一样，《面包》的叙述显得简洁、冷峻，不动声色，但却能给读者留下深刻印象。

艾希 1945 年写于美国战俘营的诗歌《盘点》1948 年发表后产生了作者始料未及的影响，被视为新的文学和语言亦即新的开端的范例。《盘点》也是废墟文学在诗歌方面的代表作，其全文如下：

这是我的帽子，
这是我的大衣，
这儿是我的剃须用具
在亚麻布袋子里。

罐头盒：
我的盘子，我的杯子，
我在白铁皮上
刻下了名字。

用这儿这颗
珍贵的钉子刻，
在贪婪的眼睛面前
我把钉子藏匿。

在面包袋里
是一双羊毛袜
以及一些我不向
任何人透露的东西，

所以面包袋晚上
在我的脑袋下当枕头。
这儿的这块油毛毡
铺在我和地面之间。

这根铅笔芯
最受我的喜爱：
它在白天为我写下
我在黑夜想出的诗句。

这是我的笔记本，
这是我的帐篷布，
这是我的手帕，
这是我的线。①

在这首以《盘点》为题的诗里，作者罗列了自己作为一个俘虏所拥有的为数不多的日常用品并且描述了其用途：他只能用罐头盒吃饭和喝水，而且害怕别人把它偷走；他把装着一些破衣烂衫的面包袋当枕头，晚上睡在铺在地上的油毛毡上；他甚至都不能用廉价的铅笔写作，而只能用一根铅笔芯……从以上所述不难看出当时战俘营物质生活的窘迫。这首诗实际上也与战后初期德国的荒芜景象相契合，表达了生活在废墟之上的劫后余生者的真实体验。从写作风格来看，《盘点》一诗重客观叙述而不重主观抒情，结构简单，语言简洁明了，毫无修饰，而这些亦与该诗所表达的内容相适应。显而易见，这首诗与传统的德语诗歌大相径庭，它在内容、构思和语言上均将一切多余之物加以剔除，亦即“砍光伐尽”，也正是在这一“零点”的基础之上，德意志民族以及战后联邦德国文学才能真正告别过去，拥抱一个崭新的未来。

作为废墟文学的杰出代表，伯尔在写于1952年的《关于废墟文学的自白》一文中，亦从创作者的角度出发对于废墟文学内容上的特点及其由来作了回顾式的总结：“1945年以来，我们这一代人早期尝试的文学创作，被人们试图一言概括地称为‘废墟文学’。我们对这个称呼没有提出任何反对的意见，因为它是有一定道理的。的确，我们描绘的那些人，都生活在废墟中。他们经历了战争，男人、女人和小孩子都经历过同样沉重的创伤。……我们写关于战争、写关于回家、写我们在战争中所见到的和回家以后所看到的和所感觉到的：废墟！于是在年轻作家中，就出现了三个口号：战争文学、还乡文学和

① 孙坤荣编著：《德语文学选读》（Ⅲ），北京大学出版社1995年版，第195～196页。

废墟文学。……为文学起了这样的名称，原则上是正确的，这里曾经有过战争，而且打了六年。我们从战争中回到家里，我们看到的是一片废墟，我们就写这些。"① 按照伯尔的说法，战争、返乡和废墟之所以构成废墟文学最为重要的表现对象，是因为它们源于一代作家在战争中以及战后初期的真实感受和经历。

20 世纪 50 年代中后期，随着联邦德国社会的经济复苏和物质生活的逐渐丰裕，其文学史上的废墟文学时期也就暂时告一段落。然而自废墟文学作家所肇始的对于纳粹德国在殃及全世界许多国家的侵略战争中所犯下的罪行问题的探讨，已成为"二战"之后德国文学中所一再出现的主题，从中我们也不难感觉到"二战"之后德国人对于自身曾有过的罪恶行为的深刻反省和忏悔。毫无疑问，我们也可将其视为德国人所特有的文化心态的一个重要组成部分。

① 黄风祝等编译：《伯尔文论》，三联书店 1997 年版，第 4 页。

第十章

艺术精神——表现主义绘画与德意志民族

20世纪初，德国画坛上兴起了一场颇具规模的艺术革命，即表现主义运动——它以反对印象主义对感官印象的描绘、追求精神世界的表现为突出特征，在第一次世界大战之前的十年以及20年代达到高潮，并且对此后整个西方艺术的发展产生了深远影响，其艺术精神已经渗入西方现当代艺术的诸多流派当中。

表现主义绘画在德国的出现无疑与其民族艺术传统有着不可割裂的内在联系。德国艺术自中世纪以来就形成了不在事物表面，而在精神目标中探寻美的特点——即重主观表现，重内心世界的传达，这一特点在德国中世纪的哥特式艺术、16世纪格吕内瓦尔德的绘画、17世纪的巴洛克艺术、19世纪的浪漫主义绘画中均有着鲜明体现，而表现主义绘画则使此种艺术传统得到了继承和发扬。对表现主义绘画的探讨将有助于加深我们对德意志民族艺术精神的感受和认识。

表现主义运动之所以恰恰在20世纪初的德国出现，其原因是多方面的。此时的德国已成为世界上的工业大国之一，随之而来的是以物质统治精神、机器压迫人类为体现的人的全面异化；在第一次世界大战前夕至20年代，各种社会矛盾在德国显得特别尖锐，社会生活和人的精神世界均处于激烈的动荡之中，人们普遍感到苦闷压抑、惶恐不安并且丧失了信仰。年轻一代的德国画家迫切需要一种不同于19世纪的学院派以及印象主义的新的绘画形式来传达他们对于世界的新的感受和体验，表现主义运动也正是在这一特定的社会历史条件下应运而生。此外19世纪末20世纪初西方新兴的哲学、美学思潮也为表现主义绘画的产生提供了思想依据，这其中有柏格森的生命哲学、弗洛伊德的精神分析学说以及尼采的权力意志和超人哲学——尼采对西方理性主义传统和基督教文明的抨击，对人的原始生命力的推崇以及为实现人类更高本质而提出的“超人”理想对表现主义画家的影响尤为显著，第一个表现主义画家团体“桥社”的名称就出自尼采的著作《查拉图斯拉如是说》（1883—1885）。这里还需提及德国新康德主义哲学、美学在艺术观上给予表现主义画家的重要启迪，如菲德勒（Conrad Fiedler，1841—1895）有关艺术作品是艺术家独特个性的反映和“内在需要”的产物的观点，立普斯（Theoder Lipps，1851—1914）的涉及审美快感的自我性、审美享受中的“内模仿活动”、造型要素的独特情感价值等问题的“移情说”，沃林格（Wilhelm Worringer，1881—1965）所提出的“艺术意志论”以及艺术中的抽象原则——他认为这一艺术中所固有的原则在20世纪的艺术发展中变得日益明显。然而在艺术上给予德国表现主义绘画最为直接影响的，却是凡高、高更、恩索尔、蒙克等被视为表现主义先驱的欧洲现代派画家。由于长期定居德国，并且于1892年在柏林举办过画展，挪威人蒙克（Eduard Munch，1863—1944）以孤独、疾病、死亡、性爱为主题，注重人类心理状态描绘的风格独特的画作给当时的德国青年画家留下了深刻印象，并且对德国表现主义绘画的兴起起了重要的推动作用。

德国表现主义运动的参加者主要是当时的一些青年艺术家。面对德国的黑暗现实，他们一方面感到苦闷彷徨、悲观绝望，另一方面又充满了建立一个新世界的乌托邦幻想。他们反对资本主义的社会秩序以及社会的工业化和机械化，追求人的转变、更新和提高，并且赋予艺术以改造人和社会的使命，期望通过新的艺术塑造新的德国人，从而为建立一个更为美好的未来开辟道路。凯尔希纳在1906年为“桥社”起草的纲领中满怀信心地宣告：“由于相信发展，相信新一代的创造者和欣赏者，我们召集所有青年，作为肩负着未来的青年，我们要在固步自封的陈旧势力面前为自己争取手臂和生活的自由。每一个将促使他创造的东西直接而纯粹地描绘出来的人，都属于我们。”① 在凯尔希纳看来，一个更为美好的未来与青年艺术家的自由创造有着密不可分的关系。与此同时这些青年艺术家还认为，真实的东西不可能是作为外在现实而显现的东

---

① Anna-Carola Krauβe：*Geschichte der Malerei/Von der Renaissance bis heute*，Könemann Verlag，Köln，1995，S. 87.

西，艺术家唯有从自我的精神出发创造世界图像，亦即主观地表现现实，才能还现实世界以其真实面目。因此他们主张艺术不应模仿“外在的自然”，即可见的客观现实，如同印象主义者和以往时代的艺术家所做的那样，而应表现“内在的自然”，即人的不可见的精神世界。马尔克在1912年“蓝骑士社”第一次展览目录的宣传单上就如此写道：“我们今天在外在现象的面纱后面寻找隐而不见的东西——它们在我们眼中显得比印象主义者的那些发现更为重要……我们寻找并且画下自然当中我们的自我的这一精神方面，并非出于某种情绪或者由于喜欢与众不同，而是因为我们看见了这一方面，恰恰正如人们从前在所有其他事物之前突然看见了紫色的阴影和大气一样……人们可以非常认真地相信，我们这些现代画家不再从自然当中提取我们的形式，如同所有时代的所有艺术家迄今为止所做的那样……艺术是通向精神世界的桥梁。”① 马尔克所说的“精神世界”显然包括人的思想、情感和内在体验。作为忠实地描绘外在现实的印象主义的叛逆者，表现主义画家往往凭内心冲动和激情的驱使，在画布上尽情涂抹和挥洒，其画作大多具有强烈的色彩，奔发的笔触和扭曲变形的物像，也正是此种形式才能使艺术家的思想、情感和内在体验得到淋漓尽致地表达。表现主义绘画常常展示社会生活中的阴暗面，刻画挣扎在社会底层的小人物，并且流露出反叛与怀疑、希望与恐惧相互交织的复杂情绪。

德国表现主义绘画的发展大致经历了战前和战后两个阶段。在第一次世界大战之前，最为重要的两个表现主义画家团体是“桥社”（1905—1913）和“蓝骑士社”（1911—1914）。

“桥社”是最早出现的表现主义画家团体，1905年在德国北部城市德累斯顿成立，其创始人和主要成员为凯尔希纳、海克尔、施米特—罗特鲁夫和布莱尔，他们均为在德累斯顿技术学院学习建筑专业、但却对绘画有着浓厚兴趣的青年学生。“桥社”一名含有联合“一切革命的激进力量”通向未来之意，从中不难看出这些青年画家改革艺术和社会的信念，共同的理想使他们走到了一起。“桥社”成立之初，几位青年画家经常聚集在德累斯顿工人街区的工作室作画，并且一起到市郊的莫里茨堡湖区写生。为了扩大“桥社”的影响并改变公众的思想观念，他们邀请其他画家加入“桥社”，如当时比较知名的画家诺尔德、佩希斯坦等，同时以“桥社文件夹”的形式将“桥社”活动报告和自己创作的版画作品分发给其他会员或支持者，而且还定期举办画展。他们推

① Michel Ragon：*Weltgeschichte der Malerei/Der Expressionismus*，Editions Rencontre Lausanne，Paris，1967，S. 99.

崇凡高、高更、蒙克等人的作品，并且从德国中世纪的哥特式艺术中吸取养分，德累斯顿人种博物馆所收藏的非洲和太平洋岛屿的民间和原始雕刻也给予了他们创作灵感。这些青年画家除了创作油画作品外，还投入不少精力研究和绘制木刻和石版画，从而为版画艺术在德国的复兴作出了重大贡献。“桥社”画家的作品虽各具特点，但他们作为一个创作群体又形成了相对统一的风格：即以简化、扭曲的形式表现世态百象，色彩强烈且对比鲜明，轮廓线粗犷、坚硬，几乎没有透视和背景，其油画作品给人以木刻般的感觉。从主题来看，“桥社”画家的作品大多描绘现代人在一个充满敌意的世界上的孤独、焦虑和绝望。“桥社”于1910年迁往柏林。1913年，凯尔希纳编写的“桥社”年鉴遭到大多数成员的否定，致使“桥社”最终解体。尽管“桥社”存在的时间并不长，但它却标志着20世纪德国表现主义的诞生，几位青年画家在理论和实践方面所作的大胆探索，在某种意义上亦决定了表现主义运动的基本性质和发展方向。

恩斯特·路德维希·凯尔希纳（Ernst Ludwig Kirchner，1880—1938）是“桥社”最具才华的画家和灵魂人物。他在青年时代就研习过丢勒的木刻，并且创作了自己最早的木刻作品。凯尔希纳1901—1903年在德累斯顿技术学院学习建筑，1903—1904年在慕尼黑的美术学校学习绘画，受到当时流行的美术思潮的冲击。在经历了“桥社”的建立和解体之后，凯尔希纳于1914—1915年在军队服役6个月，神经受到严重刺激，1917年移居瑞士的达沃斯。1937年，他的639件收藏于德国各博物馆的作品被纳粹以“堕落”之名没收，1938年6月15日凯尔希纳因抑郁在瑞士的弗劳恩基希自杀。

凯尔希纳自1912年开始所创作的《柏林街景》系列被视为战前表现主义的优秀之作，这些作品描绘了现代化大都市的喧嚣、混乱以及人的孤独、冷漠和空虚——这也是表现主义绘画和文学中所一再出现的主题，因为它源自生活在20世纪初的现代艺术家的基本生存体验。凯尔希纳在这一时期已形成了自己的独特风格，并且逐渐发展出一种处理都市街景的新技巧，这在以上所提及的作品中有着突出体现。在描绘柏林街头景象的《街景》（1913）这幅画中，位于前景的是两个形同妓女的时髦女子和一个看似浪荡子的男人，他们神情冷漠，给人以不可接近之感；在他们身后是熙攘的马车、汽车以及面容模糊的路人；画面上的几乎所有人物都有着僵直的身体姿态，这使他们既显得孤独又显得相互隔膜。陡然升起的街道似乎要把所有人物推出画面，进一步加剧了画面的不安定的气氛。这幅画的笔触粗犷且带有颤动感，人物形象如同德国哥特式艺术中那样被刻意拉长，街道、人物面部和服饰的色彩也并非完全照搬自然。

凯尔希纳《街景》，1913 年，油画，
95×121cm，柏林“桥社”博物馆

毫无疑问，凯尔希纳在此所表现的并非真实的柏林街景，而是他本人对这座现代化大都市生活的敏锐感受。

埃利希·海克尔（Erich Heckel，1883—1970）青年时代曾写作诗歌，被称为“桥社”的抒情诗人。他是“桥社”画家中比较冷静、克制的一位，常常描绘小丑、杂技演员、乐师、妓女等生活在社会底层的人物，比较注重人物精神状态的揭示，风格较为抒情。在海克尔的《两姐弟》（1911）中，我们看到的是两张神情憔悴、心事重重的脸，可以想见他们已经在生活中饱受痛苦和忧虑的折磨；弟弟紧挨着姐姐的身体姿态表现了姐弟二人的相依为命。画面上暗黄色、紫色和黑色的运用不仅与人物的内心世界相契合，而且也营造 出一种冷清、孤苦的氛围。

卡尔·施米特—罗特鲁夫（Karl Schmidt-Rottluff，1894—1976）是“桥社”的命名者，同时也是“桥社”最年轻的一位画家。参加“桥社”后罗特鲁夫曾向同伴们传授石版画技艺。他有着十分娴熟的木刻制作技艺，并且将其运用于油画创作。罗特鲁夫善画风景，他直接用从锡管中挤出的颜料作画，用色十分大胆狂放，其画作的造型亦简洁单纯，富于表现力，较之其他“桥社”

海克尔《两姐弟》，1911 年，油画，
65×76cm，卡尔斯鲁尔国立艺术厅

罗特鲁夫《月儿初升》，1912 年，油画，87.6×95.3cm

画家的作品显得更为抽象。《月儿初升》（1912）是罗特鲁夫的代表作之一。这幅画所呈现的明日初升的景象并不给人以宁静之感。画家以暗红色、金黄色、黑色涂抹出房屋、树木、花草、桥梁的形象，表达了一种既躁动不安而又阴沉压抑的情绪。

埃米尔·诺尔德（Emil Nolde，1867—1956）是德国表现主义绘画的先驱和重要代表。他 1906 年应邀参加桥社，一年半后因思想无法与其他成员达成一致而宣布退出，但他此前的创作就带有明显的表现主义特征。诺尔德出生于德国北部的一个农民家庭，早期主要学习版画，从事过家具和装饰艺术设计，1889—1890 年赴巴黎的朱利安学院学习。1913 年诺尔德随同一支人种学考察队到南太平洋考察，并在俄国、中国、日本等地旅行采风，这使他在艺术思想和技法上得到了许多启发。1927 年，在他六十岁生日那一天，诺尔德的大型回顾展在德累斯顿举行，“蓝骑士社”画家克利等人集资为他出版了纪念专辑。1937 年，纳粹查收了诺尔德的逾千幅油画和版画作品，1941 年他被禁止作画。“二战”之后诺尔德又恢复了创作活力，直至 80 岁高龄仍画下了自己的自画像。诺尔德一生过着隐士般的生活，但却有着狂热的气质和宗教情感，他的宗教题材绘画也最具艺术感染力，如《最后的晚餐》（1909）、《圣灵降临节》（1909）、《基督在孩子们中间》（1910）、《围着金牛犊的舞蹈》（1910）等，画家的人道主义精神和拯救人类的理想也在这些作品中得到了曲折的反映。诺尔德的绘画最为突出地体现了德国表现主义所追求的“内在冲动”的渲泄。他不再重视线条、阴影、斑点，而是将色彩的力量作为自己的追求目

诺尔德《圣灵降临节》,1909 年，油画，83×107cm，柏林国家美术馆

标，并形成了一种强烈、厚重、对比鲜明、层次丰富的色彩语言，从而使其画作能够给人以精神上的震撼和冲击。在他的《圣灵降临节》中，虔诚的教徒们头顶微弱的烛光聚集在一起，等待着奇迹来临；尽管画面的整体色调是暗沉的，但教徒们的脸却似乎被某种看不见的东西所照亮——它显然是教徒们内心的信仰和希望之光。从此种表现方式中，我们也可感觉到置身于一个道德沦丧、精神萎靡时代的画家本人对于一个美好未来的殷切期盼。

“蓝骑士社”1911年12月成立于德国南部城市慕尼黑，它是一个比“桥社”更为松散、由众多艺术家组成的团体，其成员来自不同的国家和地区，包括康定斯基（俄）、马尔克（德）、库宾（奥）、雅兰斯基（俄）、马克（德）、克利（瑞士）、沃尔夫京（俄）、坎彭东克（法）、蒙特（法）等。“蓝骑士”一名出自该社1912年所出版的一份年鉴《蓝骑士》。康定斯基曾如此解释其团体名称的由来：“我们都喜欢蓝色，马尔克喜欢马，我喜欢骑士。名字就自然而然地出来了。”① “蓝骑士社”在1911年12月和1912年3月至4

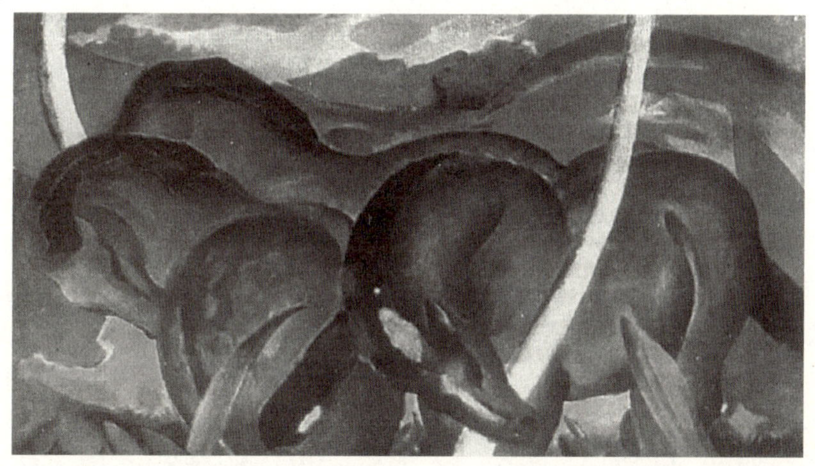

马尔克《蓝马》，1911年，油画，103.5×180cm，明尼阿波利斯华克艺术中心

月举办过两次重要展览，参展者除本社成员外，还有“桥社”和来自其他国家的画家，这个团体的开放性和国际化背景也由此可见一斑。“蓝骑士社”画家和“桥社”画家实际上有着共同的艺术信念，即认为艺术不应模仿物质世界，而应表现人的内在的精神世界，但较之“桥社”画家，他们更为关注美

① 张敢编著：《外国美术史简编》，高等教育出版社2008年版，第449页。

学而非伦理问题。和“桥社”相似，“蓝骑士社”画家也对原始艺术、民间艺术和东方艺术表现出浓厚的兴趣，并且从中汲取创作灵感，不过他们并未像桥社画家那样形成共同的艺术风格。总的来看，“蓝骑士社”画家对艺术形式的追求更为突出，他们借鉴了野兽派和立体主义的形式感，在探索以抽象图形表达丰富的精神世界方面比“桥社”画家走得更远，从而为抽象派绘画的产生开辟了道路。1914 年，随着第一次世界大战的爆发，“蓝骑士社”自动解散。

弗兰茨·马尔克（Franz Marc，1880—1916）是“蓝骑士社”的创建人之一和重要画家。他出生于慕尼黑，起初在大学学习神学，后改学绘画。1911 年，马尔克和康定斯基一起组织了“蓝骑士社”的第一次展览，1912 年和康定斯基共同编辑《蓝骑士》年鉴并出版。1914 年马尔克应征入伍，1916 年在凡尔登阵亡，年仅 36 岁。马尔克非常喜欢动物，尤其是马，在他看来，动物比人更纯净、更好看，动物身体的解剖解构浓缩了自然生命最深沉的秘密。马尔克也创作了大量以动物为题材的作品，其笔下的马、鹿和公牛等挣脱了写实的羁绊，体态圆转饱满，色彩强烈，与山峦和大地相互交融。在他早期最著名的画作《蓝马》（1911）中，蓝色的马匹占据了大部分画面，它们低头闭眼，从红、黄、绿色组成的温暖绚丽的风景中凸现；马的起伏有致的轮廓线与山丘的弧线形成和谐的重复，创造出一种引人入胜的节奏。这幅画将动物的形色与自然的形色有机地结合起来，表现了动物与自然的和谐统一。马尔克的色彩具有特别的象征意义，他认为蓝色和黄色分别代表男性和女性的本质，绿色表示二者的协调，红色属于物质；这四种颜色在《蓝马》中的有机分布同时也折射出画家对于世界的某种感悟和理解。马尔克的《动物的命运》（1913）的色彩的象征性仍十分突出，但却采用了立体主义的表现手法，这幅画所描绘的不再是动物与自然的和谐关系，而是某种粗暴的力量对动物的毁灭，借此画家表达了他对即将来临的战争的预感。

奥古斯特·马克（August Macke，1887—1914）是马尔克的挚友，但在艺术风格上却与马尔克相去甚远。他曾跟随德国印象主义画家科林特学画，后来在马尔克的引见下参加了“蓝骑士社”的活动。1914 年 27 岁的马克在战争伊始即参军入伍，但不久便在前线牺牲。马克的绘画在印象主义的色彩基础上融入了野兽派和立体主义的因素，他的许多作品将风景与人物相结合，色彩丰富，轮廓鲜明，形式简化，他的《穿绿上衣的女人》（1913）就体现了这种特点。

1918 年，第一次世界大战以德国和奥地利的失败而告结束，之后德国的君主制度终于灭亡，它的第一个共和国——魏玛共和国（1919—1933）于

马克《穿绿上衣的女人》，1913 年，油画，
44.5×43.5cm，科隆瓦尔拉夫-里夏尔茨博物馆

1919 年诞生。不过魏玛共和国的建立并没有缓解德国各方面的危机，反而使其陷入更大的混乱。此时的德国物资匮乏，通货膨胀严重，各派系的斗争日趋尖锐。表现主义绘画在战后德国特定的历史情境当中也进入了一个新的发展阶段。

战后德国表现主义绘画的主要代表为贝克曼、格罗兹和迪克斯。这几位画家均在战争中被送往前线，饱受战争所带来的摧残和痛苦，并且经历了战后德国社会的动荡不安。他们继承了战前表现主义画家的反叛精神，倡导以艺术介入生活、改造社会，但却从战前表现主义精神和形式的乌托邦中走出来，要求艺术更为真实地反映和批判社会。这些画家在造型语言上仍然受到“桥社”和“蓝骑士社”的影响，不过他们对客体的扭曲、变形和抽象不再像战前表现主义绘画那样主观和极端，而是强调对客体细节的精确刻画和客观展现。他们描绘柏油马路、排水沟、工厂的车间、手术室和夜总会，并且对战争所带来的恶果以及战后德国社会的黑暗、腐朽、庸俗和丧失人性予以无情的揭露和抨击。20 世纪 20 年代末期，随着生活境遇的改变，上述画家对社会现实的批判不像以前那么激烈，战后表现主义绘画也逐渐丧失了其生命力。

马克斯·贝克曼（Max Beckmann，1884—1950）是一个艺术上的独行者，既未参加“桥社”也未参加“青骑士社”的活动，他在第一次世界大战期间

贝克曼《夜》，1918—1919 年，油画，133×154cm，
杜塞尔多夫北莱茵–威斯特法伦博物馆

才真正形成了一种独特的表现主义风格。贝克曼在魏玛的艺术学院学习过绘画，早期曾创作过一些宗教、神话和历史题材的作品。1914 年贝克曼自愿加入战地医护队，1915 年因无法忍受战争的残酷而精神崩溃，并从军队退役。此后一段时期贝克曼作品的主题和形式均发生了变化。他开始描绘战争的恐怖、社会的不公和人生的悲剧，笔下时常出现恶梦般的杀戮、强暴、摧残和折磨的景象。与此相应，他只用几种稀薄的颜色作画，人物躯体被刻意拉长，黑色的轮廓线坚实、硬拙、富有棱角，画面空间充斥着各种相互挤压的形体，从而造成一种强烈的不安定感和窒息感。贝克曼在这一时期的画作大多融表现、写实和象征为一体。《夜》（1918—1919）是贝克曼这一时期的代表作。这幅画似乎涉及 1918 年 8 月至 1919 年 3 月发生在柏林的暴力事件。当时工人的总罢工被资产阶级镇压，暴力活动从街区蔓延到市民的住宅。画面中的留声机、蜡烛、拖鞋、猫等细节刻画暗示出事件发生在一处民宅，在此丈夫和妻子遭到三名男子的捆绑、吊打和虐待，而孩子则惊恐地躲在一边。这幅画所描绘的梦魇般的场景可以说不仅仅指涉当时的德国现实，它同时也反映了日常生活中随处可见的强者对于弱者的残害和欺压，作者对于人类所处的普遍境况的深刻洞察也由此得以体现。

格奥尔格·格罗斯（George Grosz，1893—1959）是一位具有尖锐的社会

格罗斯《社会支柱》，1926 年，油画，
200×108cm，柏林国家美术馆

批判锋芒的漫画家。出身贫苦的他曾在德累斯顿和柏林学习绘画。1914 年格罗斯赴前线作战并负伤，战后加入了达达主义运动和新实际主义运动，并创作了大量社会性和政治性极其鲜明的作品。在他这一时期的代表作《社会支柱》（1926）中，背景处一群退伍老兵在被火光映照的街道上杀气腾腾地示威，旁边一位身穿长袍的牧师正在进行煽动，位于画面最前方的一位战后失了业的将军，他的脑袋里依然充斥着战争场景——这表明他梦想着一场新的战争；其身后是一位大腹便便的政客，他的脑袋里冒出了一堆粪便；位于将军左侧的是一位记者，他头上扣着一个茶杯，手中所持的象征和平的棕榈枝上沾满了鲜血。画家将当时德国社会的“支柱”——嗜血的军人、愚蠢的政客、虚伪的记者、喋喋不休的牧师——一一搬上画布，并且以夸张变形的手法对其丑恶本质予以

尖锐的揭露和辛辣的嘲讽，因为恰恰正是这些“社会支柱”制造了血与火的战争并酿成了深重的社会灾难。

奥托·迪克斯（Otto Dix，1891—1969）在其绘画中将表现主义风格与激烈的社会批判融为一体。他先后在德累斯顿和杜塞尔多夫学习绘画，1914 年至 1918 年服兵役，战后和格罗斯一样接受了达达主义的影响，并成为新实际主义运动的创始人之一，其画作常常因为对“丑”的夸张表现而在观众中引起轩然大波。迪克斯的早期作品主要展现战争的血腥和残酷，他的《壕沟战》（1922—1923）是这类题材的代表作。迪克斯还时常描绘大城市的生活场景，表达对于生活在社会底层的小人物的深切同情以及对于战后德国黑暗现实的不满和愤慨。他的《大城市三联画》（1927—1928）的中联画的是一群衣着光鲜的男女在豪华的大厅里跳舞或休憩，而在两个侧联中，可以看到退伍的残疾军人在街道上独行或行乞，与他们在街头不期而遇的，是浓妆艳抹而又面容憔悴的妓女。在此上流社会的寻欢作乐与被损害和被侮辱者的生活无着恰成鲜明的对照，而中联和两个侧联的主色调也形成了一明一暗的强烈对比。

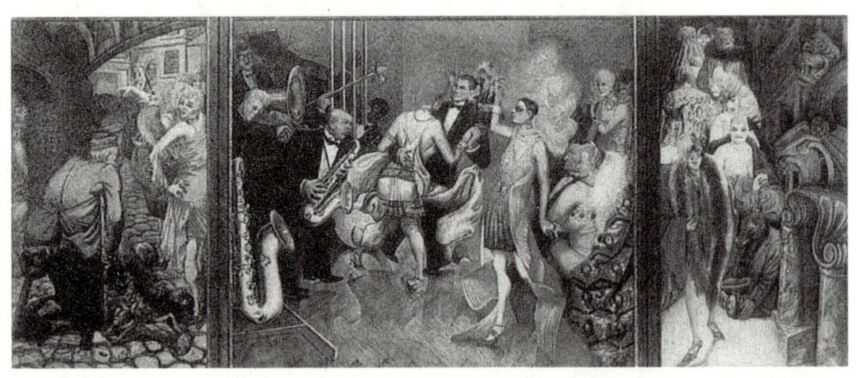

迪克斯《大城市三联画》，1927-1928 年，混合技法，中联：201×181cm，侧联：100×181cm，斯图加特市立画廊

恰恰是因为将内在的精神世界作为自己的表现重点，表现主义画家才将绘画从对外在现实的机械模仿中解放出来，并且创造出在内容和形式方面均具有独创性的作品。表现主义绘画对客体的扭曲、变形以及对社会丑陋、阴暗面的展现可能会使那些习惯于欣赏传统美术作品的观众觉得难以理解和接受，然而只要用心体味，我们便不难发现蕴含在其中的具有现代特征的不和谐的美以及心灵、人生和现实的本质和真相。

第十一章

国民塑造——教育在德国

教育直接关系社会文明和国民素质，乃立国之根本。在德国，从政府机构到整个社会，对教育都极为重视，其《基本法》规定每个人终身都应有机会在个人、职业或政治方面得到培养，为保障这一公民权利，德国每年在教育领域的投入非常高，2010 年的教育支出达到 1 723 亿欧元，比 2009 年增加 77 亿欧元，占当年国民生产总值的 7%。① 《基本法》还规定，整个教育事业受国家监督，其管辖权在联邦和各州之间进行分配。教育事业中虽然绝大部分立法与行政管理职权归各州所有，但 1971 年在汉堡签署的《德意志联邦共和国各州关于统一教育事业的协定》确保了全德教育事业共同的基本结构，关于毕业考试的统一要求、相互承认毕业资格等相对具体的事宜则通过各州文教部长例行会议（KMK）进行协调。

根据德国文化部长常务会议和德国联邦教育与研究部委托相关专家工作组进行的调查统计，2011 年德国共有教育机构 55 431 家，其中公立大学 382 所，私立大学 176 所，公立职业学校 6 830 所，私立（或称其他经费来源的）职业学校 2 038 所，公立普及教育全日制学校 31 113 所，私立 3 373 所，另外学龄前教育机构（托儿所、幼儿园等）公立的有 17 106 所，私立 34 378 所。② 与

---

① 参见《Bildung in Deutschland 2012（Kurzfassung）》(《德国教育 2012》简短版）。德国文化部长常务会议、德国联邦教研部 2012 年联合出版，第 6 页。

② 见《Bildung in Deutschland 2012》（《德国教育 2012》)。德国文化部长常务会议、德国联邦教研部 2012 年联合出版，第 31 页。

10 多年前（1998/1999）相比，德国教育事业中的私人投资比例有明显上升，特别是托儿所（针对三岁以下儿童）、幼儿园（针对三至六岁的儿童）等学前非义务教育机构，增加了 23.3%，而私立大学的数量更是翻了一番以上。之所以出现这种情况倒不是说德国家庭收入增加了，可以有更多的钱用于支付私立学校的昂贵费用，而是社会观念变化和一些客观条件造成的。

首先来谈谈学前教育。德国完善的福利保障制度世界闻名，近年来由于其人口负增长趋势日益明显，联邦、州政府均出台了不少政策，希望刺激国民的生育热情。也就是说，一个家庭如果有新生命诞生，会享受到比之以往更多的税收减免或补助等优惠，而令更多女性感到安心的保障则是子女三岁以前她们可以选择在家做全职妈妈，也可以随时重返工作岗位，这期间雇主不仅不得以任何理由解除工作合同，还有义务继续为其缴纳医疗及社会养老保险，而到退休计算工龄时，在家看护幼儿的这段时间也会被考虑在内，更为人性化的是，如果爸爸选择在家照顾年幼的子女，这种权利他同样可以享受。正因为如此，许多家庭在孩子三岁之前，父母至少会有一方会暂时离开工作岗位，为家庭和孩子贡献更多的精力与时间，这也是德国公立托儿所相对较少的缘故。至于私立托儿所（包括幼儿园），也不一定就是私人或企业行为，其实很大一部分还是福利机构或教会出资，他们的收费也仅是象征性的，而且常有针对低收入或多子女家庭的各种减免措施。尽管有良好的社会保障，但随着传统女性角色的变化，许多妈妈认为在家三年会令自己与职场脱离太久，即便有一天回到原来的岗位其职业竞争力也大打折扣，所以她们中间许多人选择在生完孩子一年、两年或者更短的时间后就重新工作，这自然会使三岁以下孩子的入托率上升，自然也会催生更多的托儿所。但与幼儿园不同，到目前为止，托儿所还是园方和家长完全自愿地提供或使用的一种社会服务，没有政令也没有法律对其进行限制，但自 1996 年 1 月起，每个年满三岁的孩子都有权利上幼儿园，也就是说上不上是家长决定的事，但孩子的这个权利却是得到法律保障的，各级政府有义务为适龄儿童提供足够的入园机会。正是适应这一变化，德国幼儿园数量在过去的 10 年间有明显增加，当然，德国妈妈的事业心在这一变化中也起到了举足轻重的作用，但政府对此的支持显然同样功不可没，比如 2013 年 8 月即将生效一项新的法律，其中规定自其生效日起一至两岁的幼儿也将享受有法律保障的入托权利。

离开幼儿园，9 年全日制义务教育开始，也就是如果一个孩子 6 岁入学，那么 15 岁以前他/她必须在全日制普及教育机构（含小学和中学）学习，之后是全日制还是非全日制则可以自愿选择。与我国不同，德国的小学只有四年，之后就会根据学生的个性特点、个人兴趣以及家庭愿望进行分流，当然在此过程中学习成绩也会是比较重要的影响因子。但需要说明的是，德国小学一、二年级没有严格意义上的考试，也不计成绩，学期结束时老师会以报告的形式详细描述学生的在校表现，个性特点和长项等。到三、四年级，虽然有了期中和期末考试，但总体来说学生的学习负担并不重，在校时间多为半天，一般老师也不布置家庭作业，以便孩子们可以充分享受童年的快乐和发展个人兴趣，当新的一天开始，老师在正式上课前询问班上的学生昨天过得怎样时，他们会七嘴八舌地说“我和朋友去游泳了”或者“我参加学校合唱团的排练了”。在德国，学校讲求的往往是综合教学，提高知识水平是一个方面，但更重要的是令身心得到平衡协调的发展，并形成对学习的正确认识，让学生时刻感受到学习和其他休闲活动一样，是生活的一部分，是认识世界的重要途径——但不是唯一的，它是轻松而愉悦的，可以在有老师和同学的课堂上，也可以在其他场所，有了这样的认识和体验，学习成为伴随终生的行为自然也就水到渠成了。说到小学毕业后的分流，以德国 2011 年教育评估成绩最好的巴伐利亚州为例，当年的小学毕业生中大约有 30% 进入五至九年级普通中学（Hauptschule），达到法律规定的全日制义务教育最低要求；近 40% 进入含五至十年级的实科中学（Realschule）；入读含五至十三年级（越来越多的州为与国际接轨，将学习时间缩短为 8 年，不再设十三年级）文理中学（Gymnasium）的学生则为 30% 左右（其他各州情况参见右图）。中小学教育结束后，文理中学毕业生可直接申请就读德国任何大学，而其他两类中学的毕业生则不具备此资格。如果作一个纵向比较，过去 10 年德国各州进入文理中学的学生人数都呈明显上升趋势。但是，这并未改变已存在多年的家庭背景差异导致就学形式不同的状况，2009 年，对文理中学 15 岁学生的抽样调查显示，他们中 61% 来自社会、经济状况良好的家庭，低收入家庭的孩子仅占 16%；而在普通中学的情况则正好相反，比例分别为 5% 和 27%。以上这些数据说明家庭背景不同，对教育的理解和态度还是存在差异的，这也是德国政府要推出一系列措施减轻不富裕家庭的教育负担，使他们的孩子在决定个人发展时无需更多地考虑经济因素，同时激励他们充分利用社会教育资源的重要原因之一。

德国的高等教育与英美等国不同，德国不仅义务教育阶段（6 至 18 岁，有的州因为学制的关系到 19 岁）不收学费，书本费可通过申请酌情减免，甚至到了大学，许多州也不会针对第一学位的学习收费（私立大学当然例外）。2003 年前后，由于不少学校面临因国家拨款有限、经费不足导致的学习位置

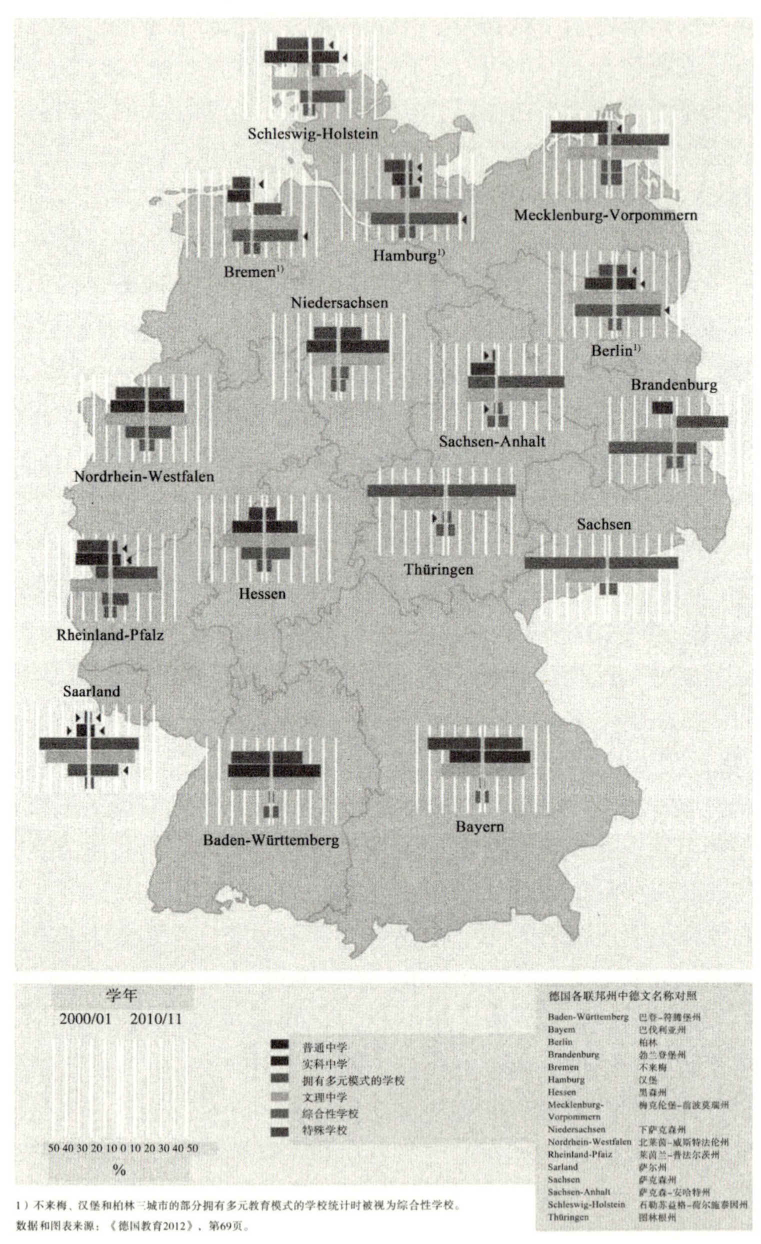

2010/11 学年德国各州小学毕业生就读各类中学的比例

紧张和师资不足等问题，出现了向学生收取适当学费以缓解资金紧缺问题的提议，在学生们的一片反对声中虽然有些州自 2005 年起，收费制度得以推行，但2010年之后，黑森州、北威州、巴符州、汉堡等州（市）又先后取消了学费，如今就只剩下巴伐利亚州和下萨克森州的学生还需缴纳每学期300欧元至500欧元不等的学费。是否应该收取学费，从不同的立场出发，结论自然有差异，也各有道理。但无论如何，不收费的大学的确是最能体现“教育面前人人平等”这一思想，只是捉襟见肘的财政还是在一定程度上制约了德国大学的发展，使不少学校教室紧张、班级人数过多、课程设置老化。在这种情况下，私立学校弥补了这一缺口，由于规模小，转型快，他们往往更能针对市场需求迅速作出调整，在短时间内开发就业前景较好的专业和课程，满足了部分学生的就学愿望。正是有赖于此，从1998年至2011年，德国私立大学的数量从81所上升至176所，十多年间翻了一番还不止，但必须承认的是，一些私立学校虽然有自己的强势专业，可整体实力还不能与老牌的综合性大学相提并论，我们可以看到德国名列前茅的精英大学如慕尼黑大学、柏林洪堡大学、亚琛理工大学等都还是公立的。

但是无论怎样的就学形式，无论哪种类型的学校，在德国整个教育体制下，从小学，甚至幼儿园开始，就一直非常注重个人能力的全面平衡发展，独立健康人格的塑造以及尊重事实、独立思考、敢于挑战精神的传承和发扬，从以下几个侧面也许可以窥探其贯彻始终的教育理念。

在事实面前师生平等对话

这是发生在笔者身边的一件事，它在当事人那里似乎微不足道，但却令我这个旁观者感到震撼。相信大多数国人都不会忘记2008年北京奥运会前后西方媒体对中国铺天盖地的负面报道（当然也有积极的，但实在凤毛麟角），愿为道德先锋的德国人当然不甘落后，关于中国体制、民生，包括新闻自由、资源环境等问题不仅成了许多德国人茶余饭后必不可少的谈资，甚至在中小学的课堂上也出现了更多有关中国的内容（以对象的年纪，真正意义上的讨论自然是不太可能的，毕竟对那些阅历有限、十多岁的孩童来说，中国还是一个遥远而陌生的国度，多数情况下是老师在几十双童真眼睛的注视下侃侃而谈之后再回答孩子们对此提出的几个问题），德国边境小城特里尔一所文理中学的情形也大抵如此。但略有不同的是，在八年级（相当于国内初中二年级）的一个班上有一个女孩儿，她父母是旅居德国多年的中国人，她本人在德国出生、成长，接受的是纯德国式的教育，只是在家里，因为父母的坚持，她必须说中文，除此之外对中国的切身体验更多来自每年与父母一同回国探亲的那几周。

有一次，在伦理课①上一位中年老师引出了有关中国的话题，或许当时媒体的报道太过强大，她不自觉地将某些“新闻故事”当成了普遍事实传达给学生，她说，中国是一个没有自由、没有民主的国家，政府对媒体的监管更是达到了令西方人难以想象的地步，不要说在网络上散布民主自由言论，就是在搜索引擎里输入“民主”、“自由”等关键字眼，都会有警察找上门。她的这番话在从未去过中国的学生心中会激起怎样的反响我们无法获知，而那位中国女孩（其实从国籍的角度讲她应该是德国人）却是没有沉默，她和老师展开了激烈的辩论，论据支持就是她在中国的亲身经历：她曾经在中国网吧里多次输入“自由”、“民主”等词，都安然无恙地离开了，为了证实她所说一切的真实性，她表示可以给老师和同学看照片（后来在同这个女孩父母的闲聊中得知，过去就曾经有老师在课堂上关于中国的言论令女孩不能认同，一次回国时她坚持让父母和她一起拍了很多照片，包括她在网吧里上网搜索西方媒体所说的“敏感词”）。这场师生辩论持续到下课也没有结束，最后甚至惊动校长，而在走进校长办公室之前，老师不知出于什么考虑很郑重地问了一句：“你确定我们要一起去校长先生那里吗？”女孩的回答是肯定的，之后的结局是经校长调停，老师为自己未经考证就发表的言论向女孩道歉。整件事情发生后，女孩照常上那位老师的课，甚至回家后都没有向父母提起这段学校里的插曲，直到在学校的一次家长日活动上，校长碰到她父母，才把这件事告诉他们，并说你们的女儿是个正直、有思想的孩子。这对父母虽然已在德国生活二十多年，本身又是做文化研究的，应该算得上深受德国文化的浸润，但其骨子里仍旧有着中国式的“尊师”观念，不是说他们认为自己的孩子不够“尊师”，而是在他们看来，无论如何这也算是个不小的事情，但女儿回家后竟只字未提，要不是这次校长说起，他们还真是毫不知情。回家再问女儿，她的回答居然是：“哦，那都好久了，我都快忘了。我说的是事实，她没法辩驳的，如此而已。”“那你怎么可以要求老师向你道歉呢？”“她说错了还不肯承认，自然应该道歉。”——多么淡定，她只是个十四岁的中学生！中国对她而言，是父母的故乡，那里有很多亲戚，说着对她来说学起来很困难的语言，而她之所以肯为之与老师展开争论，仅出自对事实的尊重，并没有过多的感情色彩。类似师生平等对话的小故事，据说还发生在其他的课堂上，从这里我们看到的是德国教育

---

① 伦理课是德国中学为没有宗教信仰的学生开设的必选课，讲授与实际生活密切相关的伦理道德规范，是德国中学思想行为教育的核心课程，一般从七年级开始直到中学毕业，也有一些联邦州从四年级起就开设了这门课。

体制下培养出来的一种精神：不唯书本，不唯权威，敢于发表个人见解，敢于展开争论。正是这种自小就逐步形成的气质，使德国大学课堂也气氛活跃，学术辩论之风盛行，在你来我往的言辞碰撞间产生令人耳目一新的思想火花。从另一个角度讲，德国教师将学生视为独立主体，与他们进行坦诚的精神对话，包括在学生面前勇于承认自身不足的态度也是值得称道的，或许这也正是他们自身的精神魅力所在，也是德国提倡的“对学生进行精神教诲”的必要前提。

轻松宽容的大学课堂

德国大学课堂氛围的轻松程度是令人吃惊的，教授的讲座课上（Vorlesung①），不必说学生进出自如，竟然还会有学生在课上到一半时离席，如果他的座位在中间，则一侧的同学必须起身让其通过，结果是在一连串“谢谢”、“不用谢”的交替中，这位同学扬长而去。这还不算，不多久他可能会拿着一个面包，有时还加一杯咖啡进来，于是他旁边的学生必须又一次起立，在一连串“谢谢”、“不用谢”中他回到刚才的座位，开始享受教授和面包给他提供的精神、物质双重食粮。这种场景在德国课堂上绝不罕见，更有甚者是笔者的亲身经历：一位德国女学生居然在讨论课（Seminar②）上织起了毛衣，不仅如此，教授提问时，坐在第一排的她竟趁着一根针刚好织完的空隙连针带线一起举起，并在教授的微笑示意下开始了和教授的热烈讨论。反观中国的大学课堂，学生中做其他无关课业事情的虽也大有人在，但起码不会如此无所顾忌和心安理得，最低限度不会影响其他同学。在中国多数时候课堂是纪律严明的，老师讲课，学生记录，除了教授的声音和笔尖与纸张摩擦的声音外，一片寂静，比较而言这种气氛似乎更适合传道授业。笔者并不完全认同德国教授对学生过度放纵的态度，但是，在现下凉鞋与拖鞋已很难严格区分的情况下，规定穿着拖鞋不得进入教学场所，而判断标准仅只是脚后跟上是否有一

---

① 此名称源自德语动词 vorlesen，有朗读、宣读之意，也就是说在这种类型的课上师生互动较少，多为教授（在德国大学通常只有教授才有资格开设讲座课）按照事先准备的讲义授课，对选课人数没有限制，通常在阶梯教室，甚至小礼堂开讲。

② 一种小班授课形式，学生人数一般不超过 30 人。这类课上教师与学生间的互动非常频繁，甚至会出现学生的报告占绝大部分时间，教师仅在下课前作简短总结的情况（每周报告主题早在开学第一次课上就由教师确定，学生可根据个人兴趣选题，既可独立负责一个主题，也可与同学合作）。这种课型要求学生课前作充分的准备，并通过与教师的沟通杜绝偏题和选材不佳的情况。

根带子却有矫枉过正之嫌，诸如此类不太合情理的规定会给学生增加心理暗示与负担，对营造轻松的学习环境毫无益处。神经学家的研究结果显示，人在轻松的情绪下可以调动更多的神经元参与思考与记忆，而存留在头脑中的知识点不是孤立的，它需要与其他内容发生关联才能在需要的时候如同光盘一样被读出来以供使用，而与之相联系的点越多，它就越容易被读到，也就是被记起。所以如果学生在学习时调用的神经元越多，那么所学内容被记住的机会也就越大，而轻松的氛围对于调动人的积极性和参与思考的神经元是非常必要和有益的。

在学习氛围的营造中，师生关系也很重要。众所周知中国有着尊师重道的传统，所谓“一日为师终身为父”，虽然现在不一定推崇这样的说法，但老师相对于学生的权威地位依然存在。于是在老师面前学生很多时候是压抑的，从内心里轻松不起来。而且中国教师由于受到“传道授业解惑”传统思想的影响，甚至到了大学阶段仍以将正确的东西传授给学生为己任，如果将学生比做灯塔，那么教师不是点亮灯塔的人，而是不辞辛劳地在里面堆积货物的搬运工。在德国，宽容学生的错误和疏漏，减少直接批评，多加引导，激发个人潜力，是贯穿整个教育过程的理念。中小学校里没有差生的概念自不必说（在老师的眼里，学习结果不一样是由于个性差异所造成的，学生就如人的十个手指头，各有所长，各有所短，老师的任务就是考虑从哪个角度可以最大程度地发掘孩子的能力，使其得到综合全面的发展，成为和谐平衡的个体），到了大学，教师更是尊重已经成年的学生，在学生错误的回答面前，他们一般不会直接说明，而会让其他同学继续回答或自己公布答案，对于一些甚至完全答非所问的答案，有的教授还会说，这是一个“有趣的”观点。

老师有教的自由，学生有学的自由

德国教授的宽容不仅体现在对学生的态度上，还可以从他们对授课内容的灵活掌握中窥见一斑。下面种种趣事也是笔者在德国求学时亲历的，不一定是普遍现象，但也算不上极端特例，应该还是有一定代表性的。讲故事之前先说说我们熟悉的中国通行的授课方式：一般情况下，很多专业都有详尽的教学大纲，每门课程都有固定的教材，偶尔碰到有些新锐教授不理这一套，起码也有他们自己选定的教科书，再不济也有一个讲义作为起码的授课蓝图。然而笔者却在德国碰到过这样一位教授，上课从来不带讲义，有时发几张纸给学生进行分析，但也是讲到哪儿算哪儿。他有一句话令笔者印象十分深刻：那是在一次讨论课上，他正滔滔不绝地讲着，一段内容未完却有个学生在没有任何示意的情况下插了一个问题进来，这要在中国会被认为是相当不礼貌的行为，即便是在辩论文化十分盛行的德国也不多见，可这位头发花白的老教授却笑着冲那个冒失的学生点点头，在回答他的问题之前非常平静地说："你们可以随时打断我，因为我有时候说话没有一个自然的结尾。"或许有人会说这位教授缺乏责任心，授课没有系统性，但是笔者认为，这恰是他的长处。中国人说，世事洞明皆学问，人情练达即文章，德国教育家奥托·赫尔茨（Otto Herz）也曾以《在生活中学习，在学习中生活》（*Im Leben lernen. Im Lernen leben*）为题撰文探讨教育问题，所以从某种角度讲，只要没有让学生坐在课堂上无事可干，只要能引发学生思考，上课是不是遵循了备课提纲并不重要，重要的是一定得讲点什么，哪怕被学生的问题牵着鼻子走也无所谓，尤其是到了应以培养学生独立思考和研究能力为目标的大学阶段。其实这位教授学识相当渊博，在语言学专业方面著述等身，之所以敢空着两只手走进教室，就是艺高人胆大，不怕问倒，不怕刁难，实际上"聪明"的学生着了道还不知道，"傻傻"地穷追猛打，却不料这正是老教授希望看到的情况，能提出问题才说明在思考。这位老教授对学生在学习内容上的宽容程度惊人，不仅建立在他扎实的专业水平之上，还说明其对"学习"一词有着超出常人的理解，这是一种治学态度，也是一种智慧。另一个例子同样也是在这位教授的讨论课上：课程内容是关于德语语法的，一位十分眼熟的德国学生上台作报告，讲的是关于翻译的问题，由于案例竟然是李白的一首七绝，所以笔者在毫无准备的情况下作为中国人还是听懂了大半。报告的主旨是要说明翻译是有不同方法的，报告人罗列了对这首诗三个不同版本的译文：第一个是完全按照诗的原意，就连句式结构也尽量与原诗保持一致；第二个版本看上去则更符合德国诗歌的习惯，但意思依然基本得到保留；第三个版本由于出自歌德之手，笔者多看了几眼，印象中完全找不到原诗的影子，如果不刻意说明是翻译，完全能算作歌德自己的创作。讲到这里读者或许已经明白，这个报告完全与德语语法这门讨论课的主题风马牛不相及，笔者在报告结束后看了一眼报告人发给大家的提要，上面所写的课程名称竟然是另一门课，看看报告人的名字，笔者才想起这是汉学系的一个学生。原来这个粗心的学生跑错了教室，在错误的地点做了一场"错误"的报告。但当笔者从这些念头中抽身出来，一抬头却发现老教授正在和报告人以及其他几个同学激烈地讨论着，后来下课时他居然还饶有兴致邀请这个学生就中德语法差异再来作一次报告。这位教授的作风或许有些过于散漫了，对于那些学习自觉性不高的学生来说，他的教学方式恐怕还没有照本宣科的教授来得实在；但对于那些思想活跃、求知欲强的学生来说，他无异于一座宝库，在他身上我们可以看到一种自洪堡时期起就深深影响德国教育领域的理念，即教师有教的自由，学生有学的自由，而大学阶段的学习更应该具备研究的特点，应当让学生的思想得到充分发展，在学习知识的同时，还应学会提出问题、研究问题、解决问题。① 虽然这位教授在学习内容的开放性上确有过于随意之嫌，但实际上德国多数教授上课都没有教科书，一个主题往往被分割成数个小课题进行讨论，而针对每个具体问题都会有不同的参考资料，而且多由学生自己查找，教授只会在学期开始时对基本书目提出建议。如前所述，虽然这位老教授的做法可以商榷，但其背后所隐含的精神对于中国略显沉闷、刻板的教学风气来说却是值得借鉴的。

考评方式的个性化与人性化

在评定学生学习成效方面，中国大学的绝大多数课程都是以学期结束前的那场考试为决定性依据，当然要毕业也得写论文和参加答辩，但在此之前，恐怕只有很少一部分学生真正撰写过学术文章，为得到学分，大多数情况下他们面对的是相同的考卷。而德国大学的考试，初级阶段的部分课程考核方式与中国类似，但从第五、第六学期开始，大多课程就不再设统一考试了，当然若是开课老师认为有必要，自然另当别论。这里需要先解释一下的是德国的课程都是要拿学时证明的，到毕业考试之前学生必须向相关管理部门出示这些证明，表示自己修完了规定的课业。而学时证明分计成绩（Benoteter Schein）和不计成绩（Unbenoteter Schein）两种，如果不计成绩的课程恰好是教授的讲座，而不是讨论课，那么学生只需要去签到，然后坐着就算完成任务，至于有没有听讲则与拿证明没有关系，因此这样的学时证明也被学生戏称为“在座证明”（Sitzschein）（不过这种传统课型随着德国高教体制与国际接轨，引入本硕分家的模式，已经越来越少了）。至于计成绩的学时证明，要么通过考试，要么提交论文，老师批阅后认为合格才能拿到。一般初级讨论课结束后，需要写12 页左右的论文才能拿学分，而高级讨论课论文则要求 20 页左右，在论文选

① 在德国 2008 年以前的学制中，不分本科和硕士阶段，所以参加教授主持的高级讨论课的学生实际相当于中国的研究生。目前德国已根据 1999 年提出的博洛尼亚进程（Bologna process）实行了高教改革，将本硕分离（学士三年，硕士两年），与中国的现行学制较为相似。

题问题上则可以充分彰显学生的个性，只要和课程相关，什么感兴趣的内容都可以作为论文课题。对文科学生而言，除了这些学期论文和毕业论文，在德国传统的学制下，几乎所有重大考试（中期考试、毕业考试）都是口试，即学生与主考教师（通常是两位）要就事先约定的主题（不是老师规定的，而是学生根据个人兴趣和学习情况与老师共同商定的）进行30分钟至一个小时的讨论，不鼓励照本宣科，而是要求阐发个人观点。① 与此密切相关的还有德国大学里流传的关于考试宗旨的一种说法：考试不是要看学生不会什么，而是检验学生学到了什么。所以无论是讨论课作报告、写论文还是参加中期、毕业考试，一个最大的特点就是学生可以自主选择个性化的课题进行分析研究，而考试更多的是让他们有展示个人学习成果的机会，这样培养出来的学生可算是学有所长，术有专攻，不似教育流水线上生产的标准件。为了在考试中取得令双方满意的效果，教授往往会要求学生考前就每个主题提交论点纲要（Thesenpapier），其用意在于了解学生的知识及兴趣范围，为考试中能展开深入的讨论作准备。反观中国的考试，过于刚性，不及德国大学那样人性化。其实说到教学，它包含两方面的意思，一个是学，一个是教。学生成绩不好，不一定就是单方面的责任，难看的分数有时并不能起到激励学生的作用，反而有可能打击其积极性，令其丧失对所学专业的兴趣，很多情况下正面的激发和勉励才是培养学生独立思考与研究能力的有利形式。

德国大学的人性化还体现在对补考的理解上。毋庸置疑，考试不及格必须参加补考，中德都一样，不同之处在于，德国的补考现场通常会出现比应参加补考人数更多的学生（当然，所有到场的考生都是需要在指定期限内报名并通过资格审核的，不是人到了就能考）。出现这种情况的原因在于，有些考试虽然通过，但对成绩不甚满意的学生会主动要求补考，这是他们改善成绩的一个行之有效的途径，也是学习守则所允许的。笔者认为这一规定其实很合理，再次参加考试，与成绩而言可以有提高的可能，与学习而言也是再次复习的好机会。不过参加补考的次数也不是无限制的，也许是考虑到人员、管理成本，许多大学规定为改善成绩而参加补考的机会只有一次。假如对补考的成绩仍不满意或者仍未通过，学生还可以通过与教授协商，争取口试的机会，假如口试

---

① 在德国2008年前后开始实行的新学制中，闭卷考试比重大大增加，这也受到不少学生、老师包括家长的质疑，认为新模式下学生的自主学习空间越来越少，完全丧失了德国大学个性化学习的传统，这可能是德国为高等教育国际化付出的代价，要找到解决问题的方法，尚需时日，而且现在对新学制的优劣进行评论也似乎为时尚早。

理想，自然可以为最终成绩加分。可以毫不夸张地说，德国大学的人性化体现在各个具体的工作领域，对考试宗旨的贯彻也落实在每项具体措施中，但这样做的目的绝不是让学生轻松过关，相反德国大学“宽进严出”的特点和学位的高含金量世界公认。笔者认为正是一些看似散漫，实则对学生的学习、研究热情有巨大激励作用的做法为学生的发展提供了更宽广的舞台，也维护着德国大学自身的良好声誉。

总有一个位置适合我

每个人的个性、天资不同，接受教育的机会也有差异，所以衡量人生成功与否的标准绝不能仅看是否就读于名牌大学，是否拿到了博士学位，更多情况下是找一条适合自己的路，学有所用，用有所乐才是最重要的。德国人在对待高等教育和社会分工的态度上与国人有很多的不同，无论怎样的工作在他们眼里都是为社会创造财富，保障个人生活的手段，没有高低贵贱之分。曾经听说这样一种说法，如果有人问一个日本人他爸爸是干什么的，得到的答案通常会是“他在丰田公司（或者其他什么日本大公司）工作”，至于究竟干什么，如果提问的人不刨根问底，估计不会有更明确的回答；而德国人则不同，他们往往会直接说出具体的职业，比如钳工、卡车司机，在哪里工作对他们似乎不那么重要，关键是要强调一个人掌握的技能，这也是他社会、家庭价值的一种体现。对此说法没有考证，但几次开学时同德国学生第一次交谈，他们对自己父母的介绍的的确确仅停留在职业说明上，没有一个人提到其任职单位。

正是由于整个社会对职业分工认同和尊重的态度，使中国式的千军万马挤独木桥的情况不会出现在德国，上大学是好，但不是唯一的好，还有许多其他实现个人价值的途径，从事一份符合个人兴趣，适合个人能力的工作，能够自食其力就是体面的。如前文所述，德国的小学只有四年，在这之后孩子们就要根据个人情况决定是上五年制的普通中学，然后进入职业培训机构，还是上介于普通中学与文理中学之间、学制六年的实科中学，毕业后获得在职业专科学校或高级职业学校深造的机会。作为全世界经济最发达、职业教育开展得最为成功的国家之一，德国职业教育的主要形式为“双元制”，即企业和学校分别为“一元”，受教育者在企业是“学徒”身份，在职业学校则以“学生”身份继续接受普通教育，同时通过专业对口学习在理论方面促进和充实企业中的培训，而所需教育经费则由联邦政府、州政府和企业三方分担。在这种将传统的学徒培训方式与现代教育思想有机结合的模式下，德国建立起校企合作、学以致用、学有所能的教育环境，为社会培养出大批技艺精湛的专门技术人才，成为保障行业总体水平、推动经济发展的主力军。1981 年出台的《联邦职业教育促进法》在原有《职业教育法》（1969 年）的基础上，提升了职业教育科学研究的地位，促进原属中等教育的双元制职业培训向高等职教领域扩展，为 20 世纪 70 年代以来出现的“高等专科学校”、“应用科技大学”赢得了更优质的发展环境。

除以上两种以为“双元制”职业教育输送后备人才为主的五年制、六年制中学外，小学毕业后的第三个选择是九年制文理中学，在这里学生们接受的是深化的普及教育，尤其到 11 年级至 13 年级，课程制取代了传统的班级制，学生有较大的自主学习空间，可以根据个人兴趣选择基础课程之外的重点科目，颇有让学生提前感受大学自由学术之风的味道。就读文理中学的多数学生至少在选择之初是冲着未来接受高等教育的目标去的，因为获得了文理中学的毕业证就相当于持有了进入普通高等院校的资格证书，可以在高校的任何专业学习，不似在中国毕业考试之后还有高考或之前还有各种形式的夏令营、冬令营。当然，并不是说在德国有了文理中学毕业证想进什么大学就可以进什么大学，想读什么专业就能读什么专业，这一纸证书就好比敲门砖，持有者可借此发出声音，表达进门的愿望，但是否如愿还取决于殿堂主人对你的认可程度。一般来说，医学、法律、经济等热门专业或入选“卓越计划”的精英大学对申请者的个人素质要求高，而一些相对冷门、学习位置富余的非受限专业，申请的门槛自然要低些。但相较于中国的高考制度，德国大学入学充分体现了教育公平的原则，不以一次考试定终身，其最终毕业成绩还综合考量平时在校表现、11 年级以后的历次期中、期末考试，从而为大学输送了更多可供挑选的优秀学生。此外，对于那些因种种原因未能就读文理中学的成年人，也有机会通过夜校学习、上补习讲座等途径获得普通高校的入学资格，圆大学之梦。与这种宽进制度并行的是德国高校的严出原则，学生淘汰率很高，中期考试、毕业考试是整个教育质量保证体系的重要环节，因没有固定教材，不划定考试范围，学生考前须进行大量的准备并积极与老师沟通，在充分调动学生积极主动性、培养其独立思考、独立研究能力的同时，也对他们有极强的鞭策作用，这正是德国教育在全世界得享良好声誉的关键。不过，因为德国小学只有四年，许多人认为让一个十岁的孩子就对自己的未来人生作规划，哪怕只是一个大概的规划也都为时过早，所以在三种传统学校类型之外，在越来越多的城市和地区出现了所谓的综合学校（Gesamtschule），这种一体化的形式在教学和组织上联合了普通中学、实科中学和文理中学，学生们在整个中学阶段拥有了更多的选择和调整机会。

其实，不论是综合性大学培养出来的具有扎实系统的专业理论知识和独立科研能力的学术型人才，还是各类职业教育机构培养的在各个职业领域操作现场均能独当一面的应用型人才，亦或是20世纪70年代末顺应时代发展出现的应用科技大学打造的学术与职业应用并重型人才，都是一个社会、一个经济体不可或缺的资源，是其赖以生存发展的根本，因此务实的德国人不在乎学位高低，不看重是否师出名门，最终走上工作岗位后，衡量一个人最重要的标准是其是否具备完成份内工作的能力和技能，并非学历高的人就有高薪，同工同酬，按岗位定工资，而与在岗者的学历学位无关。所以说，对很多德国人而言，并非只有读大学才能保证优质的生活，关键是要找到适合自己的位置，做适合自己的工作，“三百六十行，行行出状元”的精神在这个对多元化教育体制高度认同的社会是得到了最鲜活的体现。

终身学习

中国人说“活到老，学到老”，德国人讲“终身学习”，意思一样。在德国的大学校园里，人们常常可以看到白发苍苍、从容淡定的老人，和一群朝气蓬勃、激情飞扬的年轻人在同一个课堂上，为某一个问题争论得不亦乐乎，而教授则兴致盎然地听着两代人从不同的视角侃侃而谈，有时可能取得共鸣，但更多的情况下是各持己见，最后由教师总结发言却并不下定论，一节课在意犹未尽的交流中结束。之所以出现这样的情形是因为德国大学不仅招收刚刚走出中学校门的年轻学子，也对所有取得入校资格（即获得文理中学毕业证或通过其他途径获得同等资格）的成年人开放，不限年龄。当然，对这样的“老”学生，校方会根据其选课多少收取一定费用，因为这是一个有收入的群体，不能再无偿享受公共教育资源，但这笔费用相对于他们的收入和求学的热情而言，实在是微不足道的。因此，在德国人眼里，教室前几排坐着专注聆听或正举手要求发言的银发老者，早已不再是一道独特的风景，他们习以为常，也对这样一群毫无功利之心的求知者满心尊重。留学德国期间，笔者上课时曾多次碰到早已过了花甲之年的老人，从基础阶段到高级阶段，从专业基础课到高级讨论课，看得出他们真是抱着严谨认真的态度在系统地学习某一个专业，问其原因，他们大多表示退休了，生活轻松，年轻时由于种种原因未能进入大学校门，现在有机会了自然希望补回这一课，令自己更充实的同时，也确实是学有所乐。至于同班的年轻学生则认为有了这些人生阅历丰富的“老”同学，常能让他们在学习之余有意外的收获，老师也说在这类“混搭”的班级里，常能碰撞出令人欣喜的火花。老人们走进课堂，一方面在丰富自己的知识，另一方面却也在身体力行地向年轻人展示着一种学无止境、全力向上的人生态度。

除了在大学课堂上的理论性学习外，德国还有各式各样的成人教育机构，如业余大学、私立研究所、商业性的进修机构、同业协会等，在极为广泛的领域为所有感兴趣、有需求的公民提供与职业相关的进修项目并颁发获行业和企业认可的结业证书。另外，德国还有为数不少的政治教育中心、各政党的基金会，负责组织关于时政问题和民主国家根本问题的进修活动，而分布于城市、乡镇的图书馆、博物馆、社会文化中心也在满足公民的学习需求方面发挥着重要作用。因为对德国人而言，要在职业岗位，甚或日常生活中保持判断力就有必要终身学习早已是不言而喻的事情，甚至在 1987 年还成立了全国性的“专心进修行动组织”（Konzertierte Aktion Weiterbildung，KAW），促进所有培训机构及参与进修者之间的交流与合作，使德国参加各类培训班、讲座和研讨会的人数明显增长，使学习越来越成为德国社会生活的一个重要组成部分。而德国人对待学习的这份热情，不能说与其童年和青少年时代的教育经历毫无关系，寓教于乐、能力为先、学有所用的理念使他们对学习的记忆是积极而愉快的，也使学习能够成为伴其一生的行为。

第十二章
健康面前人人平等——德国的医疗保险体系

德国人越来越长寿

2010 年，德国联邦统计局发表了“人口生命表”，该表显示德国人均寿命再创新高，男性为 77 岁零 4 个月，女性为 82 岁零 6 个月。“人口生命表”是基于最近三年的人口数据计算出来的。与上一次统计相比，男性高出两个月，女性高出一个月。这是 1871 年德国有此项统计以来的最高值，当时男性是 35 岁零 7 个月，女性 38 岁零 5 个月。该表的数据同时也显示老年人的预期寿命也在增加，60 岁的德国男性平均还能再活 21 年，女性为 24 年零 10 个月。有 89.2% 的男性和 94.1% 的女性都能活过 60 岁。此外，数据还显示德国 50% 的男性能活过 80 岁，50% 的女性能活过 85 岁。而德国人如此长寿的原因首先要归功于德国健全的医疗保险体系对公民生命的呵护以及全民的生命健康意识。

德国医疗保险四大原则

从 1883 年至今，德国法定医疗保险经历了多次改革，但大的制度框架一直未变，在筹资方面坚持团结互助原则，在待遇给付方面坚持实物原则，在管理方面坚持自我管理原则，在经办方面坚持机构多元化原则，较好地保持了政策的连续性。

团结互助原则：德国法定医疗保险通过缴费方式筹集资金。缴费水平与职业人群工资挂钩，与被保险人的年龄、性别和健康状况等无关。职业人群的无收入配偶和子女以连带身份参保，无需缴费即可享受待遇，而且享受的医疗保险服务不因缴费多少而不同。

实物原则：医疗保险经办机构与医院、药店等医疗服务提供者签订协议，参保人在这些机构获得预防保健、门诊和住院等各项医疗服务，费用主要由医疗保险经办机构与医疗服务提供者结算。

自我管理原则：德国法定医疗保险按政事分开的体制管理。政府只负责行政管理，主要是制定政策和执行监督，实施则由以公法形式组织起来的、独立的、自我管理、自我支持和自我筹资的基金会负责。这些基金会从所筹的医疗保险基金中提取运营经费，提取额度一般不超过筹资总额的5%。

机构多元化原则：德国法定医疗保险由多家机构经办，包括地方性、职业性和行业性的。现有17个区域性医疗保险基金（AOK）、42个行业医疗保险基金（IKK）、359个企业医疗保险基金（BKK）、一个海员医疗保险基金、20个农业医疗保险基金、一个联邦矿业医疗保险基金和13个互助型保险基金。

普通民众的福祉——法定医疗保险

德国是世界上发达的工业化国家，经济实力雄厚，在倡导建立社会福利国家和社会市场经济的原则下，其法定医疗保险服务范围覆盖广泛，参加法定医疗保险的被保险人（包括家属和未成年人），不管其当时经济状况如何，均可得到及时、免费的治疗，被保人可在保险公司认定的医院及确定的治疗范围内自由就诊，并可自由确定家庭医生和专科医生。

在德国看病几乎是不花钱的，所有被保险人，均持有一张保险公司发放的医疗保险卡，凭此卡就可以去诊所就诊。德国有超过11万的医生和将近5万的牙医，被保险人可以自由选择任何医生。因实行家庭医生制，差不多每个德国人都有自己的家庭医生，有了病要先找家庭医生，如果病重或者需要检查，家庭医生会开转诊单，让患者去看专科医生，或者去医院。女人20岁后、男人45岁以后，每年可以免费做生殖系统的防癌普检。35岁后，每两年可以做一次心血管系统功能和糖尿病的普查。不满6岁的儿童也有权力要求作检查，以提前发现各种隐患的疾病。10岁以后的孩子可以要求作一次普查，看一看有没有身体、智力方面的发育障碍。德国的医生都与保险公司签有合同，他们直接与保险公司结算，患者无需为费用问题操心。但拿药时，患者要根据包装的大小承担一部分费用，小包装一般是20片，患者自付4欧元，中包装是50片，患者付4.5欧元，大包装是100片，患者付5欧元，超过的部分均由保险公司承担，低收入的人，可以申请免费。

至于在德国较为普遍的儿童牙齿矫形，需要家庭先预付20%的费用，如果治疗过程全部结束，达到预期的目的，保险公司将退回这部分预付的治疗费；但是如果治疗中途停止，保险公司将不退钱。

患者如需住院，则每天要交部分费用，大约是9欧元，但每年不超过14天。如果需要长期住院，超过14天的，就无需再交钱了。有工作的人，每4年可以申请一次3个星期的疗养。

因行动困难，不能自己步行去看医生或者去医院的患者，可以从医生那里得到一张打车的"药单"。根据病情，这张药单可以是出租车，也可以是救护车。如果患者没有免费证明，则要自己付车费13欧元，其他的部分由保险公司承担。患慢性病的病人不能工作，其工资前半年由雇主支付，半年后由保险公司支付。如果是同一种病，三年内保险公司最多支付78周工资。

总体说来，德国法定医疗保险体系主要有以下优点：首先，患者就医方便。投保人无论在乡村还是城市，均可就近就医，享受到基本同质的医疗服务；其次，投保人拥有较大的自由选择空间，可在三百多家法定医疗保险公司之间选择最满意的保险服务；再次，医疗保险服务范围全面。德国法定医疗保险几乎支付全部的治疗费用，对大病和慢性病除医药治疗外还包括其他康复性手段的费用。

目前，全德国近90%的人参加法定医疗保险，涵盖了绝大部分的社会群体，是福利国家"全民保险"理念的体现。其中，属于义务投保者的主要是工人、雇员、学徒、海员、养老保险金及失业金领取者、自由职业者、传媒工作者和大学生等。参加法定医疗保险由雇主和雇员各缴费50%，缴费率因保险公司不同而占工资收入的14%~15%，总体来说，平均在14.3%左右。现在，德国约50%的医疗卫生支出是由法定医疗保险公司承付的。剩下近10%的居民大多参加私人医疗保险。

此外，为了保证人人都能享受医疗保险，法律对未成年人、没有收入的人和学生作了专门规定。而对于法定医保不可避免的高成本及道德风险两大缺陷，德国政府也一直致力于通过行政和法律手段控制医疗费用的增长，目前的重点是加强疾病预防控制和医疗成本评估。

1. 家庭医疗保险

据德国《社会法典》第五卷中“法定医疗保险”的规定，法定医疗保险遵循“免费联动保险原则”。在一个家庭中，如果主要收入者参加了法定医疗保险，那么孩子将在他名下免费享受医疗保险。原则上，一个家庭的孩子在18岁之前可以享受“免费联动保险”。如果他在18岁以后还没有工作能力，那么其享受“免费联动保险”的年龄可以拖延到23岁。如果在23岁之后他参加职业培训或者志愿参加社会福利活动，那么享受“免费联动保险”的年龄还可以再往后拖延两年至25岁。如果他在参加职业培训期间因服兵役而中断了“免费联动保险”，那么服完兵役后可以将这段时间补上，也就是说，他在这种情况下享受免费联动保险的年龄可以超过25岁。此外，如果一个孩子因残废或智障而不能自理，那么他可以终身享受“免费联动保险”。一个家庭中如果父母都参加了法定医疗保险，他们在孩子出生时可以任意选择父亲或母亲所在的保险公司。此外，法律还规定配偶（失业）可免费参保，且无年龄限制。私人医疗保险则是缴一人保一人，多子女雇员要参加私人医疗保险，费用要贵得多。

2. 大学生医疗保险

所有在德国大学就读的大学生，必须参加义务医疗保险，否则不能注册。一般情况下，学生会选择在公立的保险公司投保，其义务医疗保险费率由德国政府统一制定。

个性化的满足——私人医疗保险

私人医疗保险作为法定社会医疗保险的有效补充，主要为超过医保收入规定者提供全面的医疗保险，同时向法定医保者提供附加险种。私人医保主要分为全险、部分险和附加险三种，目前全德范围内共有48家私人医疗保险公司，由联邦私人医疗保险协会进行自我管理和内部利益协调。

私人医保完全按照市场规则运作，保险费主要由投保人的性别、起保年龄、所享受的服务及健康状况四大因素决定，并根据整体物价水平的提高及医疗水平的进步进行调整。以价格配给资源的市场供求规律促进了私人医疗保险业高速发展，参加私人医保的人数（含参加私人附加医保的人数）由2000年的1 500万上升到了2005年的1 600万，仅2005年就有近31万人由法定医保转入私人医保；同时随着法定医保成本控制的不断深入，私人医保也有效地填补了其服务空区，满足了投保人个性化的需求。

人口老龄化——护理保险成为“第五大支柱”

1990年，统一后的德国人口自然增长率为零，连续21年人口的负增长致使人口数量减少，人口老化严重，65岁以上老人占全国人口的15%。在德国，74岁以上的老年人中有23%生活不能自理，需要提供护理服务，这些老年人中有72%住在家里，只有28%生活在养老院。由于人口老龄化，德国于1994年颁布了《护理保险法》，成为继养老保险、医疗保险、事故保险、失业保险四大险种之后的“第五大支柱”险种。

德国法律规定了“护理保险跟从医疗保险的原则”，即所有医疗保险的投保人都要参加护理保险。护理保险的宗旨主要有两点：第一，社会互助与个人自助。社会保险体系中的责任主体是由国家成立的自制性社会组织，即社会保险机构负责社会保险事务，保险费由个人、单位和国家三方共同负担，其中个人与单位承担的社会保险费用超过2/3，国家财政解决剩下的费用。第二，收支定价制和风险定价制。社会保险采用收支定价制，把现收的保费收入用于支付当期的保费支出，其中社会养老保险实行代际互助，即一代人为上一代人买单，以在职雇员与雇主缴纳的养老保险费用支付相同时期退休劳动者的养老保险金。

国家官员、法官和职业军人由国家负责，他们患病和需要护理时有专门人员负责并承担有关费用，除此之外的所有公民则纳入法定护理保险体系。护理分为在宅和住院护理两大类，又按需要强度分成三类：第一类主要是指在个人饮食、卫生、日常行动方面一周至少需要几次服务，比基本医护的时间多；第二类主要是指一天至少需要在三个不同的时间内提供三次服务，比基础医护的时间多两次，且一周需几次家务服务；第三类是指需日夜服务并一周需几次家务服务，每天至少五次，比基础医护的时间多四次。

为了提高护理管理水平，德国颁布了《护理保险法》，对护理职业提出了更高的要求。德国医院护理管理组织相当严密，医院设立护理院长或护理部主任，只有接受过护理高等教育和管理专业训练的人才有资格担任。护理人员除护理院长（主任）外，还有护士长、高级护士、注册护士、助理护士四个级别，只有具有注册护士以上资质的护理人员才能直接护理患者，助理护士只能为护士或医师做一些准备和协助配合工作。按照规定，住院护理的三类护理患者除护理时间不同以外，护、患比也很不相同。另外，护理管理的监控系统也很先进，各病区都有终端与主机联网，护理院长或主任每天都要审阅各科室的护理信息，还可随时开通监控电视系统观察各科室护士的工作情况，并能与各病区双向交流，应病区护士长要求及时调配护理人员等。

护理专业化的发展促进了护理教育的多元化。德国的护理教育已有160余年的历史。目前，德国的护理教育有三个层次：中专、专科培训、大学本科，但以中专为主，现有公立护士学校943所，接受护理教育的最低要求是完成十年的基础教育，入学年龄为17周岁。德国的继续护理教育，也称专科培训，主要是为临床培养专科护士，其资格由地方政府予以确认。全国已有50所护士学校开设了继续教育相关专业，主要有重症监护、精神科护理、手术室护理、癌症护理、社区护理和公共卫生等。德国的大学护理教育起步较晚，1992年开设了护理科学、护理教育学、护理管理学的学士专业，但发展比较快，目前有七八所大学招收本科生。

全保险社会的保障之一——《法定医疗保险法》

德国社会保险体系闻名于世，上文提到的医疗保险、护理保险、事故保险、失业救济金保险、退休金保险，再加上社会福利系统，使德国成为了一个全保险社会。

德国是世界上第一个按照福利国家理论建立起社会保障制度的国家，俾斯麦于1883年首创法定医疗保险制度，通过《工人疾病保险法》，奠定了现代社会医疗保险的法律基础。在其后的一百多年里，德国在医疗保险制度的覆盖范围、待遇水平及费用控制等方面多次改革，使其更加完善。德国现行医疗保险法律依据是1989年1月1日起生效的《社会法典》第五卷《医疗卫生改革法》，该法主要规定了法定医疗保险制度，以法律的形式确定其在德国医疗保险体制中的核心地位。《法定医疗保险》规定了负有法定医疗保险义务的人员范围、结构原则、缴费义务、服务范围和保险机构组织形式等重要内容，调整了医疗保险中保险机构、医院（医生）和患者三者之间的社会关系，同时也确立了法定医保的团结互助和自我管理两大基本原则。德国现行医疗保险体制以法定医疗保险为主、私人医疗保险为辅，即一定收入以下的人有强制性义务，在359个法定医疗保险公司中选择一家参加保险；而收入超过该标准的人可以自由选择加入法定医疗保险或私人医疗保险。总之，几乎所有国民都被接纳到医疗保险体系中。

德国医疗改革新动向

德国的医疗保险体制曾被德国人引以为骄傲，并为许多国家所效仿，但这套行之有效的保险体制发展到今天却出现了不少问题，主要是过分追求团结互助的宗旨使得健康保险如同吃大锅饭，投保人、医院、药房、保险公司任何一方都没有降低医疗费用的意识，医疗费用年年长，保险费率也年年增，收缴保险费的增长速度赶不上医疗保险费用支出的增长速度，法定医疗保险公司赤字严重。随着时代的发展和德国社会经济结构的变化，德国医疗保险体系也面临严峻挑战：首先是入不敷出的矛盾日趋尖锐。其次，德国医疗保险体系完全在国家监控之下运转，内部竞争不足，存在大量资源浪费、效率低下的问题。德国是世界上医疗费用支出最高的国家之一，从 2004 年起，政府开始以联邦补贴方式向社会公共医保账户注资以填补账户赤字，2004 年和 2005 年分别注资 10 亿和 25 亿欧元，2006 年补贴金额达到 42 亿欧元。资金不足和无法解决自身融资的现状已使德国法定医保体制走到了进行非大规模改革不可的境地。

1. 自我责任的增强

为解决医疗开支迅速增长的问题，德国政府被迫一再提高医疗保险费缴费比例，在过去 30 年中，法定医疗保险费占工资比例已经从平均 8% 增加到 14% 以上，而这等于变相增加工资附加成本，反过来又对就业市场造成负面影响，从而形成恶性循环。鉴于此，德国从 2004 年开始实施《法定医疗保险现代化法》，对医疗保险体系的主要支柱——法定医疗保险制度进行大刀阔斧的革新。医改的原则是在继续坚持团结互助、社会共济的基础之上，增强国民对医疗健康的“自我责任”：一方面鼓励投保人积极参与疾病预防和及早诊治计划；另一方面要求投保人个人承担部分医疗费用，其主要做法一是将原来的基本免费医疗改为收取部分费用，如原来的免费就诊改为每季度收费 10 欧元，住院治疗时患者要交纳 10% 的住院费用，但最高不超过 300 欧元；二是取消一些不应由医疗保险支付的项目，如丧葬费、假牙费、部分眼镜费等；三是成立联邦药品质量与经济性检验中心，从疗效和价格的角度对药品进行检验，向医生提供有效药物清单。除此以外还对医疗保险体制结构进行改革，引入市场竞争机制，增强透明度，提高医疗服务的效率和质量。

实践证明，个人承担少量就诊费的做法是降低医疗费用的有效控制手段，这么做既有教育意义，对个人也不会造成过重的负担，同时有利于促进国民选择健康的生活方式。

2. 新型法定医疗评估机构——卫生领域质量和经济性研究所

在法定医疗保险领域，随着医学技术不断发展的需要和人口老龄化趋势的加深，尽管多次提高法定医保的保险费率和削减医保服务项目，德国的法定医保机构还是一直处于入不敷出的尴尬境地。德国联邦政府自2003年起开始大力推进法定医疗保险改革，卫生领域质量和经济性研究所作为新型的医疗评估机构应运而生，它主要受联邦共同委员会和联邦卫生部委托，对医保公司涵盖的药物和医疗服务进行量化测评，测评结果分为足够、必需和经济三个级别，测评结果作为量化标准供医院、医生和受保人参考，从而达到控制医疗费用的效果。

3. 引入市场机制——建立健康基金大账户

德国联邦政府从2009年1月1日起建立联邦范围内统一的健康基金，并在全国范围统一法定医保费率。该基金由雇主与法定医保投保人缴纳的保费和国家补贴组成，形成一个具有个人、社会和国家背景的医保大账户，其具体措施包括：

（1）健康基金的分配原则是尽量使医保公司间公平竞争。医保公司根据其投保人员总数可从健康基金中领取一笔总的基础保费，老年人和患者多的医保公司可得到相应的补贴。

（2）医保公司原则上应通过降低费用、提供优惠服务等措施解决自身的经营亏损；如继续亏损，医保公司可以在不经调查其投保人收入基础上向其收取收入1%但最高不超过8欧元的额外保费，并允许投保人转入其他医保公司。

（3）在医保公司负债严重到无法继续经营的情况下，允许其按《破产法》申请破产或与其他医保公司合并，而当账面盈余时，医保公司则应通过适当方式返还其投保人。

（4）规定私人医保的基本保费不能超过法定医保的最高标准。

以上举措在整合健康基金和统一按标准划拨医保基础款项的基础上，结束了不同地区和行业医保公司之间条块分割和收入不均的局面，进而为在整个法定医保领域引入统一的竞争机制创造了良好的宏观环境。今后各医保公司将在最大程度满足其成员医疗需求的前提下以成本控制来决定自身的生存与发展，有效地将法定医保成员接受医疗服务的公平性与促进医保公司之间的竞争相结合。

4. 收权和放权——建立法定医疗保险总会

建立全德统一的法定医疗保险总会，代表不同类型和地区的医保公司实行自我管理的总原则。在此框架下赋予各类型的医疗保险公司更大的自决空间，允许其与第三方（医院、医生和制药厂等）签订不同类型的服务合同，增加保险服务种类，加强如联合医疗和家庭医生合约等新型医保服务内容。

这一措施体现了改革方案中“收权”与“放权”的两大特点，将原本属于医保公司和各医保协会的部分行政职能统一于全德法定医保总会之下，从组织结构层面上打破法定医疗保险内部行政分离的结构。同时在医保公司决策过程中减少不必要的行政干预，进一步“放权”，使“自我管理原则”在市场机制的指导下发挥更大的作用。

5. 限定最高药价——《用药经济法》

药品支出已经成为目前法定医保中缺口最大的一部分支出，仅2005年缺口就高达15亿欧元，因而德国此次医疗改革非常注重用药的经济性，将效费比作为重要指标来指导药品的生产和使用。为此，德国政府全面推进《用药经济法》的实施，通过法律手段限定最高药价，在此框架下医保公司可以与药店和制药厂就药品价格进行协商，压低药价，从而在控制总成本的基础上间接惠及其成员。同时完善卫生领域质量和经济性研究所对药品与医疗服务的测评机制，增加测评的药物种类，增加医生开昂贵药处方须有第二名医生核签的规定。最高限价措施从根本上控制了用药的总成本，同时也赋予了医保机构在药品价格上更多的自主竞争权。一方面督促药品生产商尽可能提高生产效率降低成本，另一方面也将通过竞争机制使药品的资源分配更加合理和灵活。

除限制药价外，医改方案的其他措施也致力消除目前德国医保领域中投保人与保险公司及医院之间信息不对称、公共医疗资源缺乏有效的配置手段等诸多弊端。改革的最终目标则是在减轻投保人经济负担的前提下实现以医保费用的有效利用率作为效率杠杆来调配公共医疗资源，保持在公平的大框架内引入部分市场运作机制，在一定程度上达到法定医保领域公平与效率的均衡。

目前，德国医疗保险改革已经初见成效，医疗保险支出不断增长的势头终于得到遏制，找医生看病的人数明显减少，请病假的情况降到历史最低水平。此外，投保人从结构改革中开始获益，各法定医保险公司之间的竞争意识增强，纷纷推出向投保人让利的“折扣方案”。而且随着德国2009年7月《公民减负法》的颁发，德国私人医疗保险和社会医疗保险的投保人自2010年开始，享受到了更大程度的税收优惠。

德国人的健康意识——一年一检

在我国，人们的体检意识不强，但是在德国体检则是必不可少的。2010

年，德国人健康体检达到 8 000 多万人次，95% 的德国人每年进行一次体检。良好的体检意识离不开良好的社会措施配合，很多德国公司给参加体检的人发一定的奖金，保险公司也对某些检查提供优惠。早在 20 世纪 20 年代，德国人就形成了“一年一检”的习惯，当时人们已普遍认为定期体检可以延长寿命。现在，德国人更是完全接受了这样的观点：疾病发现得越早，治愈率就越高，花费也越少，是“花小钱，省大钱”的做法。由于体检的普及，1980 年至 1985 年，德国人的胆固醇水平下降了 2%，高血压减少了 4%，冠心病发病率下降了 16%，避免了 80% 的心脏病与糖尿病，70% 的中风以及 50% 的癌症。近年来，德国女性的乳腺癌死亡率持续下降，宫颈癌的早期发现治愈率也提高到 90% 以上，这不能不说部分得益于保险公司推出了 40 岁以上的妇女进行乳房 X 光及宫颈涂片检查就享受保费折扣的做法。

健康是“站”出来的

很多去过德国的人都发现德国人有喜欢站的习惯，如电视台的主持人基本上都是站着播新闻的，街边小食店的桌子只适合站着用餐，公共汽车上有许多空座却有不少乘客站着。除此之外，德国人站着办公也不是新鲜事。家住汉堡的赫达·莫里逊小姐是电脑一族，长时间坐着办公让她备受腰椎病的困扰，于是她将原本用于架在床上的小型活动电脑桌架到了办公桌上，开始尝试“站立式办公”。不久，腰椎不适症状减轻了，之后，周围一些因为久坐腰椎不适的同事，也开始尝试这种新型办公方式。

德国人甚至喜欢站着开会，如法兰克福的一些企业开会前，会拿出一只小闹钟并将闹铃时间定为 20 分钟，职员们就站在原地热烈地交换意见，闹钟一响就结束会议。因为不说废话，仅简略地谈论要点，所以事半功倍。

德国的小学生也乐意站着，如在慕尼黑的一所小学，就有一群三年级的孩子们站着听课，他们的桌子比一般课桌要高许多，只有课间休息时，他们才会在地毯上小坐一会儿。老师们认为，这种新的上课方式让孩子们的学习兴趣提高了很多，对肥胖的孩子还能起到减肥的作用。

此外，很多德国人愿意站着喝酒或是咖啡，如在城市的大街小巷，有为数不少的露天“站立式酒吧”。在窗外或者贴着墙壁的地方，摆两三张齐胸高或长或圆的桌子，几个人围在一起，有一句没一句地聊天，两支烟的时间都喝不完半小杯红葡萄酒，一站就是个把钟头甚至半天，累了就把身体倾斜的中心在左右腿之间更换——这早已成为寻常不过的德国街头一景。

德国人爱站，是因为健康学家说，“站”不仅能有效预防肥胖，还能保护关节、预防呼吸系统疾病等。有数据显示，学生平均每天站着听课 5 小时所“燃烧”的热量是坐着听课的 3 倍。我想，我国中小学儿童肥胖现象很突出，能否让这些娇宝贝们也尝试着一段时间站着上课呢？

健康宣传员的贴心服务

在德国，不管是大城市的社区还是小城镇的居民点，都有社区健康中心。健康中心聘有大量的健康宣传员，他们都是系统学习过健康教育学，掌握公共卫生、流行病学、临床、药学、护理、基础医学等方面的知识，有着很强的沟通能力的专业人士。健康宣传员定期造访社区居民，询问居民近期遇到了什么样的健康问题，有哪些健康方面的困惑，他们还会分发一些与疾病相关的问卷调查。

健康宣传员工作的重点主要是流行性疾病知识的普及以及健康生活方式的树立等。众所周知，在德国很多女性吸烟，这曾是女性解放的标志之一。为了鼓励人们戒烟，社区健康中心经常举行戒烟大奖赛，宣传员在小区内挨家挨户进行动员，让所有烟民都参加。

除了社区健康宣传员外，德国还有不少民间机构的健康宣传员。这些人一般来自各个专业协会，如男性疾病、妇科疾病、心脏病、肥胖、婴儿养育等，覆盖范围非常广泛。这些协会一般都有专用的宣传车，每到复活节、圣诞节等传统节日，或者特殊的健康日，如爱耳日、高血压日等，就会将宣传车开到社区，由宣传员为民众普及相关知识。

德国联邦卫生健康宣传中心的专家认为，健康宣传员不仅让居民获得了更多预防疾病的知识，同时，对公共卫生事业也起到了很大的促进作用，如发现社区健康问题、监测民众健康状态等。政府卫生部门可以此为依据，改进现有的卫生政策。

在我国，也有很多类似德国健康宣传员的人士，但他们中有些人的出发点不是公益性的，而是有着很明显的经济目的，病痛缠身的老人往往是他们的目标群体，但不少时候他们的服务不但不令人感到贴心，反而让人寒心。

赶走“城市病”——森林游让德国人更健康

我们知道，《格林童话》中的很多故事都发生在茂密的森林里。我国学者余秋雨曾说过，“柏林是一座建在森林里的城市。”不仅如此，德国很多适合露天演出的节日也在森林里举行。总之，德国人对森林非常痴迷。

夏天出游是德国人的传统。德国人最喜欢到哪里旅游？不是隐匿在城市里的名胜古迹，也不是人满为患的海岸沙滩，而是郁郁葱葱的大森林！德国《明镜》周刊的调查显示，一半以上德国家庭每年至少安排一次森林旅游。在德国，森林旅游已经有一百多年历史。19 世纪 40 年代初，富裕起来的德国人不少都患上了“城市病”，有人就在森林里开了“森林医院”。患者们住进森林，在宁静幽雅的环境中，跋山涉水、静思养神，享受森林的众多益处。之后，社会上掀起了第一股森林旅游潮。20 世纪初，德国中学教师查德·希尔曼带头建立世界第一家青年旅馆，就是在这个森林游的背景之下。德国 14 座国家公园都开设森林旅游项目。每座公园各有特色：北海边的 3 座公园有险恶的浅滩奇观；巴伐利亚南部的公园则有国王湖、鹰巢等胜地；图林根的哈尼西公园则有空中栈道等。除了举目皆是的原始森林外，还有神秘的沼泽、清澈的山涧以及冰川湖泊等。在森林里，有的游客徒步健行，有的则骑山地车，还有的在森林里慢跑或在湖中划船。傍晚前大家回到森林旅馆，泡个温泉，接着用晚餐。餐后，再参加森林晚会等娱乐活动。

德国柏林森林健康医学专家撰文声称，游客在森林环境里会自觉地调整身体韵律，而且清新的空气及树叶散发的天然芬芳，对支气管哮喘、肺部炎症、食道炎症等疾病都有显著疗效。

德国人的新时尚——有机生活

德国是欧洲最大的有机王国，德国人的衣食住行都要“有机”。德国有机生活协会主席克里斯博士曾说，“生态环保不再仅仅是一首美妙的颂歌，它可以在日常生活中体现出来。”因此，他们的超市里几乎囊括了源自世界各地的有机产品，比如，土豆从埃及进口，无农药水果产自意大利，生态大米来自中国，还有丹麦的环保肉、哥伦比亚的绿色咖啡等。许多德国人在购物时的确首先考虑的是有机因素，他们注意产品的整个生产过程，在产品的生产、运输、储存、废弃等各过程中力求环保、节能，这也带动了新兴的有机产业。现在很多德国人越来越相信中医，他们也开始研究中医的理论。笔者在德国的很多超市的保健品专柜看到了来自中国和日本的治疗咳嗽的有机中草药，一般都是小瓶装的。德国有不少有机康复中心，患者在医生的指导下泡矿泉浴、吃有机餐，进行瑜伽、健走等有机运动。此外，德国还兴起一批有机旅馆、有机加油站、有机餐馆、有机家具店等。

总之，有机生活已经成为德国的一项国策，有机工业和有机产品的消费者都可得到联邦政府减税的优惠。

另类健康养生理论——做个懒人

我们都说“生命在于运动”，然而2011年德国科学家却发表新理论：若想活得长一点，赶紧放弃健身计划，舒舒服服躺在床上做个懒人吧。这一革命性的养生理论在医学界和健身界引起了不小的争议。

德国富尔达大学健康学退休教授彼得·埃克斯特和女儿米科拉·埃克斯特-加德曼医生以新陈代谢理论为基础，通过多年实践和科学研究，写就《懒惰的快乐：如何放慢节奏延长寿命》一书，在书中提出了这样的养生观点：每个人的“生命能量”是有限的，而消耗这些能量的速度决定人寿命的长短，过多锻炼会加速“生命能量”的消耗从而加速人的衰老，而少做锻炼可以延长寿命。埃克斯特父女在书中强调，那些需要消耗高能量的活动，如在健身馆踩脚踏车等，会加快衰老过程。米科拉医生说：“更放松的生活方式对人的健康非常重要。如果人们过着一种紧张的生活，而锻炼又过量，那么其体内就会产生导致高血压的荷尔蒙。”米科拉说，懒惰的人和那些喜欢锻炼的人之间的重要差别在于，活跃的身体会产生更多“自由基”，即不稳定的氧分子。已有研究显示，这些氧分子会加快衰老过程。除此之外，“懒惰对于健康的免疫系统也非常重要，因为特殊免疫细胞在放松状态下比在压力下更有活力。在放松或者‘懒洋洋’的状态下，人的新陈代谢不够活跃，这意味着人的体内会产生更少的自由基”。

养生理论在我国也是蔚然成风，生活好了人们自然会想到要提高生活质量、延长寿命等。“做个懒人”这一新的理论明显是对生活节奏日益加快的现代社会的反驳，尽管这个新理论乍一听难免令人反应强烈，但是大多数人从心底还是希望做个“懒人”，不是吗？

第十三章 Made in Germany——德国企业文化的名片

企业文化的核心——追求质量的完美

德语有两句谚语挺有意思：一句是，“犯错误，都要犯得十全十美”；另外一句是，“干得好，睡得香”。它们以调侃的语气展示了德国人严谨务实、精益求精的国民性，也从一个侧面解释了德国产品质量有保障的原因。但事实上，“德国制造”最初是 19 世纪英国人强制要求在产品上标注的，因为在那时的英国人看来，德国人常用他们的劣质产品冒充英国制造的优质产品，进而通过低价来抢占英国市场，于是 1887 年，英国议会对他们 1862 年制定的商标法进行了一项修订，规定所有来自国外的产品必须用“Made in …”的字样来标明产地，这便是“德国制造”（Made in Germany）这一原厂地标签的来历。但令傲慢的英国人万万没有想到的是，他们炮制出来的这个歧视性标志，几十年后竟变成了一个优质产品的代名词，它不仅见证了德国在 19 世纪末到 20 世纪初，从一个工业落后国一跃成为工业先锋国的奇迹，甚至成为一种品牌，成为世界市场上“质量和信誉”的代名词。这不是公关公司或者宣传片可以改变的，这是人们在对产品有了长期积极的经验认识后形成的共识。

“德国制造”的成功得益于德国企业一方面非常重视产品质量，强烈的质量意识已成为企业文化的核心内容，深深植根于广大职工心中，另一方面也归因于他们极力崇尚技术。在德国，人们对一个人的成就通常是按艺术、知识和精密技术来划分的。可见，如果哪个产品蕴含多项高精尖技术，则顿时会让德国人像对待出色的艺术品一样肃然起敬。德国的哲学传统在造就了众多哲学大家的同时，也深深地影响了德国企业行为：追求完美。这种哲学式的完美追求由三个部分组成：探求事物的本质、确定长期战略与适应外部环境。德国企业在投资前，他们要详细分析潜在合作伙伴的经营状况、人力资源和市场前景，没有充分把握决不轻易涉足。但是一旦对这个市场有了清晰的把握和明确的判断，他们就会致力于建立长期发展战略。完美的哲学追求体现在产品与服务上就是质量永恒的概念，体现在技术上就是追求技术至上，并在技术的所有层面保证专业技术人员的高水准，其结果就是“德国制造”在全球市场的顶尖声誉。

德国企业开发的产品一般都是具有世界领先水平、高难度的、别人一时无法研制出来的产品。德国30%的出口商品在国际市场上是没有竞争对手的独家产品。目前，德国在大型工业设备、精炼化工产品、精密机床和高级光学仪器等方面拥有无可争辨的优势。德国经济在20世纪60年代到90年代非常成功，这主要是因为德国企业对产品精益求精的追求，他们的思维模式是：生产世界上最好的产品，颇有要么不做，要做就一定是最好的坚定。上海拜尔齿科有限公司生产假牙及相关材料，其产品用料考究，工艺先进，所制假牙的耐磨性、舒适性及美观程度都达到了一流水平。有一次该公司生产过程中出现了一些次品，这些次品质量也不亚于有些厂家生产的正品，中方职工主张降价处理，但德方经理坚决不同意，严格要求将次品报废回炉。他认为，企业所有的产品都应该达到质量标准，否则便意味着企业的自杀。德国人引以为傲的汽车行业更是如此：凡是参观过奔驰公司的人都会得出一种印象，即车间里干净整洁，有条不紊，即使是一颗小小的螺丝钉，在组装到车上前，也要先经过检查，每一个组装阶段都有检验环节，最后经专门技师检查签字，车辆才能开出生产线。同时为了进一步把好质量关，奔驰公司在美国、欧洲、加拿大、拉丁美洲、亚洲等地，设有专门的质量检测中心，中心内有大批质检技术人员及高质量的设备，每年要抽检上万辆奔驰汽车，层层把关，严格检验。

此外，德国企业参与职业培训体系所拥有和储备的一流技术工人保证了企业在经济全球化进程中的强大竞争力。德国企业培养了职工严格的质量意识，强调对职工进行职业道德熏陶，在企业内部树立精益求精的质量理念。而且德国企业对企业管理人员去国外工作或在国外任职十分重视，境外的德资企业也拥有完善的培训体系，只要做到主管级，就能被派到德国学习，以便了解和掌握国际化的经济管理知识和经验，这是德国企业在人才管理战略中非常关键和明智的一环。

能力重于学历

在中国投资的德资企业以制造业为主，如汽车、电子、化工、基础设施等。这些企业的招聘对象多为专业技术人员，特别注重应聘人员的业务能力。即使一个售后服务工程人员，也必须有一定的专业技术背景。他们对人才主要从三个方面考察：知识、经验和能力。知识包括专业理论知识、商务知识和市场知识；经验包括本专业领域的实际经验、项目经验、领导经验和跨文化工作经验；能力包括推动能力、专注能力、影响能力和领导能力。德资企业不看重学历，比如西门子，只有在应聘者三方面考核结果都相同的情况下，学历高的才可能拥有一定优势。值得一提的是，本硕连读的求职者很可能会遭到拒绝，因为德资公司认为，只有进科研单位或行政部门的人才有必要读研究生，实践性强的岗位经验更重要，本科学历就足够了。

但是，德企虽然普遍认为人的能力不应以学历来简单评价，但在许多公司高管入选条件中，博士学位几乎是不可欠缺的。因此，德企百强中一半以上的常务董事具有博士学位，也表现出德国人对高层管理人员素质的严格要求。

工作态度重于能力

德国宗教革命家马丁·路德曾经说过一句话："即使我知道整个世界明天将要毁灭，我今天仍然要种下我的葡萄树。"这句话充分显示了德国人埋头苦干的工作态度和不肯苟且的精神。德国人严谨认真、讲究逻辑，选拔人才也如此，没有苛刻、怪异的测试，也不要求应聘者是行内的顶尖高手，因为德国企业有足够的耐心和实力去培养职工，对于那些没有大学学历的新职工一般都要经过长达三年半的培训和考试后，才能成为正式职工，而这种培训几乎都是内训形式，而非通过社会公共教育完成。虽然没有世界上最知名的商学院，但德国企业有很好的内部培训机制，它们培养管理者的方式，是提供给每个人在不同部门、不同职位工作的机会，即所谓的轮岗制。这样管理者就对整个组织的运行有了更为直接深入的了解，在这个过程中，每个人处理不同问题的技巧和管理能力都得到了很好的培养和检验。还有一点也很重要，就是企业职工要拥有良好的工作态度，高度负责。德国企业非常欢迎具备较好的教育背景、相对简单的职业经历和严谨认真的工作态度的人才。

严格遵守工作程序

德国有句谚语："秩序是生命的一半。"现实生活中，德国人也的确特别依赖和习惯于遵守秩序，离开秩序就会感到焦虑，甚至寸步难行。哲学家费希特在《致德意志民族》演讲中强调了这个民族性格——"我们必须严肃认真地对待一切事物，切切不可容忍半点轻率和漫不经心的态度。"德国人的严谨、细致、精确举世闻名，这些也都体现在企业的规章制度里，这些制度细化到了令人难以想象的地步。在制度的执行上，德资企业一丝不苟，不讲情面。尽管制度有些繁琐，但它们准确无误地告诉职工们工作有哪些流程，只要按照流程做，就没有人会来干扰你的具体操作，因为德国人和美国人相比更尊重劳动的过程。德国人时间观念极强，讲究计划、恪守承诺，严格按照日程表执行工作，因此平时不要迟到早退。和德资企业签订合同时，如果文不对题、描述不准或夸大其辞，就会失去他们的信任。当然，过分的严谨，也会造成保守、刻板，缺乏生气和冒险精神。

充分发挥团队精神

类似我国的"一粒老鼠屎坏一锅粥"，德国人讲"一只病羊害全群"，这两者强调的其实都是团队精神。我们或许能从交响乐中体味到德国企业团队精神的本质。交响乐是在 16 世纪的德国被创造出来的，其起源可上溯到早期的意大利歌剧，在此之前，音乐家们无需掌握合奏艺术。但交响乐诞生后，没有哪种形式的音乐可与其巨大的潜力相比拟。交响乐团包含了大约 100 种乐器，调动了人们大约 4/5 的听觉能力，交响乐的能量通过从全世界汇聚而来的各种乐器的音响散发出去。为了达到最佳演奏效果，乐手的个人偏爱往往必须服从于乐队指挥的意志和交响乐的需要，音乐演奏时需要这样的协助，企业运作中又何尝有异呢？合作化竞争就是许多德国企业的重要特点。著名经济学家钱德勒在系统分析中指出，组织管理是合作化竞争的核心竞争力。在他看来，技术并非最重要的，通过组织的管理将技术隐藏的价值加以发挥，才是最为基础的发展条件。

德资企业的结构特点则表现为权力分散，专业人员的工作相对独立，每个职位该负责哪些事情都是规定好了的，超出范围的可以拒绝做，如果未尽责任，则可能会被降职或处罚。正因为职责范围明确，必要时更需要发挥团队精神，通过有效合作完成工作任务，共同努力创造一个愉快的企业环境。毕竟，一个公司再有创意、灵感、执著精神，每个职工却是各持己见，那也无论如何无法成功。

自由开放的政策

德资企业给了职工不小的自由度，待遇优厚，工作压力也不大。德企的人手，总是比实际需要的宽松。德资公司不鼓励加班，因为德国人善于享受生活，不会把工作变成生活的全部，这似乎与人们头脑中德意志民族埋头苦干的精神不太吻合，但实际上德国人中出现工作狂的几率非常小，因为他们将工作与生活分得很清楚，工作时可以做到全情投入，下了班的时间则完全属于自己，哪怕是老板也无权因为工作上的事打扰员工。

相较于他们的长辈，德国年轻人更具有创业精神，不愿受到过多的限制，他们不喜欢在各种规章制度严格的公司工作，而是喜欢去非营利组织或政府机构，他们也相对更希望到宽松的中小企业工作，或者开创外包业务等。在美国接受过教育的人，做事时可能更注重最终的结果，如果他到一家德国企业工作，也许会受不了那种三五年都不升职的待遇。德国人固执、传统、规范，且注重过程，这种思维模式不仅体现在具体项目的操作上，也渗透在人员管理的方式中，要取得德国上司的信任，这需要一个漫长的过程，老板们会在这期间考察职工是否真的将自己的价值体现出来了，而一旦他们肯定了这名职工，委以重任或者给予升职皆有可能。不同文化取向、不同思维定势的作用在这里表现得很明显。

三十三朵玫瑰——企业职工参与决策

德国著名效率管理专家耶尔格·克诺伯劳博士培植了让职工成为企业主的三十三朵玫瑰，即三十三种使职工主动参与企业运行管理的实践方法。他将这三十三朵玫瑰分成七束并按顺序加以排列，分别是共同了解、共同思考、共同学习、共同负责、共同享用、共同拥有、赋予意义。这七束玫瑰花也可以看成是七个步骤，就像七个台阶，要一级一级地完成。非物质的分享在先，物质的分享在后。职工必须了解公司运作过程中的每一条信息，了解了全部信息的职工才会开始像企业的主人一样思考，这自然地发展到第三步共同学习，如果职工能够学习，他们就会成长，然后他们就会承担责任，这就是第四步。在尊重人格、强调民主的价值观指导下，德国企业普遍重视职工参与企业决策，这是一种普遍现象，因为赋予企业职工参与决策的权利能增强他们对企业的责任感。这种责任感包括家庭责任、工作责任和社会责任，他们就是带着这些责任感去对待自己周围的事物。企业对职工强调的主要是工作责任，尤其是每个人对所处的工作岗位或生产环节的责任。上述四步一旦完成将为企业积累巨大的潜力，这时就可以进行第五步——共同享用了。第六步则事关企业所有制的确定，欧洲质量奖、路得维希·艾哈德奖等多种奖项获得者克劳斯·考比尤说："谁只付给职工花生米，就不要奇怪会有一堆黑猩猩围着你。"第七步赋予意义，是使职工成为企业家的最高阶段。现在仅仅为钱而工作的雇员越来越少，他们关心企业是否对顾客诚信，是否污染环境或违反法律，此外，他们也想要有自己技能发展的空间并从事有挑战性的、有意义的工作。

工会——德国职工之家

德国企业职工队伍的整体素质十分优良，这就为职工参与企业管理奠定了坚实的基础。德国《职工参与管理法》明确规定，大型企业要按对等原则由劳资双方共同组成监事会，然后再挑选一位中立人士担任主席。《企业法》规定，凡职工在 5 人以上的企业，都要成立职工委员会，由全厂职工选举产生，每三年改选一次，职工委员会人数的多少由企业人数多少决定。职委会的主要任务是在工资、福利、安全、劳动时间、劳动条件、合理化建议等方面维护职工利益，资方在对涉及职工前述利益等重大问题作出决定前，必须征得职委会同意，如雇佣成本更低的外籍劳动力或外包某项业务时，都要经过工会的同意，工会将从雇员的立场出发，提出自己的意见。这种由劳资双方共同治理企业的方法优点很多，一是这种决策方式能更多地考虑企业的长期发展，避免短期行为；二是劳资关系融洽，减少了工人与管理层之间的矛盾和冲突；三是劳动生产率大大提高；四是能较为充分地反映和体现职工利益，职工的劳动条件、薪酬待遇等问题能够通过劳资共同协商得到改善和提高。工会的存在，也促使政府出台了更多保障职工权益的政策和规定，比如德国是世界上第一个实行每周 35 个小时工作制的国家。

德国企业对人的关注还体现在他们努力保持企业内部融洽，在经营困难时减薪不裁员、共渡难关的策略。他们希望企业能有家庭式的氛围，不管大家是基于哪种原因组合在一起，血缘抑或生计，都可以通过一些具体的行动来塑造一种具有亲情的文化。

人本化的体现——人体工程设计

所谓人体工程设计，是一个研究“人—机—环境”系统中，如何让人的工作效能与健康得到协调与优化的领域，它能让工人避免和减少一些有害健康、无效的、促使身体疲劳的行为。首先，德资企业针对职工的不同情况往往会提供灵活的工作方式，如非全日制工作、调休、远程工作、长期休假等；其次，人人机会均等，企业与职工的协议中包含有公正交往的内容，专门设立职工投诉机构，保证他们在定岗、晋升、待遇诸方面受到不公平待遇时有机构帮他们妥善解决；再次，注重职工身体健康，这种重视首先来自于科学管理，德资企业的职工劳动强度一般不大，一年下来每周平均工作约 4 天半，每天 7 个小时；最后，关注老年职工，按照德国法律，男女职工都是 65 岁退休（将逐步延长至 67 岁，目前属于过渡期），所以德企中年龄较大的职工较多，为此很多德资企业设置了一些适应老年职工的工作岗位。

德国历史悠久的社会保障体系与劳资关系上的人体工程设计制度非常适合工业化后期的大规模生产体制，即福特主义的生产模式，但是在目前知识经济的生产和消费模式下则出现了困难，对德国政府的改革勇气和能力提出了巨大的挑战。

人才保障——教育培训制度

德国双元制职业教育体系是德国人的骄傲，除此之外，德国享誉全球的还有职业培训，这两者被誉为推动德国经济发展的“秘密武器”。德国企业在实践中比较重视职工的职业培训，重视参与管理，重视调动人的劳动积极性。作为世界上进行职业培训教育最好的国家之一，其法律规定的培训有三项：一是带薪到高等学校学习；二是企业内部进修；三是由劳动总署组织的专项职业技能培训。第三项主要是针对失业人员。在德国，要想在某些特定领域找一份工作，除了必备的文凭外，没有经过三年专业职业教育是不可能的，即便是一个传统经营农业生产的家庭，如果其子女没有经过专门的农业训练教育，也不能继承家业，从事农业生产。除了成年人在上岗前必须经过专业培训，就是对口学校毕业出来的中学生，被企业录为学徒，首先得进行三年的双轨制教育培训，期间的培训费用和学徒工资全部由企业负担。

德国教育系统的特色十分鲜明，有七至八成的学生在十五六岁时就已区分各自的职业方向，确定了一生的努力目标，由此产生的高度专业性也就成为德国工匠卓越技术的源泉。从世界范围来看，技师制度的确是德国特有的一项制度。以小汽车为例，组装完成的汽车一下线，技师就上场工作了，整个装配工作的1/3是由技术过硬的技师亲自处理的收尾工序，其产品质量自然有了绝对的保证。尽管日本的汽车品质也值得称道，却始终难以超越德国汽车的水准，关键原因正在于此。因此，双重教育培训制度下形成的技师制度确实是德国企业文化的一大亮点。

国家创新体系——企业科研的催化剂

德国对外一直称自己为“创意之国”。1987年，英国学者弗里曼提出了“国家创新体系”这一概念，而他将这一概念的发明者归于德国国民经济学家李斯特。李斯特在他1841年发表的《政治经济学的国家体系》中，分析了科学和教育如何影响一国经济发展及后进国家的技术选择等问题，特别强调了制造业对提高一国国民经济竞争力的重大作用。之后，另一位著名的德语区经济学家奥地利人熊彼特则强调了“创新”对经济发展的意义。德国很早就注重创新政策体系建设，是世界典型的创新型国家。德国创新政策体系的主要特点：大幅度增加教育和科技投入，推行国家高新技术发展战略；铸造产、学、研一体化链条，加速创新知识的产品转化；高度重视企业创新活动，让企业成为技术创新主体；形成推动创新的收入分配政策，激发人们创新的勇气与潜能；加强普通教育与职业培训，为创新提供高素质的人力资源。

德国是一个享誉世界的工程师和发明家的国度，其高等教育对培养自然科学和工程技术人才十分重视，除传统的包括人文、历史、经济学等全方位学科的综合大学外，德国还有集中开设工程和自然科学专业的工业技术大学，比较著名的有慕尼黑工业技术大学，亚琛工业技术大学等，那里是工程师的摇篮，为德国制造业的自主创新培养了大批人才。德国的科研主要在三百多所大学进行，研究型大学在德国也有着悠久的历史传统，早在20世纪初德国的研究型大学就培育出了当时最多的诺贝尔科学奖获得者。大学要坚持学术的独立性，要从事科研和教学两项任务，所以大学一般比较倾向于基础研究，在这方面能够得到国家的大力支持。但同时，德国也十分重视理论知识同实际应用的结合，政府规定，工程技术专业的学生在大学拿到博士学位后，在企业工作七年可申请大学教授。

此外，德国企业界重视加强中小企业与研究机构联系以及中小企业参与尖端技术领域研究，促进研发和科技成果转化成真正的生产力，德国七百多家由公共财政支持的研究机构，就充分发挥着德国企业智囊的作用，其中最富盛名的：赫尔姆赫茨研究会、马克斯·普兰克协会、弗豪恩霍夫协会和莱布尼茨研究会。在研发方面，德国已处于全球领先水平，专利数量处于世界前列。同时，德国还制定了大量制造业的德国标准，据统计，德国标准每年为德国贡献约 160 亿欧元。

德国大型企业的对外战略——本土化

德国大型企业在对外投资中非常重视本土化。他们在本地采购、本地研发、本地产销、本地融资，聘用本地技术和管理人员，德国企业在中国决不搞技术“封锁”、技术“限制”，如果是这样，将会两败俱伤。与其他国家和当地的产品相比，德国产品要贵一些，但德国产品多数起点高，具有国际先进水平，也从不打价格战，德国企业就要让顾客知道，钱是多花了一些，但物有所值。本土化战略当然也部分解决了价格的问题，因为它最大的优点是降低生产成本，这对双方都有利，如 1984 年进入中国市场的德国大众，它的国产化率已从过去的 2.7% 增加到 87%；世界领先的跨国化工公司巴斯夫在中国的目标是，到 2010 年在本地生产要达到 70%。

德国企业在对外战略中不赚快钱，不追求快速粗放式的发展，而是力图建立长期的发展战略，且能做到将在投资国取得的部分利润用于再投资，资金不仅投在产品上，而且还投入研发、销售、服务、培训等领域。德国企业向国外市场提供优质的技术、产品和服务，他们深知，只有投资对双方长期有利，该投资才是有意义的。

德国中小企业的对外战略——关注小众市场

不在大象的领地跳舞——避免和国际大企业集团直接竞争，这是德国中小企业对外战略的原则，因此它们在对外发展的过程中更多专注于小众市场而非主流市场，而且，它们一般都选择打入壁垒较高的机械工程领域的小众市场，这也是德国企业的传统优势。进入这些小众市场一般需要比较复杂的技术和生产能力，一旦打入就比较容易进行市场保护，例如，德国的 Rational 专门生产专业厨房使用的烤炉，Hako 生产清洁和清洗设备，而 Tente 则专门生产医院用床的各类滑轮。所以，德国中小型企业在这些小众市场进行国际化时，面临较小的竞争压力，凭借其过硬的产品迅速地在全球范围内占据领先地位，如Koenig&Bauer是印染压缩机的全球领袖，RUD是工业用链的全球领袖，而Karcher是高压专业吸尘器的全球领袖。

除了注重产品质量和技术创新外，德国中小企业也改革了机械企业传统的经营理念和模式，把产品服务而非产品销售作为收入的核心来源。以专门生产清洁设备的Hako为例，该企业有超过80%的收入来自于服务，这种从机械制造到服务为核心的转型使得这些德国企业与用户之间建立了长期稳定的相互依存的共生关系，也为它们国际化的成功奠定了坚实的基础。

德国制造——神话仍然继续

上海世博会上，德国馆是最受欢迎的国家馆之一，每个观众参观结束后，最津津乐道的莫过于“德国制造”。笔者在2010年5月9日绕着德国馆排了三个小时的队才像沙丁鱼一样涌进了德国馆。在这里，“德国制造”集体亮相，从帮助儿童走路的木质推车，到新型动圈式高保真耳机，到高性能竞赛用摩托车，再到自动化的仿生物机器和有机太阳能电池，“德国制造”以其先进的技术和舒适独特的设计，成为一张代表严谨和可靠的国家名片，得到广泛认可和推崇。

然而，正如前文所述，德国产品从无人问津到被竞相追捧也走过了一段艰难的历程。在工业化完成之前，德国一直属于落后的农业国家，手工作坊所生产的产品向来被认为是次等劣质货，直到1867年，克虏伯大炮亮相巴黎世博会，一举成为那届世博会焦点，德国产品才成功“轰开”世界的大门。第二次世界大战刚结束时，“德国制造”又因战争而成为一个负面标签，那时的英国作为德国产品的主要进口国，坚持要求德国人在产品上注明“德国制造”。不过，这个原本带有侮辱色彩的字样，若干年后则成为质量和信誉的代名词。

“德国制造”的成功，首先要得益于德国严格、健全的质量认证和监督体系。1873年，一位德国设计师在参加维也纳世博会后写了一封公开信，痛陈德国产品弊端，在国内引起强烈反响，于是德国开始着手制定质量标准。目前，德国最主要的标准制定机构为德国标准化协会，其制定的标准涉及建筑、采矿、冶金、化工、电工、安全技术、环境保护、卫生、消防、运输和家政等几乎所有领域，每年发布上千个行业标准，其中约90%被欧洲及世界各国采用。这些标准织成一个密网，严格限制住企业的一举一动，从而保证了产品质量。

2008 年金融危机爆发后，“德国制造”一度遭遇巨大挑战，随着世界经济普遍下滑，国外市场需求下降，2009 年德国经济负增长 5%。然而，2010 年以来，随着新兴经济体需求恢复，德国出口再次恢复快速增长，“德国制造”依然是推动德国出口快速恢复的强劲动力。即使在世界经济危机和欧洲债务危机的情况下,“德国制造”依然畅销，依然带动德国经济增长，神话依然继续。

德国世界 500 强企业目录

2010 年《财富》杂志“全球 500 强”企业名单	公司名称	中文常用名称	总部所在地	主要业务	营业收入（百万美元）	净利润（百万美元）
17	Volkswagen	大众汽车	德国	汽车	139 515	4 858
21	Allianz	安联	德国	保险	123 018	12 535
28	E. ON	意昂	德国	能源	112 493	8 055
31	Daimler	戴姆勒	德国	汽车	109 656	5 302
41	Siemens	西门子	德国	电子、电气设备	103 189	-10 949
58	Metro	麦德龙	德国	食品、药品店	90 234	3 690
60	Deutsche Telekom	德国电信	德国	电信	89 329	7 499
74	Munich ReGroup	慕尼黑再保险	德国	保险	74 000	2 912
82	BASF	巴斯夫	德国	化学	70 444	284
83	BMW	宝马	德国	汽车	70 272	3 215
87	Deutsche Post	德国邮政	德国	邮政包裹快递	69 295	18 832
102	RWE	莱茵集团	德国	能源	64 709	2 366
113	Deutsche Bank	德意志银行	德国	银行	58 998	6 912

续表

2010年《财富》杂志“全球500强”企业名单	公司名称	中文常用名称	总部所在地	主要业务	营业收入（百万美元）	净利润（百万美元）
123	Thyssen Krupp	蒂森克虏伯	德国	金属	54 816	-2 510
129	Robert Bosch	博世	德国	汽车零件	53 060	-1 751
170	Bayer	拜耳	德国	化学	43 322	1 889
177	Deutsche Bahn	德国联邦铁路	德国	铁路运输	40 774	1 141
212	DZ Bank	德国中央合作银行	德国	银行	34 633	186
213	Commerzbank	德国商业银行	德国	行	34 611	-6 306
219	Franz Haniel	哈尼尔集团	德国	保健品批发	34 087	8
246	Lufthansa Group	汉莎集团	德国	航空公司	30 972	-156
259	Bayerische Landesbank	巴登-符腾堡州银行	德国	银行	30 062	-2 061
261	Edeka Zentrale	艾德卡	德国	食品批发	29 976	262
287	Continental	大陆	德国	汽车零件	27 932	-2 292
321	KFW Bankengruppe	德国复兴信贷银行	德国	银行	25 582	1 566
322	Hochtief	豪赫蒂夫	德国	工程与建筑	25 563	271
345	Bayerische Landesbank	巴伐利亚银行	德国	银行	24 255	-3 640
367	Norddeutsche Landesbank	北德意志州银行	德国	银行	23 201	-211
381	Heraeus Holding	贺利氏控股	德国	金属	22 545	162
392	Bertelsmann	贝塔斯曼	德国	出版、娱乐	22 036	-114

续表

2010 年《财富》杂志“全球 500 强”企业名单	公司名称	中文常用名称	总部所在地	主要业务	营业收入（百万美元）	净利润（百万美元）
406	Energie Baden-Württemberg	巴登符腾堡能源	德国	公用事业	21 634	1 068
439	Fresenius	费森尤斯集团	德国	医疗保健	19 687	687
449	TUI	国际旅游联盟集团	德国	旅游	19 344	463
457	Henkel	汉高	德国	家居个人用品	18 866	837
463	Boehringer Ingelheim	勃林格殷格翰集团	德国	制药	18 630	2 445
470	Evonik Industries	赢创工业集团	德国	化学	18 175	334
490	MAN Group	曼恩集团	德国	汽车和零件	17 320	–375

第十四章 逐梦全球——德国工业设计理念

如果面前有两个人在闲聊，他们聊历史，谈现代设计，那么免不了要谈及一个国家，那就是德国。但凡你一脸写满问号地望向他们，你都会得到一个明确的答案：真正意义的现代设计是从德国诞生的。如果你知道包豪斯，知道德国设计教育理论在世界范围内引起的轩然大波；或者，如果你知道德国设计是优良品质的代名词、德国人是铁青着脸、拿着各种精密仪表，在一间小小的工作室里满负荷运转地干设计，那么你就会了解到这个优秀民族送给世界的伟大礼物——设计所包含的无限魅力。了解德国设计，分析德国设计文化心态，是我们值得去做的事情，它反映着整个民族的心理共性。德国——这片受到古典音乐的浸润滋养，广博的文学作品背后抒发着深邃的人文意蕴，散发着古典哲学的理性光芒的土地，有着深厚的社会人文环境，使德国成为理论的国度，思想的国度、哲学的国度，德国的设计文化更是放射出灿烂的光芒，照遍了世界的每一个角落！

现代设计为何诞生在德国

关于德国，“德国制造”在今天看来不光只是好产品的标志，而且也是一个非常有效的工业体系的象征。它不仅得到了群众百姓的认可，德国工业更是得到了国际上的承认。德国的设计文化精髓就像麦穗一样散落在稻田里，需要我们还原历史，一片片地拾起麦穗，并用历史观的角度去解读德国的文化以及心态，以史为鉴去分析和追问。

当工业革命这座蒸汽火车鸣响了时代的汽笛，形形色色的运动和思潮势不可挡地一股脑驶来时，19 世纪下半叶到 20 世纪初的德国，无论是在理论上还是在实践上设计都还处于初步的探索阶段。面对工业革命所带来的设计环境的变化，一些设计的先驱者们从不同的角度和方面开始探索工业时代里什么是好的设计？什么是美？好家伙！这可不得了，工业革命后的工业化生产使得工艺和技术分离，使得当时的有识之士深感厌恶，但又无法解决由此引来的种种矛盾和问题在这之后，人们开始关注产品设计了，并轰轰烈烈地又爆发了几场名为“为新艺术而呐喊”的运动，你会惊奇地发现：麦金托什等人的设计开始有些现代设计的味道……哦，伟大的先行者们叩开了现代设计的大门，同时他们也悄悄地拉开了德国现代设计的序幕！

随后的一场战争，德国人的激情再一次被点燃了！1871 年普法战争的胜利，使得德国资本主义获得了空前高速持续的发展，技术和经济的发展，让设计进一步得到了有识之士的重视。

1851 年伦敦“水晶宫”博览会，德国派出由建筑家歌德弗雷特 · 谢姆别尔率领的代表团对博览会及德国设计现状有一个清醒的认识后，发表了专题报告，他大声地叫喊道：“一件艺术品的风格，不在于一心一意，乃至奴隶般地仿造以往时代的器型和装饰；如果一件艺术品是按照艺术家试图仿效的那个时代的艺术规则制作的，那么，它是否适合于现代，就要看它所仿效的那个时代的艺术品是否适合于现代。”于是乎，他成为德国主张设计革命的“第一人”。1872 年，他组织出版的《文艺复兴时代的德国房间》画集被政府推荐给学院及博物馆作为规范化教材使用；1876 年谢姆别尔在慕尼黑组织举办了一次全国性的工业展览，一改德国政府各邦过去那种粗犷、野蛮的畸形风格，使工业设计变成了文艺古典样式时期的高雅设计。

塑料、酚醛塑料及合成纤维的出现，让德国化工及纺织行业有了长足发展。1885 年，伟大的卡尔 · 本茨（Karl Benz，1884—1929）把汽油发动机安装在一辆马车上，从而出现了世界上第一辆汽车；第二年 G. 戴姆勒发明了四轮汽车，后来两人合作成立了“本茨汽车公司”，这便是风行世界的“奔驰”汽车的缘起。

由此，德国工业设计进入快速发展时期。1896 年，早就政绩满满的德国政府迫不及待地决定举办一次贸易博览会，来炫耀自己工业化的成果。① 结果

① 参见郑炘：《建筑与文化》，载《建筑与文化》2009 年第 6 期。

自然令德国人无比振奋：博希尔工厂生产的火车头和奔驰公司的汽车，精美的钟表和瓷器都已经赶上或超过了他们的欧洲资本主义老大哥英国设计者们，更重要的是产生出一大批比较成熟而有影响力的实际性的作品。现代主义首先是在德国兴起的，作为现代主义的发源地，最重要的原因是德国确立了对机器以及科技的认可，开始关注大批量的生产，这本身就是一种进步的象征，另外功能和讲求理性的思维方式更是其成为现代设计诞生地的关键因素。正是德意志民族的理性和倔强，决定了德国设计不会寂寞太久。正如德国举办的首届贸易博览会上由设计师路德维希·杜林设计的一幅招贴画，用崛起在德意志土地上，一只握着笔直铁锤的有力臂膀，来象征德国工业的巨大爆发力！

工业与设计的同盟——德国工业同盟

今天的我们都知道德国设计享有很好的声誉，但是，德国设计的发展并非一帆风顺，它也经历了一个曲折的探索的过程。首先让我们了解一下在社会还未大批量的生产之前，我们伟大的先驱们都有什么样的探索。19 世纪工业发展才刚刚起步，人们还只习惯于传统的手工艺，直到 19 世纪末 20 世纪初，欧洲有了较长时间的和平，政治经济都相对稳定，随着生产力的不断发展，传统的手工艺已经不能满足人们的需求和大批量的生产，在当时的社会环境中不符合时代的趋势逐渐失去了生命力。与此同时设计师也对发现新的材料以及铸铁等新的技术有了极高的热情，这便使得机器与手工业的关系变得暧昧起来。在这个过程中首先发起的是英国的工艺美术运动，这场运动处在一个矛盾之中。一方面，它既承认手工业或艺术家们需要认识到设计的重要性，反对仅仅是“纯艺术”的创作。另一方面，它否定了大批量生产的重要性，这是不符合历史发展规律的，在这个强大的历史规律面前工艺美术运动注定了要被取代。随之而来的是新艺术运动，这场运动遍布欧洲各地，其中在德国被称为“新青年风格”，不论是建筑还是产品都出现了大面积的几何形式，这种形式单纯，安静，具有逻辑性和次序性的视觉语言，规则的弧面和规则的圆弧相衔接，从材质到形态都让人安静，不浮躁。这不仅仅是形式上的抽象，更是德国的设计风格对过去的反思，也标志着德国设计开始走向了理性。

前两次的运动催生出了德国第一个设计组织来联系手工艺和大批量生产，这个组织首先建立起了工业与设计之间的桥梁，这便是德国工业同盟（Deutscher Werkbund，缩写为 DWB，又作德意志制造联盟）。同盟的奠基人和活动的开创者，是集教师、外交家、古董鉴赏家于一身的穆特休斯（Herman

Muthesius)，工艺美术运动启发了德意志制造联盟的成立，但是穆特休斯不是毫无保留地接受它，而是了解英国有什么东西可以学来造福德国。他曾组织大量的研讨会研究设计，高呼反对“青年风格”运动否定机器生产的思想、反对一切设计艺术化的口号，并坚定地扛起了宣扬功能主义的大旗。为了贯彻并实践自己设计和工业相结合起来的主张，1907 年，穆特休斯、贝伦斯连同一群热心设计教育与宣传的建筑师、设计师、艺术家、企业家和政治家，成立了德国工业同盟。同盟 1934 年解散，1947 年重新建立。

德国工业同盟设计作品

如果要问成立德国工业同盟目的何在？那么穆特休斯会回答你：是为了追求产品质量以及最好的形式，寻求艺术与手工艺的合作。他们是这样说的，也是这样做的。通过出版年鉴、刊登工业设计文章的形式，同盟推广了贝伦斯、格罗佩斯、威尔德等的设计作品和设计思想。不仅如此，他们还宣传和介绍美国福特汽车公司装配工厂流水线等国外先进技术，招募美术、产业、工艺、贸易界的优秀人才，共同促进了德国“工业产品的优质化”。

说到这里，可能有人就会要问：欧洲这么多国家，为什么工业同盟偏偏只出现在德国？其实，在德国，工业同盟的产生有着其必然性。有一则笑话是说，如果啤酒里有一只苍蝇，美国人会马上找律师，法国人会拒不付钱，英国人会幽默几句，而德国人则会用镊子夹出苍蝇，并郑重其事地化验啤酒里是否已经有了细菌。这则笑话中德国人的严谨态度和科学求实精神被大大地漫画化了，可我到了德国之后，以我的所见所闻相印证，才发觉这则笑话虽对德国人的性格刻画有所夸张，但并不太失真，而且还很传神。通过这小故事，一方面，我们可以分析出德国人本身对于事物沉着严谨的一贯态度和追求。另一方面，从世界范围来看，当时德国产生了第一批大型垄断集团。这些垄断组织，迅速形成了艺术家和工业家的牢固联盟，促成了艺术和生产的结合。例如，建筑家贝伦斯，是德国电力总公司的经理之一，负责该公司活动的艺术问题。他同许多工业家、商人和艺术家建立了密切的关系，并把他们的兴趣纳入共同的轨道。他试图找到大家都能接受的解决艺术问题的原则。这不仅影响到物质文化的审美理论和工业产品的形式理论，而且也给纯美学问题的解决打下了印记。同时，德国还创办了大量的专门杂志，如《潘》、《装饰艺术》、《德国艺术与装饰》等，它们对各种艺术活动、包括对物质环境的审美改造进行综合研究，为艺术设计作为新型职业的诞生准备了理论前提。

1914 年，工业同盟内部发生最重大的事件，莫过于穆特休斯和凡 · 德 · 威尔德之间的一场大论战了。标准化在德国设计文化中占据着核心地位，这里有必要了解一下什么是标准化。为了进行批量生产，产品就必须实现标准化，即部件的尺寸设计应该精密并严格保持一致，而避免产生因为各个不同企业的不同标准而产生的产品系统维修或保养的不便，这一点在当时的普鲁士以及法国的战役中就被清晰地认识。普鲁士政府的铁路运营系统是由 9 个州立公司以及许多私人公司主持的，每家公司都使用各种型号的部件，相互之间完全不通用，一旦在战争中出现了突发状况，维修和保养是非常不便的。因此之后各种型号的机车尽可能使用标准化零部件。标准化在现代的运用就更为广泛了，当产品达到了使用寿命，可以拆卸掉不同的部件，将可利用的材料再利用，节约了资源，保护了环境。

在工业同盟的年会上，穆特休斯和凡 · 德 · 威尔德发生了激烈争执(图2)。同盟成员中的大多数人之前是艺术家，作为这样一群人的代表，威尔德认为：设计师是艺术家而不是工人，应该时刻保持独立性和艺术创造的自由性，反对在工业生产上推行标准化，这种观点得到了与会成员的普遍认同。然而一个不安分且响亮的声音也响彻会场，那就是穆特休斯和他坚持的“设计师必须遵循规范化、标准化的大工业原则”，穆特休斯强调，“德意志制造联盟的一切活动，其目的在于标准化。只有凭借标准化，造型艺术家才能把握文明时代最重要的因素，只有利用标准化，让公众愉快地接受标准化的结果，才谈得上探讨设计的风格和趣味问题”。在当时社会而言，这还是一种全新的观点，但是不安分的穆特休斯还是用大量的事实证明了这种言论的科学性：由第一次世界大战导致的工业产品和零部件的标准化，促成了德国工业化飞速发展的历史必然。这场设计师应否遵循工业原则的本质之争，终于以穆特休斯的胜

穆特休斯和凡·德·威尔德

利而告终，从根本上扫清了对工业设计时代设计师的作用和应遵循原则的模糊认识，为现代设计的发展在理论上铺平了道路，也为德国成为理性主义的设计大国埋下了伏笔。

Bauhaus——培养设计人才的摇篮

当我们瞭望着窗外，如果那儿有一幢盒子般的、简洁利落的房子，并且你正好了解包豪斯，你会觉得，包豪斯正是它清晰的轮廓。又假如你所坐的，恰好是一把从宜家购得的椅子，面前同样是一张宜家风格的、简洁明快的桌子，你也许会觉得，包豪斯正是它直观的外形，以及背部受力稍稍拉出的弧度。1920 年到 1929 年期间是资本主义相对稳定的时期，资本主义经济得到恢复并出现某些高涨。一系列的欧洲艺术运动正在蓬勃的兴起。现代设计最精华的成果——包豪斯——就产生在这个时期，它把欧洲的现代主义设计运动推到了一个空前的高度。

“没有包豪斯，像宜家那样批量生产的设计是无法想象的。”包豪斯基金会新任总监菲利普·奥斯瓦特如是说。在许多人看来，宜家，这一风行世界的家居品牌，正是包豪斯运动最可贵的当代遗产之一。

格罗皮乌斯是当年包豪斯的校长，这是一个改变了现代设计观念的重要人物。当时历时四年的第一次世界大战刚刚结束时，几乎所有的德国人都在沮丧中，而格罗皮乌斯却以极大的热情致信政府，畅谈战后德国重建最需要的是建筑设计人才。他指出，欧洲工业革命的完成使工业化生产必将进入未来的建筑

德绍的包豪斯教学大楼（目前仍在使用）

领域，而目前欧洲建筑的古典主义理念和风格会阻碍建筑产业的现代化；虽然现在国家百废待兴，但成立一所致力于现代建筑的学校是当务之急……

他的朋友都认为他疯了，在他们看来在整个德国，建一所医院或是住宅比成立一所设计学校重要得多。但是，政府仅用了两个月的时间商议，就采纳了格罗皮乌斯的建议。1919年3月，原撒克逊大公美术学院和国家工艺美术学院合并，成立了“国立建筑工艺学校”，36岁的格罗皮乌斯被任命为校长。他说，必须有一种崭新的设计观念来影响德国的建筑界，否则任何一个建筑师都无法实现他心中的理想，他只有模仿那些已经司空见惯的古旧的东西。这时，离战争结束刚刚过去了四个月。这之前的欧洲，建筑结构与造型复杂而华丽，尖塔、廊柱、窗洞、拱顶，无论是哥特式的式样还是维多利亚的风格，强调艺术感染力的理念使其深刻体现着宗教神话对世俗生活的影响，这样的建筑是无法适应工业化大批量生产的。格罗皮乌斯针对此提出了他崭新的设计要求：既是艺术的又是科学的，既是设计的又是实用的，同时还能够在工厂的流水线上大批量生产制造。为此，与传统学校不同，在格罗皮乌斯的学校里，学生们不但要学习设计、造型、材料，还要学习绘图、构图、制作，于是，国立建筑工艺学校拥有着一系列的生产车间：木工车间、砖石车间、钢材车间、陶瓷车间等，学校里没有“老师”和“学生”的称谓，师生彼此称之为“师傅”和

"徒弟"。① 格罗皮乌斯引导学生如何认识周围的一切：颜色、形状、大小、纹理、质量；他教导学生如何既能符合实用的标准，又能独特地表达设计者的思想；他还告诉学生如何在一定的形状和轮廓里使一座房屋或一件器具的功用得到最大的发挥。格罗皮乌斯的教学为国立建筑工艺学校带来了以几何线条为基本造型的全新设计风格。

法古斯工厂（Fagus Factory）

国立建筑工艺学校设计的工厂不再有任何装饰，厂房为四方形，平平的房顶、楼身除支柱外全部用金属板搭构，外镶大块的玻璃，简洁而敞亮，完全适于生产的需要。国立建筑工艺学校设计的椅子没有任何装潢雕饰，四方的座椅靠背仅由几条曲线状的木条或钢条支撑，它在生产流水线上一天就能产出上百把。国立建筑工艺学校设计的台灯，金属的半圆灯罩下一根灯杆直立在薄薄的圆形灯座上……至此，小到水壶大到楼房，格罗皮乌斯让他的学生学会了用最简单的方形、长方形、正方形、圆形赢得设计样式和风格的现代感。1932年，国立建筑工艺学校举办了首届展览会，设计展品从汽车到台灯，从烟灰缸到办公楼，展览会最热情的观众是遍布欧洲的各大厂商，实业家们已经预感到了这种仅以材料本身的质感为装饰、强调直截了当的使用功能的设计将给他们

① 参见王受之：《世界现代设计史》，中国青年出版社2002年版。

带来巨大的利益，因为一旦这样的设计被实施生产，成本降低了而成效却会百倍地提高。格罗皮乌斯的国立建筑工艺学校从此名扬欧洲，它被那些以极大的热情关注着20世纪现代建筑设计理念的人称之为“Bauhaus”（包豪斯）。

包豪斯的开拓与创新引起了保守势力的敌视，1925年，它迁往德国东部的德绍。4月1日，包豪斯在德绍正式开学。从这时起，包豪斯开设了平面构成、立体构成、色彩构成等课程，为现代建筑设计的教学模式和科学发展奠定了基础。格罗皮乌斯还在学校里专门创办了建筑系，并由他亲自领导，建立起教学——研究——生产于一体的现代教育体系。格罗皮乌斯在此期间设计的包豪斯校舍被誉为现代建筑设计史上的里程碑。这座“里程碑”包括教室、礼堂、饭堂、车间等，具有多种实实在在的使用功用，楼内的一间间房屋面向走廊，走廊面向阳光用玻璃环绕。格罗皮乌斯让包豪斯的校舍呈现为普普通通的四方形，尽情体现着建筑结构和建筑材料本身质感的优美和力度，令世人看到了20世纪建筑直线条的明朗和新材料的庄重。特别是，对于建筑的外层面，不用墙体而用玻璃，这一创举为后来的现代建筑所广泛采用。今天，在世界许多城市依旧可见许多格罗皮乌斯“里程碑”式样的楼宇，它们矗立在我们这一代人生活的视野中，证明着一种富有预见的思想和行动的伟大。

虽然包豪斯作为培养设计人才的机构在世界上仅存在了15年，但是它简洁实用的设计理念已经产生了广泛而深远的影响，因为这种理念来源于对科学进步与民众需要的尊重，并能充分体现20世纪人类日新月异的生活面貌。1931年落成的纽约帝国大厦仅用四方的金属框架结构便支撑起一座102层的摩天大楼，它的出现既得益于建筑设计观念挣脱了古典装饰的羁绊，又得益于新的建筑材料被科学地运用。1958年，纽约西格拉姆大厦落成，它是包豪斯那位带领学生流亡的校长米斯设计的，米斯发扬了包豪斯的精神，让简单的四方形成为立体后拔地而起，直向云端。从此，现代城市出现了高楼林立的景象，这种景象接着又成为了一座城市国际化的标志。

包豪斯对世界设计史的影响是伟大的、深远的，无论人们作出如何评价、有多少保留意见，包豪斯在历史角度上，它是承接近代设计与现代设计者两个不同历史阶段的纽带，一代包豪斯先驱们提倡的“艺术与技术统一”的思想对世界设计具有突破性、革命性的影响。

科学与艺术的探索式结合——乌尔姆设计学院

同包豪斯一样，乌尔姆学院也只有短暂的15年历史，但是它却是设计艺术学科建设和发展史上的另一座丰碑。德国著名灯具公司艾科（Erco Linghting Company）的总经理克劳斯·容根·马克（Claus-Jurgen Maack）曾说："今天所有的设计师，包括一些不知道乌尔姆在什么地方的人，都在这些或那些方面受到了乌尔姆传统的影响。"

乌尔姆设计学院于1953年在乌尔姆创立，直到1968年被解散。因为其强调从科学技术方面培养设计师以及对系统设计（system design）的推崇，使它造型学院成为德国最重要的设计学院。乌尔姆设计学院致力于理性主义和功能主义的设计探索，并发展出高效率、次序化极强的系统设计。

乌尔姆的初创期

在现代设计中，人们习惯性的把乌尔姆设计学院视为包豪斯在战后西德的文化遗产，在乌尔姆的初期阶段，也被称为"新包豪斯"，这也主要是由于乌尔姆学院的创始人马克思·比尔来自于包豪斯，其教学与发展目标都打上了深深的包豪斯的烙印。事实上乌尔姆的领导者从建校之初就有意回避建立第二个包豪斯，乌尔姆学院的酝酿过程要比包豪斯长得多。1946年，他们在德国小城乌尔姆建立了一所学院，他们想通过建立德国民主教育学院这种方式反思德国在"二战"中的表现，调解德国由来已久的文化与文明的矛盾。同包豪斯一样，学院受到了各界名流的关注，很多设计师、历史学家、社会学家都赞同他们的教育改革。1955年10月，在乌尔姆正式的开学典礼上，包豪斯学院

留存的乌尔姆校舍

院长格罗皮乌斯出席并致辞："包豪斯在许多国家开辟了许多道路，但是在我一进入这栋房子时就已感觉到，最真实的根源可能会在这里继续成长茁壮。"确实，乌尔姆学院不仅继承了包豪斯的精髓，而且形成了自己的特色。

首先，乌尔姆沿袭了包豪斯设计思想，同时它倡导的功能主义远比包豪斯更具理性色彩。如果说包豪斯是艺术设计中的艺术流派，那么，乌尔姆学院则是艺术设计中的科学流派。包豪斯注重形式和艺术，乌尔姆则更加强调科学技术在设计中的核心价值。它为现代设计教育建立了一个坐标，它走出了一条全新的以科学技术为主导的教育道路。

其次，乌尔姆提倡设计教育与工业生产相结合。就拿工业产品设计专业来说，其课程设置与教育目标都是在为日常工作、生活乃至生产的物品进行设计，同时伴随着20世纪60年代德国生产力的提高，发达的工业体系为现代设计的发展奠定了基础。乌尔姆提倡的理性主义和工业化发展，在企业合作中展现其优势，建立了战后德国现代设计发展的基本模式，同时也稳定了德国产品在国际中的地位。

随着托马斯·马尔多纳多（Tomas Maldonado，阿根廷人）的到来，乌尔姆针对战后工业设计的商业化进行了教学改革，认为设计不再是神秘而不可捉摸的艺术活动，不再属于道德理想和艺术生产的文化范畴，设计已成为产品管理和系统分析更科学化的社会运作。马尔多纳多大胆的宣称包豪斯已经过时了，包豪斯"从实践中学"已经不适应战后科学和社会的发展，比尔与马尔多纳多就这一问题展开了争论，比尔拒绝课程的"现代化"，1957年，他辞去校长职务，他的离去标志着学院以艺术为基础的设计教育的结束。之后，学院摆脱了美学、文化和艺术生产的历史包袱，全力以赴发展现代设计。

很明显，乌尔姆的设计师不再关注美学和文化，艺术被科学取代，这明显地表现在 1958 年的课程修订上：色彩教学被完全取消，增加了数学、操作分析、生理学、感知理论、人机工程学和科学认识论等科学理论课程。其他方面，视觉传达系关心的是“尽可能的以物体自身的性质来安排视觉要素”。而信息系很少关心人性，而是关注“语言的清晰可变性”，他们提倡“科学操作主义”，努力使设计摆脱道德、审美和非理性的束缚，他们认为在新环境中保有道德的唯一方法不是维持秩序，而是引起混乱与争论。这种激进的做法和一些综合的因素使学院不可避免的走向了尾声。

但是乌尔姆开创了一种新的艺术设计模式，它的历史功绩在于详细研究了艺术和科学的联系，在艺术设计教育中强调了技术教育的重要性，为艺术设计广泛地介入工业生产开辟了道路。

第二个贡献——系统设计

在工业设计史上，德国对现代设计的重大贡献，一个是包豪斯，另一个就是系统设计。

大多数的人可能对系统设计的认识只停留在字面意义的理解，可是，汉斯·古格洛特（Hans Gugelot，1920—1965），他是谁？他是为我们打开了系统设计之门的人，并开创了一幅完全不同的新景象。

汉斯·古格洛特

古格洛特从 1945 年起一直在乌尔姆设计学院执教，他是系统设计思想的核心人物，他认为系统设计是“能够通过系统化综合不可思议的多样化”。系统设计是以高度秩序化的设计，使杂乱无章的客观内容变得系统化和具有关联性。系统设计是对功能主义的扩充和发展，它通过产品功能单元的组合实现产品功能的灵活性和组合性。系统设计的观念可以说是由古格洛特在乌尔姆发展出来，由迪特·拉姆斯（Dieter Rams，1932—）通过博朗公司、扎夫公司、维索公司的设计推广宣传开来，成为德意志设计特征之一。

系统设计的潜台词是以高度次序的设计来整顿混乱的人造环境，使杂乱无章的环境变得比较具有关联和系统，系统设计的使用首先在于创造一个基本模数单位，在这个单位上反复发展，形成完整的系统。

系统设计的核心是理性主义和功能主义，常采用基本单元为中心，形成高度系统化的、高度简约化的形式，整体感强而具有冷漠和非人情味的特征。系统设计通过把纷乱的现象予以秩序和规范化，将产品造型归纳为有序的，可组合的几何形态设计模式，取得了一种均衡、简练的和单纯化的逻辑效果。1956年，拉姆斯和古格洛特合作设计了一种收音机和唱机的组合装置“白雪公主灵匣”就是一个典型例子，该产品有一个全封闭的白色金属外壳，加上一个有机玻璃的盖子，结构简单到无以复加的地步。汉斯·古格洛特将系统设计应用到产品设计上，为博朗公司作出了大量的产品，然后他与拉姆斯又对积木式系列留声机进行了进一步的研制，从而创造了生产积木式系列留声机和以后的高保真音响系列设备的开端。到70年代，几乎所有生产此类产品的公司都采用了积木式设计体系。

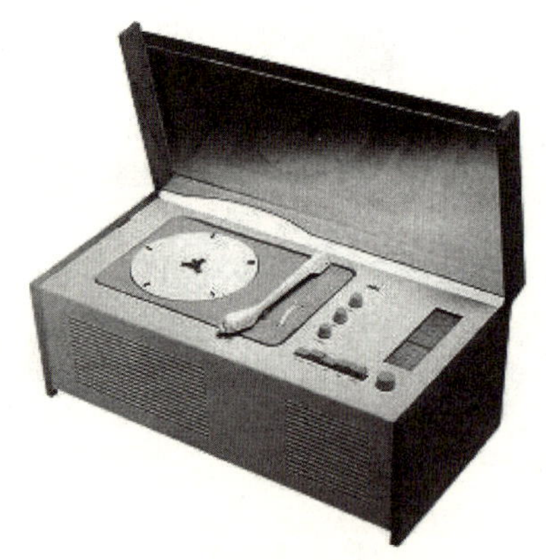

“白雪公主灵匣”

系统设计从60年代开始兴起，70年代受到重视，八九十年代普及的企业整体形象设计，成为德国设计的显著特征之一。系统设计对建筑领域、产品设计领域以及视觉设计范畴产生了重要影响，最终使德国设计在世界设计舞台以高度理性化的系统设计而著称，它自身也随着现代社会的日益复杂愈发多样化，并不断地被注入新的活力，显示出勃勃生机，现已发展成为当代工业设计的重要手段之一。

这是艺术还是科学技术

在 20 世纪 60 年代的德国，有两种设计观念并存，这样的模式不是在这个时期才产生，却正是在这个时期并行发展。德国人对于设计的科学技术性和艺术性这两个因素始终是困惑的，从德国的具体情况来看，理性主义必然、也的确是占上风的，这个与德国民族的理性传统，战后德国重建所需要的理性与秩序方式，德国人所熟悉的系统化、计划化风格有密切关系。但是，设计作为一种针对人的服务方式，同时也不能忽视人感性、心理的需求，理性方式为人类提供了功能需求的满足，而艺术的方式则为人类提供心理需求的满足，任何一种走极端、否定另外一个方面的方式，都会造成设计上的不平衡，因此，在设计上如何摆正理性与艺术性两者的关系，长期以来都在德国的设计界中有所争议。在这个时期，德国设计师并没有可能完全走科学技术型或者艺术、手工艺型任何一个极端。在这样的背景下，德国的博朗公司成为理性主义观念最为典型的代表。另外一种观念就是带有理想主义色彩的设计观念，有着强烈造型意识的卢吉・科拉尼成为这样理想主义下有机形态式的设计典范。

Max Braun 是博朗（布劳恩）公司的创始人，他是一位具有过人天赋和非凡创造力的人，早在 1929 年就发明了收录机，堪称业界先驱。在博朗帝国打下根基的最初日子里，内在的品质与不断创新一直是最重要的基石。乌尔姆造型学院与博朗公司的合作是设计直接服务于工业的典范。这种合作产生了丰硕的成果，使博朗的设计至今仍被看成是优良产品造型的代表和德国文化的成就之一。1951 年 Braun 兄弟继承父业接管公司时，它还只是一家默默无闻的小型企业，为了推进设计，布劳恩聘了迪特・拉姆斯等年轻设计师在 20 世纪 50 年代中期组建了设计部，并与乌尔姆造型学院建立了合作关系。在该院产品设计系主任古格洛特（Hans Gugelot）等教师的协助下，博朗公司设计生产了大量优秀产品，并建立了公司产品设计的三个一般性原则，即秩序的法则、和谐的法则和经济的法则。古格洛特曾说过：“工业设计被认为是对于工业产品的设计。设计师必须获得足够的知识、技巧与经验以理解决定产品的各个方面，

Max Braun 先生

提出设计概念并与相关的计划、开发及制造部门一起协作，最终完成产品。所以科学与技术知识将是他合作化设计工作的基础，他的目标是设计工业产品，以服务一种文化与价值观的社会。”古格洛特对于现代主义提倡的“形式追随功能”是个坦率的拥护者。在他看来，好的设计不仅意味着增加销售额，更要紧的是文化上的需求。

博朗公司生产的收音机

1955 年杜塞尔多夫广播器材展览会上，博朗公司展出了一系列收音机、电唱机等产品，这些产品与先前的产品有明显的不同，外形简洁、色彩素雅，它们是博朗公司与乌尔姆造型学院合作的首批成果。

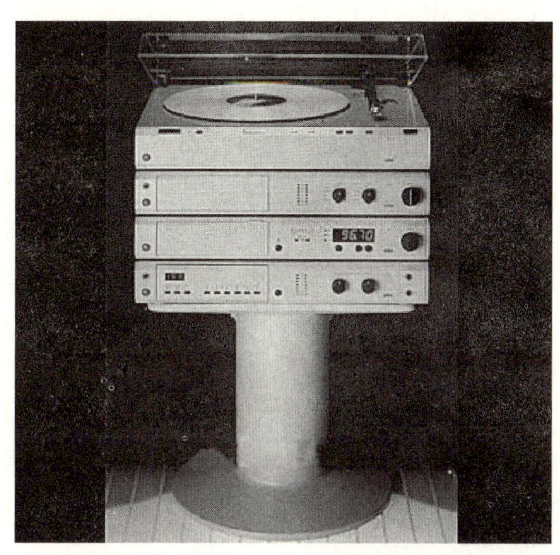

博朗公司 1980 年生产的高保真音响系统

到 20 世纪 70 年代中期，德国设计界出现了一些试图跳出功能主义圈子的设计师，他们希望通过更加自由的造型来增加趣味性。被人称为“设计怪杰”的科拉尼（Luigi Colani）就是这一时期对抗功能主义倾向最有争议的设计师之一。“让艺术和技术结合起来是我的愿望，这就是我成为工业设计师的理由”，用这句话，他不仅表明了自己成为工业设计师的理由，同时也说明了自己对于工业设计观念的态度。他的设计得到舆论界和公众的认可，但却遭到来自设计机构的激烈批评。科拉尼的设计方案具有空气动力学和仿生学的特点，表现了强烈的造型意识，在这一点上，他与美国的商业性设计走到了一起。柯拉尼用他极富想象力的创作手法设计了大量的运输工具、日常用品和家用电器，其中一部分生产后得到推广，这是市场接受能力的表现和证明。这些设计即使算不上“优良设计”，但也确实有很高的造型质量。

1980 年意大利的“孟菲斯”以迅雷不及掩耳之势征服了设计界。在风格上，“孟菲斯”表现出各种极富个性的情趣和天真、滑稽、怪诞和离奇，同德国的设计理念背道而驰，但实质上也并非是水火不相容。可能在普通理解上德国的理性功能主义是抹杀个性和无视人性的设计，但深入来看，建立在德意志广泛且宏观的社会责任感之上的这种德国设计，是最为深沉的人性化设计。此时的德国并不再像以前那样排斥感性和样式，而是更加理性的对待这样的设计观念，这使德国的工业设计进入到了一个更深的层面——“功能以人为本，设计因时代而宜”。

工业设计教父的守则——设计十诫

不管从哪种角度来说拉姆斯为博朗所做的一系列设计都是采用基本单元为中心，形成高度系统化、高度简约化，整体感强的设计特征。但就是这样一些简单而又严谨的设计却成为设计中的经典。正如迪特·拉姆斯所说的优秀的设计经得起岁月的考验。

谈到迪特·拉姆斯，整个 20 世纪工业设计标准就是他一手建立的。只要你看过他为博朗公司所设计的 T3 收音机，你就不会再认为 iPod 是最具有格调的经典设计。甚至被大家所追捧的无印良品 MUJI CD 播放器，它的设计者深泽直人也是迪特·拉姆斯的忠实追随者，这位日本大师称自己的设计无不是遵循了拉姆斯定下的“好设计十诫”这一设计守则。

拉姆斯早年学习的是建筑设计及室内设计，后作为职业工业设计师从事设计活动。20 世纪 50 年代中期，拉姆斯等一批年轻设计师受聘于当时尚默默无闻的博朗公司——20 世纪 20 年代，博朗作为一家小的工程作坊创立，今天，在成立近 90 年之后，博朗是世界最大的消费品公司宝洁公司的一部分。这是以技术创新、持久品质和优秀设计为驱动的结果。

对于拉姆斯而言，加入博朗更像是加入一个由几个志趣相投的年轻人组织的团队。加入博朗不久，拉姆斯就成为了公司计划的核心。在两个年轻老板的鼓励下，在汉斯·古格洛特系统设计思想的影响下，他们彻底重组了这个在1921年由父辈创立的公司。

拉姆斯与古格洛特共同设计了一种收音机和唱机的组合装置，这就是著名的"白雪公主灵匣"。它是具有革命性的创新设计，家用电器被如此巧妙地安放在一个像家具一样的盒子里，这在当时无疑是非常时髦的设计。1959年，他们将系统设计理论应用到实践中，设计了袖珍型电唱机与收音机组合，与先前的音响组合不同的是，其电唱机和收音机是可分可合的标准部件，使用十分方便，这种积木式的设计是以后高保真音响设备设计的开端，到了70年代，几乎所有的公司都采用这种积木式的组合体系。

1961年，29岁的拉姆斯成为博朗设计部门的负责人，他带领着他的团队承担了几乎所有跟设计相关的事务，包括产品设计到平面设计，甚至新技术开发，而各种国际设计奖项也都纷至沓来。拉姆斯和博朗团队的新设计概念迅速声名鹊起，早在20世纪50年代后期，博朗的产品就被纽约的一些著名现代艺术博物馆永久收藏，并设立了新的简约和技术创新的设计标准。博朗公司的价值观仍保留着创始人——博朗兄弟最初的梦想：在尊重人——员工和客户——的基础上开发产品，并用设计作为实现这个梦想的重要媒介。

拉姆斯将系统设计方法在实践中逐渐完善，并推广到家具乃至建筑设计，使整个空间有条不紊，严格单纯，成为德国的设计特征之一。拉姆斯认为单纯的风格只不过是解决系统问题的结果，提供最大的效率并"清除社会的混乱"，他说，最好的设计是最少的设计，因此拉姆斯被设计理论界称为"新功能主义者"。拉姆斯设计开发的产品都非常实用，而且细节经过周密考虑。每件产品，无论是一把牙刷还是Hi-Fi音响，他都力求去除不相关的元素，而保留属于事物最本质的东西。他说，做工业设计，要"拿掉诗意的东西"。如果你是一个普通德国家庭的成员，每天早上，你都会被莱姆闹钟叫醒，然后用欧乐B（Oral-B）牙刷刷牙，接着一边用博朗剃须刀刮胡子，一边等博朗咖啡机烧好咖啡，这些经典款式全部出自拉姆斯之手，他带领他的设计团队把品质优秀、设计精良的产品带入千家万户。从剃须刀到录放机，计算器到闹钟，腕表到收音机，拉姆斯为博朗设计的这些产品凭借超群的品质和功能成为整个20世纪家用电器的标杆，拉姆斯所建立的"好设计十诫"在今天仍倍受推崇，今天的大部分家用电器仍向这十个标准看齐：

· 优秀的设计应该是创新的；

· 优秀的设计让产品更加实用；

· 优秀的设计是美的；
· 优秀的设计使产品更容易被读懂；
· 优秀的设计是谦虚的；
· 优秀的设计是诚实的；
· 优秀的设计经得起岁月的考验；
· 优秀的设计是考虑周到并且不放过每个细节的；
· 优秀的设计是关怀环境的；
· 优秀的设计是简洁的。

当代先锋设计师——康斯坦丁·格齐克

康斯坦丁·格齐克

来自德国的设计师康斯坦丁·格齐克（Konstantin Grcic），被认为是当代最优秀的设计师之一。康斯坦丁·格齐克在英国接受教育，并受到意大利设计的深刻影响，他当过木匠，可以凭双手打造一张全木椅子，他是一个设计史专家，喜欢从各个时代的设计思潮那里获取灵感。由于他所接受的教育包括了实践和学术两个方面，因此他的经历让他形成了一种独特的个人风格：对材料极其敏感。康斯坦丁·格齐克的设计思路严密，线条纯净，轻盈通透却又带有一丝怪诞和幽默。作为我们时代的领军设计师，他的许多家具设计一经推出便立即被学术机构收藏，成为设计史的经典。他崇尚理性、效率和经济，亦强调人性、情感、“舒适”和“美”。因为这种将实用性完美融入人文主义理念的设计风格，他被最具权威的 Design Miami 评为 2010 年最佳设计师。

康斯坦丁内向腼腆，不善交际，但喜欢思考。他说他渴望“孤独的工作”，不同于我们印象中的大牌设计师。他第一次来到上海，在香港大学上海分校的讲座上，台下有人举手问他：“你是说你花了三年多的时间去设计一把椅子？你做了什么需要这么久？”康斯坦丁面带微笑的回答道：“这不算久，接下来我就要给你们讲我是如何用四年时间设计一支圆珠笔的。”如果你看过他做过的模型就会明白设计一把椅子就应该需要这么长的时间。在设计的草图阶段，康斯坦丁每个想法都需要大量的模型去实践，他那些著名产品的造型，几乎都是靠纸张、剪刀还有胶带来固定的，康斯坦丁自己也说道：“纸质草模的确是多年来影响我造型语言的一大因素。这些影响都是无意识下进行的，但是即使我意识到了，我也任之发展。纸张能让我快速的以 1 : 1 的三维模型进行工作，对我来说，它就是空间的草图，要修改起来几乎没有什么困难……纸质模型不是提案时候的模型，而是一种设计方法，使得我们能够第一时间内看到一个结果。纸张跟我们的工作已经融入得亲密无间：我们在早期设计流程中，可以把一切产品都在办公室里实现出来，而不用转战其他工厂。”

康斯坦丁作品：Chair_ ONE

Chair_ ONE 是康斯坦丁最著名的一件作品。这是一把完全由金属线条“编织”而成的椅子，整个形态完全由“结构”构成，打破人们对常规椅子形态的想象。Chair_ ONE 最初是被当做户外用椅而设计的，金属线条构成的极少的表面可以杜绝雨水，并且减少灰尘堆积。这把形态惊人的椅子总令人对它的实用性生疑，那些网状结构能提供舒适的使用感受吗？当你真的坐下，一切疑虑就会烟消云散，那些稀疏的网状结构能够极好地支撑不同体型的人体，后背上的把手也非常实用。当有人问康斯坦丁如何在设计中把握“舒服”的感受时，他想了很久才作答。因为对于康斯坦丁来说，一张椅子的舒服已经不是一种感受，而是三年来的无数张草图和近百个模型。透过他的作品，人们不仅可以领略到其对于设计、建筑、历史等诸多领域的广泛研究，更能感受到他对工艺、材质的执着追求。

自 Chair-ONE 大获成功之后，格齐克担心自己被定义为一个只会设计棱角分明的金属家具的人，来自意大利家具公司 Plank 的邀约给他提供了一个颠覆自己的契机。Miura 吧台椅用塑料制成，色彩明艳，一扫 Chair-ONE 的冷峻感，更重要的是，它仅 4 公斤重的轻盈身材竟能负担最高 500 公斤的重量！

康斯坦丁·格齐克这样描述他以“轻”为特点设计的椅子：我学习的是制作工业化生产的东西，当你制作东西，你希望把它们做得高效、合理、经济，也就是说为了降低成本，你希望能够减少材料的使用，这样自然也就减轻了重量。但对我来说，把一件家具做得尤其轻盈并不是必须的，“轻”对一件家具而言，有时候需要，有时候则不。工业生产的理想是，用最少的物质和人力的资源、以最高的效率，获得最好的质量。

比起“极简主义”（Minimalist），格齐克认为“简约”（Simplicity）才是对自己风格的最好定义。“极简”通常情况下指的是最少的，做了减法的，有时候会有负面的含义；而“简约”是一个更积极的词，它意味着好的设计。

"我喜欢那种向别人提供一些美妙的姿态，而不是把东西减少。"

"不管你叫它设计还是什么别的，我热爱工作，它不是仅仅一份工作，这是我所热爱的。"这句话要是出自一个天性热情而又浪漫的人，你一定以为是夸大其辞，不过当作风严谨、节制、并且在实际和人打交道的时候甚至有些害羞的康斯坦丁·格齐克把这句话说出口，你知道他绝对是在述说事实，一个关于他的生命的、最重要的事实。

德国制造

英国历史学家艾瑞克·霍布斯邦在《资本的年代——1848—1975》一书中写道：19 世纪中期是资本主义在欧美获得全面胜利的时代，它以"万国博览会"这一"宏伟全新的自我庆祝仪式"拉开了序幕。1851 年英国水晶宫世界博览会让人们看到了财富的增长与科技的进步，但是同时也意识到展会中各种工业产品表现出来的低劣美学质量。英国人在发现和尝试解决艺术与机器生产之间所产生的问题方面走在了前头，但在威廉·莫里斯去世之后这种首创精神从英国转移到了欧洲大陆和美国，而德国在这一时期便成为了进步事业的中心。

在 19 世纪最后的 20 年里，英国是整个欧洲大陆羡慕和渴望超越的对象，对于 1871 年才实现民族统一，心中无比渴望民族强大的德国人来说，这种愿望尤其强烈。从 1851 年到 1876 年，在历届世界博览会上展出的德国产品一直不受好评。德国建筑师、建筑理论家哥特弗里德·泽姆佩尔（Gottfried Semper）参观了 1851 年伦敦水晶宫博览会后，在次年的《科学、工业与艺术》中写道：德国的产品"除了陶瓷、撞针式枪和大型钢材之外，其他东西'没有特色'，是'乱七八糟拼凑的形状'，或像'幼稚可笑的儿戏'。"1867 年维也纳大展上德国轻工业产品得到的是"完全无聊乏味"的评价，1876 年费城博览会上的德国产品则被评论家认为"价格便宜而质量低劣"。

然而，德国人的雄心是巨大的，统一、强大督促着他们不断改进、创新。1877 年，也就是费城博览会的第二年，德国政府派出观察员弗朗茨·罗尔奥克斯对费城博览会进行了报道，并提出："德国工业界应当摒弃那种仅仅依靠价格来竞争的原则，转而通过智力及工人技巧之应用来改良产品，使其更接近于艺术"的建议。

提及德国工业设计，汽车不得不提，世界上第一辆汽车诞生于德国。德国汽车给人总体感觉：造型设计注重传统风格，线条挺拔而有力度，车型富有艺术韵味、典雅、严谨而不失张扬，沉静、厚重而深藏不露；工艺精细、注重细节，内在表现尤为优良；讲究实用与有效，整车的可靠性与可维护性强，加上德国汽车优良的品牌传统，给人一种坚固、耐用、可靠的感觉。

梅赛德斯-奔驰 180D

1978 年 8 月的一天，一辆梅赛德斯-奔驰“180D”汽车转完了它的里程表，一共行驶了 1 930 800 公里。这辆由梅赛德斯-奔驰公司生产的汽车成为了至今为止世界上行驶里程最长的汽车。来自德国的梅赛德斯-奔驰汽车素以耐用、可靠性佳傲视其他汽车品牌，一辆奔驰轿车行驶 30 万公里以后仍是安然无恙。保时捷跑车的耐用性和长寿也为世人所称道。有人曾做过调查统计：约有 1/3 的从 1950 年以来生产的保时捷和 3/4 的从 1964 年以来生产的保时捷“911”跑车，至今仍在行驶。

德国制造往往十分注重考究的细节，这与德国人做事严谨、精益求精的性格有着不可分割的关系。奔驰的 LOGO——三叉星标徽早已光耀全球，如果说梅赛德斯-奔驰是德国汽车业的皇冠，那么著名的三叉星标徽则无疑就是这个皇冠上的璀璨宝石。对三叉星标徽的制造，戴姆勒-奔驰公司煞费苦心，而其精益求精、追求卓越的制造理念也在制造过程中淋漓尽致地展现出来。早年，戴姆勒-奔驰的汽车标徽是只有技术最好的工人或设计师才能制造的部件。为了保证品质，它的制造过程极为严格：410℃高温的压铸机器将锌、铝、铜合压铸成三叉星标徽的原胚，然后将这些滚烫的三叉星标徽投入冷水中冷却，取出后在干粉中弄干，接下来让工人用手将它们打磨光滑，仔细严格地检查每一处细微划痕。据说当年一枚来自德国原厂订制的梅赛德斯-奔驰“S600”轿车的标徽中含有 300 克黄金。正是由于做工精细、坚固、耐用这一特点，人们

奔驰车标

都以能够拥有一辆奔驰轿车作为人生追求。

《100 年的德国温度计身价上万》这是最近《都市快报》上刊登的一则新闻。看到标题令笔者瞠目的是那醒目的“100 年”字样，德国制造又一次向我们展示了它的耐用、可靠。家住山水人家的金先生晒出了父亲传下来的一支温度计——距今 100 多年，印着德国制造，牌子叫“USCO”。这支温度计质量非常好，至今都能用，只是不知道“USCO”这个品牌是何方神圣。“USCO”其实是美国橡胶公司的简称，全称为“Unit Stats Rubber Co.”，公司 1892 年在美国康尼狄格州成立，专业生产工业橡胶、轮胎，米其林轮胎就是他们生产的。不过当时他们还生产很多衍生产品，其中就有这个温度计。浙江省民间收藏家学会会长、杭州市首席鉴宝专家蒋兆悦看到报道后来电说，他知道这个牌子，金先生的温度计从整体布局来看，应该是 20 世纪初的产品，是美德合资产品，技术是美国提供的，由德国生产制造。“商标是烤进温度计里的，用手摸起来没有任何粗糙感，数值是在玻璃内侧的，是先吹管再注水银然后再烤胶的制品，外面套一个铜壳加固，以防损坏。”

德国制造真的能屹立不倒吗？

德国有时候像一辆战车，有着惊人的杀伤力；有时候则像一部效率很高的机器，有着惊人的创造力。尽管“工业设计”这个名词不是德国的发明，但它以实现电气化为标志，成为“第二次工业革命”的发祥地。与此同时，它以骇人的破坏力伤害着世界和自己，他曾经是两次世界大战的策源地，而这一切都源于这个民族对长期分裂和战乱的集体记忆，统一和强大，成为德国发展的原动力、凝聚力乃至奢望。

德国人的气质很大部分来自于普鲁士人的气质，德国民族性格归纳起来主要有两个核心：一是理性；二是服从。在尚武时代，德国人面对战争，就像专业消防员一样，即使在夜间听到警报声，也能迅速起床，奔向指定地点。德国人这种民族特性在今天的日常生活中就是忠诚、诚信、负责任、严谨、高效。德国汽车创始人卡尔·本茨和戴姆勒出生于斯图加特西南部一个叫施瓦本的小镇。长久以来，施瓦本人都以聪明、勤劳、爱动脑和动手能力强等特点为世人所称道。当地更是传诵着一首古老的顺口溜："拼命干啊拼命干，盖上瓦房才心安；省吃俭用不养狗，自己守门也心甘。"

"德国人目的意识很强，小心谨慎，讲究方法，工作劳动中考虑很周密，他们不是大胆的、冒险的民族。他们需要思考和行动，他们需要他们的秩序和规矩、他们习惯的环境、他们规定的道路和方法。但是他们具有至今其他国家没有达到的能力：事先识别出正确的道路，然后毫不动摇的走下去。"无疑德国人这一特性对德国工业以及德国国力的发展起到了催化剂的作用。

许多德国人把20世纪70年代看成是德国工业发展的高峰。"德国制造"不光只是好产品的标志，而且也是一个非常有效的工业体系的象征。作为一个相当成功的模式，德国工业得到了国际上的承认。然而，德国的企业在80年代以来面临进入国际市场的激烈竞争，以不变应万变的德国设计在以美国的"有计划的废止制度"为中心的消费主义设计原则造成的日新月异、五花八门的新形式产品面前，情况就慢慢地发生了变化，德国的工业似乎逐渐丧失了竞争力。

作为众所周知的汽车之国，德国汽车在世界范围内一直占据着领袖地位，但时至今日德国汽车的领袖地位似乎已不再稳固。人们经常可以见到爱车一族就日系、德系、美系、各路车系唇枪舌剑，讨论不休，这一细节可以看到随着人们价值观的趋于多元，德国汽车正受到来自日系、美系汽车的严峻挑战。以省油闻名的日系轿车，通常车身重量要轻于同级别的其他国家品牌轿车。看得见的地方非常精致，看不见的地方能省就省（对于日系车的评说仅为作者的个人感受，并未有确然数据予以佐证。编者按）。而且，由于国土资源狭小，车辆极限驾驶可能性降低（民用轿车），车辆动力总成的设计寿命通常是可丁可卯，听过开老佳美（90年代进口的五代凯美瑞）的老司机说："日本车皮实，不爱出毛病，但是到了设计里程（寿命上限），多一公里也难跑！"就是这个意思。如果想买一辆价格相对便宜、外观气派、空间大、省油、代步的家轿，日本车其实也不失为一种理智的选择。和日系车对比最多的就是德系车集团。其实，德国工业一直给我们的感觉就是精致与强悍并存。前些日子在摄影器材城把玩了一下古董级莱卡的手工镜头，手指尖几乎能够感觉到德国技师一丝不苟的严谨。德国的汽车也像其他工业制品一样，在细节上渗透着可靠、精密、严谨的气质。且不说被国内大众迷喊烂了的空腔注蜡和激光焊接，仅仅其动力总成在极限状态下的使用寿命就足以让人乍舌！这也许和德国高速不限速的习惯有关。

欧美人发明汽车是从人的需要出发，从无到有的想象、钻研。日本人学做汽车更多地考虑如何经济。日本车打入美洲市场是在能源紧张、油价上涨的20世纪70年代，美国人在严峻的经济压力下放弃了宽大、张扬的美国汽车，因为它耗油；美国人同样放弃了耐用、质量优秀的德国车，因为它较其他国家的汽车总要贵上那么一些。而日本汽车设计者们更加注重汽车的使用经济性，同时拥有更加低廉的价格。的确，在如今这样一个能源问题已经成为世界性问题的时代，人们对优质汽车的定位似乎改变了看法，环保节能似乎更加具有亲和力。丰田、本田等日本企业在新能源汽车的开发上给德国汽车制造了很大压力。

在其他工业领域，德国人也发现其竞争实力越来越受到挑战。竞争对手在产品质量、产品设计、原料花费、售后服务等方面一点都不输于自己。有些德国学者或外国学者都认为德国的工业失去了竞争力，他们认为德国的企业不灵活，企业的结构不灵活，研发周期过长，将发明推向市场有时也不够及时，不适于目前越来越短的产品生命周期，没办法与快捷的竞争对手相比。其次，他们认为德国企业太强调技术层面，因而忽视了雇主的偏好。从文化上讲，德国的管理人员有很强的工程取向，他们本人也是在这种氛围和传统中成长起来的。在解决问题的过程中，在设计的过程中，德国的工程师都倾向于追求最完美和最先进的概念。人们认为，在技术开发过程中，这些特性导致了“以技术为中心”的想法，但这并不为消费者所偏好，消费者所喜欢的是实用并易于操作且花费相对较少的产品。与德国企业相反，外国的竞争者把技术仅仅看成是手段而不是目的，因而能满足消费者的需要。

的确，面对全球化背景下激烈的竞争，一些德国企业落于下风。因此，当前出现了一些新的独立设计事务所，以便为企业提供能够与美国、日本这些高度商业化国家的设计进行竞争的服务。其中最显著的一家设计公司，就是上面提到的“青蛙设计”。这家公司完全放弃了德国传统现代主义的刻板、理性、功能主义的设计原则，发挥形式主义的力量，设计出各种非常新潮的产品来，为德国的设计提出了新的发展方向。对于“青蛙设计”的这种探索，德国设计理论界是有很大争议的，其中比较多的人认为：虽然“青蛙设计”具有前卫和新潮的特点，但是，它是受商业味道浓厚的美国式设计影响的产物，或者受到前卫的、反潮流的意大利设计的影响。因此，“青蛙设计”不是德国的，不能代表德国设计的核心和实质。这个问题依然在争论之中，而德国越来越多的企业开始尝试走两条道路：一是德国式的理性主义，主要针对欧洲和德国本土市场；二是国际主义的、前卫的、商业的设计，主要为广泛的国际市场服务。全球化形式下，德国各个行业都受到了不同的影响，“青蛙设计”的出现可以说是德国设计的一次变革，德国设计在保留务实、细致的优良设计传统的同时，融入了更多市场因素。

德国制造能否成为全球化的赢家？

今天，有关全球化的讨论如火如荼，无论我们喜欢与否，全球化都不可逆转地改变了我们的生活，各国政府也都积极地寻找对策，以适应它所带来的变化。作为对一个国家而言至关重要的技术政策，应得到相应的调整；作为工业企业，也要有相应的战略对策。全球化的赢家，只能是那些对此作好准备的国家或地区或公司，它们具有竞争实力，对外开放，能够成为信息、交流和知识应用的中心。

跨文化设计是全球化趋势在设计中最直接的体现。在全球文化大交融的今天，每一个设计师都在文化中工作。我们所拥有的文化共同点，就是全球设计语言的一部分，而那些地域特征又使之产生差异。因此，设计师应该深入了解不同的文化，尽可能地去寻找一种认知和尊重它的方式，处理好全球文化与本土文化的辩证关系，使各个民族的、地区的、地方的文化能够继续为全球文明做出贡献，而全球文明又反过来推动民族、地区和地方文化的更新和发展。德国设计师同样深知这一道理，他们积极利用教育资源带动国际文化交流，将国外优秀的思想文化引入德国，与国外设计工作者共同探讨全球化环境下的设计发展趋向。“全球化关系中的设计展望 2020”是笔者亲身参与的一次多国设计文化交流研讨活动，活动倡导学术交流、文化融合、沟通友谊，交流个性化的设计理念，倡导未来绿色城市生活，在提升城市生活品质上进行积极的探索。相比中国设计，德国设计发展历史更为悠久，有许多地方是值得我们学习的，但活动中我所看到的是德国设计师谦虚、专业的学习探讨态度，他们并没有沉浸在自己过去的辉煌之中，而是积极地参与到全球化进程中，并努力地适应这一不可逆转的变化。

的确，在全球化背景下，德国本土设计同样受到来自他国设计的冲击。设计市场的饱和，设计机会的骤减使越来越多的德国设计师将目光投向其他国家的设计市场。中国作为世界最大的发展中国家，近 20 年来发展迅速，具有很广阔的设计市场，从最早的西门子、大众汽车等德国企业进军中国市场，到现在越来越多的德国企业、设计师来到中国，全球化设计的趋势已势不可挡。以德国建筑设计在中国的发展为例，2008 年的北京奥运会、2010 年的上海世博会等世界级大型活动使得北京、上海等城市出现了很多机会，各国设计师怀揣着一展宏图的期望来到中国，其中当然少不了来自德国的设计师们，他们用来自德国的设计思维对中国建筑文化进行着诠释。

未来的"德国制造"依然还需根植于科研机构。300 多所高等院校、数以百计的研究机构，他们从事着尖端技术领域的研究，促进研发和科技成果转化成真正的生产力。同样，也不能忘记那些投身于"制造科技"的德国老百姓，他们创造了许多具有突破意义的东西，如发光的口红、卫生间电动刷子和 MP3 等。从汉堡至慕尼黑，大约有 10 万名业余研究者。德国发明家协会称，每 10 项专利登记中就有一项出自百姓发明家之手。最重要的是，德国还有一支将"制造科技转变成产品"的高水准技术工人队伍。

"绿色制造"、"信息技术"和"极端制造"是德国工业对未来"德国制造"的全新定位。面对日趋严峻的资源和环境约束，德国推出了以保护环境为主题的"绿色制造计划"。德国目前已有 60 种类型、3 500 个产品被授予环境标志。而关于"信息技术"研究，德国前联邦教育与研究部部长布尔曼表示："为明天的市场做准备是非常必要的，应该提前具备未来发展所需要的创新技术。"此外，"极端制造"是指在极端条件下，制造极端尺度或极高功能的器件和功能系统，集中表现在微细制造、超精密制造等方面，如汽车安全气囊、医疗用的微管道试剂测试设备等。

"传统+科技"——德国制造已经找到了应对全球化竞争的策略，作为现代工业的领先国家，德国深厚的工业基础以及德国人由来已久的敬业、严谨的精神，在全球化继续发展的未来，德国工业仍将是不可小觑的力量。

第十五章
挑战未来——打造城市家园

当人们漫步在德国城镇，由南至北，由西向东，会领略到全然不同的风情。更让人意外的是，作为发达的工业国家，德国城市不是钢筋水泥的森林，反而更像一座座安宁静谧、充满诗情画意的田园，哪怕鲁尔区的重要工业城市多特蒙德也是绿树浓郁、芳草萋萋、建筑错落，绿地点缀在密如蛛网的道路之间，占到市区总面积的49%。而经济实力最强大、在德国百万以上人口城市中失业率最低的慕尼黑给人的印象也绝不商业，反倒是逍遥、奔放和精致，花园遍布市区，仅喷泉就有700多处，位于市中心的“英国花园”被称做“慕尼黑的绿树肺叶”，是欧洲最大的花园之一。北方城市虽无群山环绕，但也拥有众多的城市公园、湖泊绿洲，比如因一年一度的工业博览会而闻名于世的汉诺威就几乎一半由园林、水域覆盖，算得上是地地道道的富有小城市妩媚的大城市。再看被誉为“德国曼哈顿”的法兰克福，虽有鳞次栉比、高耸入云的摩天大楼，但绿色仍是这座城市一抹随处可见的色彩，加上浪漫的中世纪建筑和浓厚的文化气息更是构成了法兰克福独特的城市气质。至于“德国制造”这一品牌的诞生地斯图加特，人们对它的评价是“不管施瓦本人用多少玻璃、钢筋和水泥来建设城市，斯图加特的王牌还是那绵延至城中心的葡萄山和开阔的城市公园”。

亚里士多德说：“人们为了活着，聚集于城市；为了活得更好居留于城市。”千百年来，在人类文明的进程中，越来越多的人怀揣追求更高品质生活的梦想，从农村走向城市，城市的数量与规模也不断增长，到了今天，一个国家的城市化程度成为衡量其经济发展水平的重要指标之一。但是，城市作为人类一种最主要的居住形态和生存空间，其发展原动力也正是人在经济、政治、文化领域的活动，城市只有作为整体，实现了它在上述领域的综合性功能才有意义。当然，所在地区的自然、地理、社会环境影响着城市的发展，同时也被城市影响，充分体现着“人化自然”与“自然人化”的双向互动关系。

就城市个体而言，其发展历史是个性化的，有鲜明特色，就好比每个生命体的独一无二——每一座城市也都有自己的指纹。作为一个以理性著称、以严谨见长的民族，德国人是如何把一座座城市建设得如此生动又如此的各具特色呢？要回答这个问题，还是让我们先看看德国城市在过去百年或者更久远的时间里走过了怎样的历程。

规划——城市建设的指南

在很长一段时间里，城市规划被认为是建筑师分内的工作，城市规划不过是在更大的空间里从事扩大了的建筑设计，只要构建了好的形体环境就可以增进幸福，解决空间问题，德国也不例外。直到 1933 年，国际建筑协会讨论通过了世界第一个城市规划大纲——《雅典宪章》，才突破了把城市规划作为纯建筑学的技术主义观念，提出建设成功的关键在于关注“人的需要和以人为出发点的价值”，首次在规划体系中导入了政治、经济、社会和文化的因素，被看做划时代的进步。进入 20 世纪 70 年代，由于资源短缺、污染严重及生态危机，环境保护意识逐步被内化到规划理念中，1977 年国际建筑协会通过《马丘比丘宪章》，对人类在观念和生活方式上疏远自然、破坏资源、污染环境的行为提出质疑，认为《雅典宪章》过度强调人类凭借理性去驾驭自然，导致人类经历着与大自然关系的间接化和不协调过程，充分表现出了对自然环境的尊重，将争取获得生活的基本质量以及与环境的协调作为同等重要的目标。在这一过程中，严谨善思的德国人也在近两个世纪的时间里，由 19 世纪中叶制定的《城市公共建设法》开始，逐步构建起今天以《联邦建设法典》为核心的覆盖空间规划、区域规划、环境景观规划以及文物保护等诸多层面的综合体系：一方面在国土范围内实现了较好的同质生活保障及城市与地区的可持续发展，另一方面也越来越明确地将生态环境和历史文化遗产保护理念体现在建设规划体系中。

但我们必须承认的是，无论《雅典宪章》还是《马丘比丘宪章》的城市规划理念，都是一种针对具体城市问题的被动反应式城市规划取向，缺乏对未来整体发展与进步的主观预测性把握，就像下面这个古老的中国太极图案中上半部分显示的，是在由外向内认识可能出现的未来。然而，时代对我们提出的新要求是以敏锐的洞察力，密切关注变化趋势和新动向，以超前的意识、领先的理念和开拓创新精神，抓住时机，果敢决断，规划并创造未来（下半部分）——这就是今天人们常说的可持续发展规划，是将规划设计与未来管理结合起来的积极未来视野。按照德国规划研究学者雷诺特（Nobert Lenort）的理解，发展规划是“在保障社会生活活力的前提下，为使地区居民拥有舒适的生活，地区机构正常运作而创造、持续保持并不断改善物质及非物质条件的行为总和”，它不以完成某项计划为核心，而更关注对发展方向的掌控及发展过程的管理，为满足社会、文化和经济需要对城市建设措施及与建设相关的投资的时间先后及优先级别进行规定，在为一个城市或地区勾画未来蓝图的同时也确立了行动框架。

未来管理的特征

规划城市发展离不开对未来的预测，德国城市的建设者们正是在复杂的现实中不断吸取教训、总结经验，勇敢地面对问题、解决问题，实现城市家园的梦想。

亡羊补牢与未雨绸缪

年长的汉堡人都不会忘记1962年给自己家园带来巨大灾难的那场洪水。

那年 2 月 17 日，百年一遇的洪水水位高出海平面 5.7 米，易北河 60 处河堤决口，差不多 1/6 的汉堡城区被洪水淹没，导致多人死伤。当时还是汉堡市内政部长的前联邦德国总理赫尔穆特·施密特（Helmut Schmidt）事后回忆说，好几千人在自家的房顶上等待救援，如果不马上采取行动他们就会被淹死或者冻死。据慕尼黑再保险公司测算，洪水造成的损失换算成今日的货币，高达 16 亿欧元。

为了不让类似的惨剧再发生，在救灾行动中表现卓越的施密特在灾后继续为汉堡防洪设施奔走。亡羊补牢，未为晚也！洪水过后的几十年，为了给居民和整座城市提供更安全的保障，汉堡不断加大防洪方面的投资，至 2012 年，共计投入 22 亿欧元，使防洪堤高于海平面 8 米，并经过加固和重新构筑，达到了今日的防洪水平。这些防洪工程至今已成功抵御了四次洪水的侵袭，更值得一提的是，这些洪灾发生时，易北河的水位均高于 1962 年，但造成的损失和侵害却是大大小于当年。

据慕尼黑再保险公司估算，至目前为止，汉堡防洪工程令这座城市避免了约 175 亿欧元的损失，也就是说，防洪的“净利润”超过 150 亿欧元，更不用说挽救了多少生命，避免了多少生离死别的人间惨剧！汉堡的例子告诉世人，在气候变化的背景下，采取预防性措施是何等重要。理性的德国人正是在大灾之后吸取了教训，亡羊补牢的同时也将目光放得更长远，在全球变暖引发的最严重后果尚未到来之前，为保卫家园对未来进行了慷慨的投资。他们说，虽然这是一笔庞大的支出，但是德国还负担得起，也必须负担！正是出于这样的理念，在环境保护和新能源利用与开发方面，德国的许多城市也取得了备受赞誉的成就。

生态城市的梦想与现实

德国之所以将自然景观保护、生态系统平衡等概念增补进建设规划法系，并日益重视，其实也是基于以往的惨痛教训。以纵贯德国西部长达 1 300 公里的莱茵河为例，1970 年代，这条将科隆、波恩、杜塞尔多夫等众多城市汇聚于两岸、被德国人誉为“父亲河”（Vater Rhein）的河流也曾臭气熏天、生物绝迹，但通过一系列维护生态环境的立法，如《联邦有害物质防护法》、《自然环境保护法》等，以及保障法律实施的强力手段和具体措施，终于逐步让这条哺育和滋润德国文化的重要河流重又水清鱼欢，恢复了勃勃生机。或许，正是有了这样切身的体会，环境问题才走下高台，不再是政治家们互相攻讦的口实，日益成为德国普通国民也同样关心的话题，节能环保意识的普及工作最终成为上至联邦，下至社区的全民性工程：在宏观层面上德国通过示范经验推广、城市园艺展览及定期交流活动促进生态技术与材料的应用，倡导生态化的园林绿化建设；在微观层面上努力减少不必要的能源和物质消耗。另外，还在教育体系内增大了对生态环境学科的投入，开展各类宣传教育活动，为专业机构与社会群体间的交流搭建平台，提高民众对新的生活观念及方式的理解力与接受度。这一有着广泛社会基础的环保意识的增强，最终推动了德国规划体系的完全生态化，使生态与环保问题迅速被纳入高度程序化的框架机制中，令我们今天能够看到高速公路两旁的成荫绿树，似毯碧草，领略到城市里的清新空气，宜人景观。

光有意识和觉悟，生态家园仍然只能是纸上谈兵，务实的德国人当然不会让梦想永远停留在纸上，他们要让梦想照进现实，于是在每一个可能的领域他们行动着，从 20 世纪 70 年代开始为烟囱装上过滤器，以减少其排放废气中的氮氢化物和二氧化硫的含量，杜绝酸雨形成的源头；到 90 年代将汽车催化器列为强制安装的设备，实现一氧化碳和氮氢化物等有毒废气排放的明显降低；再到近几年在人口稠密地区设立环保区，安装了微尘滤清器的汽车方能驶入，以免居民遭受废气的侵害——这一系列措施都有力保障了居民的生活环境，让天更蓝，水更绿，空气更清新。

在节能领域，德国人同样身体力行。2010 年上海世博会上德国展馆的“被动屋”相信给不少参观者留下了深刻的印象，在没有热能泵的情况下，20 平方米的房子只需安装两个 75 瓦的白炽灯即可维持 20℃左右的室温，而室外温度低于-10℃。这类节能建筑在德国正被大力推广，尽管造价比普通房屋平均高出 20%，但为了减少温室气体的排放，降低环境压力，这样的前期投入是值得的，更何况投入使用后，“被动屋”每平方米的取暖能耗仅为普通房屋的 1/10。

“我代替了一辆汽车”也是德国联邦环境部资助的项目之一，这是一项用带有电动助力的加长型自行车代替货运汽车承担运输任务的实测项目，柏林一家快递公司目前有 21 辆这样的自行车投入使用。过去载着牛奶罐、面包、建筑材料穿行于城市大街小巷的货运人力车又重新回到人们的生活中，只不过相较于老一代产品，现在的自行车在继续发挥占用空间小，不排放任何尾气优势的同时，拥有了更好的助力系统，其电池续航能力达到 50 公里，足以应付内城运输的需要，而且只要充电一刻钟，它就能行驶 10 公里。随着各城市充电站的日益普及，相信骑货运自行车的人会成为城市里有一道独特的风景。

骑货运自行车的市民

在资源循环利用方面，德国人同样为世界作出了表率，被冠以“垃圾回收冠军”的称号也实至名归。在德国生活过的人可能最初都会被家家户户门前盖子（或桶身）颜色不一的垃圾桶以及厨房里不止摆放一个垃圾桶的情形弄得丈二和尚摸不着头脑，但一段时间后搞清楚了德国在垃圾分类方面的规定也就不会再感到奇怪了。一般来说，黑盖（或黑色）的垃圾桶用来搜集一般的生活垃圾，蓝盖（或蓝色）的垃圾桶则用于搜集废旧纸品，棕色的垃圾桶则用来搜集可降解的所谓“有机垃圾”。而德国人的厨房里通常还会准备所谓的“黄袋”（Gelber Sack），顾名思义，黄袋，颜色自然是黄色的，材质一般为塑料，体积较大，用来搜集可回收再利用的包装（上有专门标识），这种特殊用途的袋子有些城市的政府免费提供给市民使用，可随时领取，有些城市则需居民自己掏钱购买。不管是否收费，每个德国居民都严格遵守着关于垃圾分类的规定，甚至盛装“有机垃圾”的袋子都要是易于降解的专门纸袋，其成本自然远高于塑料袋。但德国人却似乎已经习惯了为此买单——环境不是某个人的，但却需要所有人去维护，因此从身边的点滴做起，使德国的垃圾再利用率达到了46%，高于其他所有欧洲国家。这一成果的取得，自然离不开由市民在家中就已完成的垃圾分类，以及城市街头标识明确的垃圾搜集设施。

一座绿色的城市缺少了人文景观自然会欠缺些许风韵，因此当人们说着城市是建筑艺术的天堂时，又怎能忘记一栋栋古老的建筑正是社会历史的缩影，是营建城市特色的基石呢？因此在打造生态家园的过程中，德国各级政府也将文化建筑的保护、修复放在重要位置，大到城市道路的扩建翻新、城区改造，小到旧房内部的设施改造、外墙整修，德国规划部门都会尽可能地保持建

德国居民楼前用途不同的垃圾桶，从左至右依次为有机垃圾桶、一般垃圾桶、废旧包装垃圾桶和纸品垃圾桶

筑物原貌，并使之与周围环境相协调，更不允许新建筑破坏原有的城市格局，不仅保护真正的历史遗存，也尽心维护着城市的整体风貌，使一座座鸟语花香的城市也处处让人感受到浓郁的人文情怀，在呼吸清新空气的同时也体验着悠久的文化积淀。

抗议的声音也要被倾听

德国城市规划与建设中另一个突出的特点是公开性，或者说公众参与性。相关法律明确规定，在编制空间规划计划时必须有公众的参与，各种规划方案及其可能产生的影响应及早告知公众，使之有机会对此进行评议，搜集的公众意见会在规划方案决策时加以考虑，并将结果向公众反馈。通过这种方式，城市规划工作体现了透明、公平和公正的原则，公众意见能够影响规划方案的特征甚至是政府部门的决策，而规划方案的社会认同度也得以提升。具体的操作程序：通过报纸、广播、电视等媒体手段公告规划；公布规划草案供公民讨论，同时与环境、交通、住宅建设等其他相关部门沟通；议会召集公众会议研究各方意见，形成对这些意见的统一看法；修订规划草案并通过各种渠道予以公布，将图纸寄达相关部门征求意见，并邀请专家进行评审；公示一个月后将收集到的意见交议会讨论并作出答复，然后表决（若有重大修改，重新执行程序1至

5)；议会通过规划方案，上报州相关部门审批；州审通过，正式公告（若基层行政单位，如乡镇，有意见还可协商，直至上诉法院)；实施规划方案。

在上述八个基本工作步骤中，最明显的一个特征就是各行为主体之间不断的沟通、协商，直至达成共识，这是20世纪80年代德国当代哲学家和社会理论家哈贝马斯（Jürgen Habermas）《交往行为理论》所代表的观点在规划界的投射。哈贝马斯认为，生活在世界上的人通过对话交流、交往、沟通，通过相互理解和相互宽容从而达成共识或合意。所谓合意，就是确保所有受决策影响的个人或利益团体的代表能平等地参与决策过程。规划作为一种涉及面广泛的“交往行为”，各主体应获得平等和真实表达的机会，同时保持开放心态以及意识相对化状态，通过各自的策略选择而达到一个均衡系统——也就是“合意”。整个规划过程其实是一个各方博弈的过程，它获得的不一定是最优化，但却是满足化的结果，是寻求社会合作之路，努力实现社会、经济、文化多样性之间协调发展的尝试。以这种形式议定的规划方案有利于保障公民的基本权益，更好地促进城市的人性化发展，因为规划不能仅靠几个规划师来编制，作为规划结果的最终承受者，广大市民理应在规划决策中占主导地位，充分表达其利益诉求，这也是唯一可以真正实现社会公正的途径。当然，公众参与不是万能解药，公众的参与形式、参与深度与广度还需要针对具体情况灵活对待，大规模、全民式的参与无论在什么国家，在哪种社会模式下，都难免流于形式，因为地理范围越广，概念越抽象，方案越空泛，民众的兴趣越低，很容易在空泛的目标下忽视了具体的问题，从而无法形成有执行力的决定。

在德国，一个很典型的公众参与案例便是“斯图加特21运动”。“斯图加特21”（Stuttgart 21）本是德国巴登-符腾堡州斯图加特市一项铁路交通重组工程的名称，其中的数字21意为21世纪，暗喻该工程的未来导向。工程最重要的部分是将斯图加特火车总站，由一个终点站改建为地下贯穿式车站，以连接欧洲高速铁路网络。由于造价高昂和须拆除拥有文化保育价值的旧火车总站以及自然保育价值的宫廷花园，项目公布之初直至破土动工都一直遭到民众的反对，包括年轻的激进分子、退休者、左派、无党派人士在内的数以万计的市民，都曾为他们喜爱的老火车站手举标语走上街头，“哪怕建设火车站是合理和正确的，抗议的声音也应该被倾听——当权者不能为所欲为”，这是斯图加特21运动中一位坚决的抗争者艾伯哈特·弗拉施（Eberhard Frasch）在政府行为令公民感到困扰时，勇敢地向权力挑战时的宣言。尽管民众的抗议行动并未阻止工程于2010年2月开始实施，但至少令城市领导者和项目规划者们更多更广泛地听到了民众的心声，在具体操作过程中尽可能地考虑了他们的合理诉求，比如宫廷花园内原计划要砍伐的200多株树木得以保留。面对旷日持久的抗议活动换来的有限成果，也有人问弗拉施为这么一个普通的建设项目投入那么多的精力值得吗？他和他最亲密的战友于尔根·迈耶（Jürgen Maier）却将捍卫家乡的火车站视为“大事”，他们说：“如果有人呼吁天下清洁，却对自家门前的垃圾熟视无睹，别人怎么会拿他当回事？”——好一个德国式的“一屋不扫何以扫天下”！不过，他们也说：“我们当然还在幻想能够阻止整个项目，但是只要民众保持警觉，我们就已经达到了许多目的。”从这句话里我们是不是还能感受到德国人那份志存高远，脚踏实地的情怀呢？

斯图加特21运动最大的贡献就是告诉人们，逆来顺受亦或奋起抗争都是民众自己的选择，在城市面貌的塑造中，民众的“参与意识”与“公心”可以也必须发挥重要的作用，而当权者则应随时做好倾听反对声音的心理准备。

谋划未来的城市主人

如果说斯图加特21运动是政府权力不得不应对民众参与的要求，是在冲突中达成合意的范例，那么下面将要介绍的这个城市发展规划模式却向我们展示了另一条主动寻求公众参与，在更和谐的氛围中为城市未来发展出谋划策的途径。

特里尔是德国西部边境的一个城市，人口约10万。它地理位置独特，宏观来看地处欧洲中心，微观层面上与卢森堡、法国接壤，与比利时也相距不远，它的现任市长在向来自世界各地的客人们介绍这一点时最常举的例子就是他曾从特里尔出发，一天之内穿越了五个欧洲国家。对中国人而言，特里尔的特别之处还在于它是卡尔·马克思的故乡，每年前往这座边境小城旅游的中国游客是除荷兰人之外最多的。

由于特里尔特殊的地理位置，使它在“二战”中成为重要的军事聚集地，战争结束后这段不光彩的历史使特里尔与其他欧洲地区关系的发展并不那么尽如人意。所幸随着时间的推移，这一消极影响在逐步消除，特里尔及所在的莱法州与周边的卢森堡、法国洛林地区、比利时瓦隆地区的关系日益紧密，是欧洲萨尔-洛林-卢森堡大区的“四驾马车”（意指该地区四个重要城市）之一。这一成果归功于特里尔市较早看到了不可阻挡的欧洲化、全球化趋势以及作为一个小城市开展跨区、跨国合作，在集群中提高自身竞争力的重要性。

1991年，特里尔市议会动议成立了“特里尔2025论坛”，论坛主席是市长——城市的最高决策者，具体实施则由城市发展与统计局完成。论坛的主要任务或者说目标是将地区内的各级政府管理部门、公共机构、大学、医院及行业协会召集起来，共同就未来管理的七个核心问题展开讨论，共商特里尔未来发展大计。这七个核心问题：至2025年（及以后）特里尔所在地区将面临哪些变化？这些变化会带来哪些机遇？这些变化会造成怎样的威胁？如何应对当前已可以预见的各种挑战？特里尔所在地区2025年（及以后）应该是什么样子？至2010年，应该实现哪些阶段性目标？为实现阶段性目标在未来数月/年中应采取哪些措施、启动哪些项目？

因为城市规划绝不是哪一个部门的任务，也不是哪一个部门能独立胜任的工作，它要求有美学基础的人去审视，懂管理的人去组织，懂艺术的人去美化，懂科学的人去设计，所有城市规划都需要多学科的融合，多领域的参与。“特里尔2025论坛”就为这样的融合与参与提供了平台。论坛每年组织两至四次会议，参加者是各个领域、各个机构的决策者，就总体发展方向达成共识后他们在具体实施的过程中拥有各自的话语权。由于社会、经济领域及各行各业都在不断地发展变化，针对上述七个问题的答案在每次会议上自然也会不断地调整，充分践行着城市与区域规划专家约翰·弗里德曼（John Friedmann）“在行动中孕育决策，在决策中推进行动”的思想。

除了吸纳本地的机构、企业外，论坛还与周边的萨尔、洛林、卢森堡等地区和国家进行跨区或跨境合作，共同探讨人口发展、土地利用的转型、气候变化、林业资源等对地区未来可持续发展至关重要的问题。一旦确立了发展总体目标，则会进行逐项分解（如社会公平和就业增长、社区发展和个人福利等），在规划政策和次级发展规划中根据内容逐项落实。他们的总体工作程序或思路如下图所示。

所谓未来投影，就是首先回答“未来的城市会是什么样子”的问题，对未来影响一个城市或地区发展的因素作一番梳理、汇总，然后找到“城市的未来在哪里”的答案，也就是给出解决问题的方案。这项工作不一定非由专家、学者来完成，完全可以也很有必要邀请非专业人士参加，可以圆桌会议、头脑风暴、研讨会等多种方式进行，是在对未来城市生活天马行空般的想象之后的理性思考。以特里尔为例，在论坛组织的推动下，共收集了450多项影响本地区未来发展的要素，涉及经济、科技、环境、气候、人口、社会结构与福利等诸多领域。在此基础上，由地区决策者及其团队就当地的未来发展作出预设（未来设想），确立发展蓝图，为未来管理的实施奠定基础。在充分了解本地区将要面临的风险/威胁和可能存在的机遇后，确立长期发展任务（使命），以此为依据，各方就战略原则达成共识，明确战略主导思想作为行动的总体框

未来管理的对象

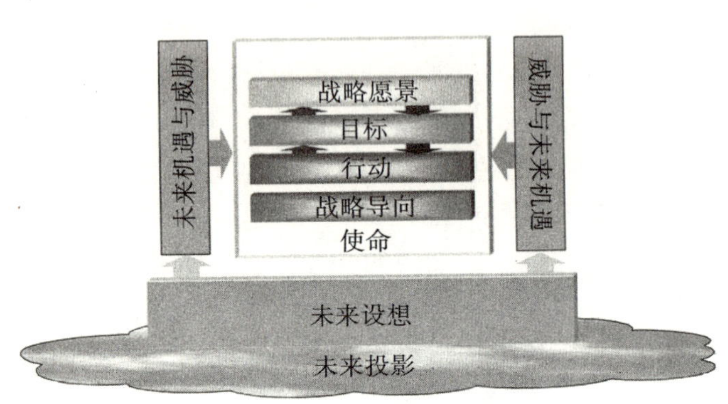

未来管理的对象

架。下一步则是设计战略愿景（中期任务），是地区所有行为主体在使命感召下的未来展望，表明 5 年、10 年甚至更长时期之后期待拥有的形象及定位。具体目标和行动方案具有短期任务的特征，将根据实际情况不断调整。

具体操作层面，“特里尔 2025 论坛”下设五个工作组，每组约 30 位成员：第一组负责协调管理；第二组负责教育、福利、青少年事务和体育；第三组负责经济、文化、安全和秩序；第四组负责交通和城市规划；第五组负责对外宣传和市场营销。各工作组由来自相关领域和行业的学者及实践人员组成，他们既有专业知识，也对当地工作实践有充分的了解；既有具体操作层面的视角，也具备战略指导高度。受论坛主席委托，五个工作组就特定课题展开研究并向论坛的最高常设机构政策委员会提交报告并参与每次会议的讨论。

在此模式下，整个地区甚至周边地区的所有行动力量均被调动起来，共同打造本地区在下一轮市场竞争中的优势。整个规划过程是参与决策的利益各方博弈、学习、态度不断发生变化的过程，在专业与非专业的交流中，在个人知识与集体智慧的碰撞中，获得深入了解问题及各方立场的机会，从而消除分歧达成共识，孕育出新的构想。

迄今为止的世界城市发展史反映出人们试图推动城市的社会空间与自然空间不断优化融合的思想线索，这条线索背后隐藏的主题就是解决人与人、人与社会、人与自然的矛盾，在应对未来挑战的过程中促使城市成为“宜人化”的生存空间，成为人类梦想中的家园——为了这个共同的目标，每个人都在“城市，让生活更美好”的征途上贡献自己的力量。

第十六章 歌德学院——推销民族文化价值观的平台

中国人要感受地道的德国文化，体验德国文化心态，歌德学院北京分院和上海分院便是一个理想场所，因为歌德学院早已成为德国推广文化的桥头堡。作为德国最大的媒介组织，歌德学院在传播德国语言文化，促进国际间的文化交流，向世界展示德国等方面显示了巨大的文化力量。世界上越来越多的国家从歌德学院的发展历程得到启示，意识到文化传播对一个国家的重要性，于是各国政府开办的语言文化学院如雨后春笋一般出现在世界各地，这其中名气较大的有西班牙的塞万提斯学院、中国的孔子学院、英国的文化协会、法国的法语联盟、意大利的但丁学院、葡萄牙的卡蒙斯学院等。

学习德语，感受文化——歌德学院的诞生、发展和壮大

德意志民族也有堪称辉煌的文化历史，为世界近现代文明贡献了不计其数的科学家、艺术家、哲学家。但是，一场纳粹浩劫将德国人本来引以为傲的文化与民族自尊心、自豪感打入了低谷。如何重振民族文化、改变全世界对德国人的恶劣印象，成为与战后物质重建同步的当务之急。在这样艰巨而复杂的难题面前，大多数德国人没有选择为自己辩护或选择性忽视，而是痛心疾首地开始深刻反省，反省自己民族文化中的致命缺失。1951 年德国设立歌德学院的初衷是改善德国在国际上的形象，并使德国国民获得统一的文化认同意识，当

位于德国慕尼黑的歌德学院总部

时的德国政府为重塑“二战”后的国家形象，同时考虑到德国文化在世界上的地位及海外人士希望了解德国文化的需求，决定创办一所在世界范围内从事文化传播和德语教学的机构，其总部设在慕尼黑，大部分资金由德国外交部和联邦新闻局提供，确立的学院口号是“学习德语，感受文化”。

歌德学院的前身德国学院于1925年5月5日在慕尼黑大学成立。德国学院起初针对的人群是在国外的德国人，自1929年秋起目标人群转为外国人，对外工作的重点也转变为主要在国外设立德语语言培训班。1930年起，德国学院开始获得外交部的资金支持，工作的基本出发点最终确定为在国外促进德语语言教学。1932年是德国最伟大诗人歌德逝世100周年，德国学院在慕尼黑新设一个专门用于定期培训德文教师的下属机构，这个机构最终定名为歌德学院。“二战”后，1945年12月31日德国学院被美国占领区政权关闭。1951年在慕尼黑成立“培训外国德语教师的歌德学院”。1953年首次开设德语课程，同年承担起在外国推广德语的任务。最初，歌德学院主要设在西欧邻国，因为纳粹带给他们的灾难是最厉害、最直接的。至于在东欧，则由于苏联的干涉歌德学院难以创立，社会主义国家的第一个歌德学院分院出现在罗马尼亚。

随后又逐步发展到美国，接下来，在亚洲、拉美、非洲也创立了新的分院。2004 年，歌德学院在平壤建立了一个“材料中心”，担当起语言教学、文化交流的任务，值得一提的是，这是西方在朝鲜建立的第一个文化中心。

2001 年歌德学院与由德国外交部创立的对外宣传机构 Inter Nationes 合并，更名为歌德学院国际交流中心（Goethe-Institut Inter Nationes），成为德国对外文化政策的最大执行机构。截止 2011 年，全球歌德学院达到 149 家，分布于 90 个国家和地区。

大文豪歌德——歌德学院的金字招牌

尽管歌德学院扛着大文豪歌德的名头在世界各地吆喝，但在歌德学院里却很少见到歌德的塑像，可能是德国人把歌德深深埋在心里了的缘故吧。选择歌德作为战后海内外文化传播机构的代表形象，在德国似乎并不完全出于偶然。1949 年德意志联邦共和国成立之初，德国阿伦斯巴赫研究中心在得到德国电视二台的资助后，就对德国人展开了调查，期望了解普通德国人对歌德的认识，以及如何看待歌德与他们的关系。有两个结果颇为突出：第一，歌德的受欢迎程度并没有在“二战”后大幅下降；第二，歌德在东部比在西部更受欢迎。1999 年，在庆祝歌德诞辰 250 周年的时候，又进行了一次同样主题的民意调查，结果表明，文化德国依然存在，歌德依然能代表德国。

其实，尽管歌德在德国文化史上享有崇高声望，但是选择歌德作为文化形象代言人在全世界推广德国文化，在德国文化界历来存在着诸多争议：例如，尼采就认为歌德并不是民族文学的代表人物；法国著名作家安德烈·纪德就把歌德称为所有德国人中最不像德国人的人；德国的另一位文豪托马斯·曼曾经对歌德作出如下评价：“歌德对于毫无政治目的、在智力上独显优长的德意志人民的认识集中在人性价值方面，并认为这种价值吸取了其他各民族的精华，同时称为其他各民族的圭臬。”或许德国人不会承认以歌德命名、担负德国海外文化政策执行任务的歌德学院有什么特殊意义，但是 1945 年后的德国，不借助歌德的力量，在东部和西部德国进行的道德重建工作就无法完成，歌德于是成为大家急于寻找的道德维修工。

“世界文学”这一概念的倡导者歌德，在“二战”后成为新的德国文化象征，象征着超越国家政治的、纯粹人性价值的探索，象征着超越本民族文化界限的、自由的、开放的文化融合。如果说歌德是世界的，那么战后经过反思、重构的德国文化也有可能成为全世界的。

文化与政治分离——歌德学院的独立性

德国文化的根基来源于德国文化在德国的合法地位，而文化的合法地位来源于“独立、远离政府、自由”这三个要素。文化和政治分开，是歌德学院的建院原则之一。在欧洲，如果召开各国文化部长会议，其他国家都是派一个文化部长参加，只有德国是派各州的十几个文化部长一起参加，因为每一个州都有自己的观点。德国政府把文化发展权力下放到州的做法，起源于 1871 年德国建立真正意义上的现代国家之初。此前，德国每一个封建君主国都有自己的文化政策。1933 年希特勒上台，这种多元文化政策被完全取消。“二战”以后，德国希望文化回到多元与自由的状态，当时占领国也要求德国不能只由一个声音来讲文化，德国重新开始推行由各州分别发展文化的政策。虽然歌德学院 2/3 的资金依靠政府拨款，但政府对学院的活动不予干涉，歌德学院不是一个国家机关，而是一个独立的民营文化机构。当初学院成立时，就同政府签订了协议，文化活动和政府保持距离，例如，当外交部委托一个文化项目后，歌德学院就同外交部签订框架合同，其实施方案、活动内容、参加人员等具体事宜则全部由歌德学院决定。20 世纪 50 年代，原西德政府掀起了反纳粹浪潮，歌德学院在当时就更坚决地将文化与政治分离，这跟纳粹时代的经验有关系，因为那时候政治完全利用了文化。尽管德国政府有时对歌德学院的某些行为强烈不满，他们也会对歌德学院施加各种各样的压力，利用方方面面的影响来干涉歌德学院的工作，可是德国政府不能直接下达指示和命令，说歌德学院什么事情不可以做，什么事情必须做，因此，每个歌德学院的院长在行使自己的权力时有很大的独立性。总体说来，歌德学院是德国最重要的文化机构，也是一个非常强势的文化机构，他们能够做自己想做的事情，这是其他国家的文化机构很难想象的。比如歌德学院聘请对政府持强烈批评态度的知识分子或者是政治家，或者不被普遍承认的异见分子参加他们的活动，政府就非常不满。当代德国文化的代表人物、诺贝尔文学奖获得者君特·格拉斯，在 20 世纪六七十年代并不受政府的欢迎，歌德学院那时候请他参加活动，当时德国外交部就向歌德学院提意见，认为格拉斯不能代表德国，但歌德学院还是坚持了自己的立场。

德国政府给歌德学院拨款，为文化埋单的模式在本世纪的经济危机中发挥了意想不到的作用，如果像美国那样，文化的大部分经费由私人承担，那么文化会成为经济的牺牲品。德国政府每年投入 80 亿欧元用于文化事业，占据全部文化投入的90%以上，而来自企业的资助只有5.5亿欧元。在美国这个数字是反过来的，10%的经费来源于国家，90%来源于市场，所以，美国人会说，实际上德国是一个社会主义国家。但在80亿欧元的文化投入中，联邦文化部有权力使用的只有10%，其余90%全部由州和地方支配，德国各州的文化部长拥有相对独立的文化发展权力，联邦、州和地方都有文化委员会。歌德学院目前在文化交流方面的良好状态取决于这种文化政策，即便在经济危机下，文化也不会跌入低谷，国家投入的经费专款专用，不进入市场，管理非常严密。

文化软实力——歌德学院的三三制

“二战”后德国的第一位总统特奥多尔·豪伊斯说过：“政治无法造就文化，而文化或可成就政治。”歌德学院日益成为一个德国对外的文化交流中心，实行的是“三三制”，即全部活动规模1/3是教语言，1/3是提供关于德国的资料，1/3是文化交流。歌德学院从文化传递者，逐渐转变成为“合作与交流”的机构，现在的歌德学院，不只是把德国文化传播到世界各地，也把世界各地的文化介绍到德国，使德国以及欧洲文化与世界各地文化产生联系，继而碰撞出火花。如2010年5月17日，德国歌德学院总部率团访问孔子学院总部，双方签署了《孔子学院总部和歌德学院总部合作意向书》，并约定今后将定期在教师进修与培训、合作编写教材、语言课程质量控制等方面开展合作与交流。可见，德国在输出自己文化的同时，也非常注重同异国文化的交流，非常关注异国文化的软实力。对于中国来说，这也是对异域文化从“文化震荡”走向“文化融合”的举措。

“软实力”，这一由美国学者约瑟夫·奈提出的概念近年来风靡一时。所谓“软实力”，一般来说指的是一个国家通过传播自己的价值观、文化资源、产品以及道德和政治规范等而获得的针对其他国家、地区的影响力。歌德学院作为德国对外文化教育政策中的一股重要的柔性力量，其价值已经在半个多世纪的历史里得到验证和认可。歌德学院的文化传播，当然也属于“软实力”的类型范畴，但是，它所致力的跨文化传播，并不仅仅局限于传播德国正面、积极的形象，或者形成某种积极的影响力，而是要以德语文化为核心，进一步创造出得到更多认同的文化凝聚力。

为此，德国政府把保护和发展本民族的文化放在重要位置，不仅致力于保持文化多元性，亦即保持文化发展的完整与灵活，同时也尽力保护自己的文化

2010 年 5 月 17 日，德国歌德学院总部率团访问孔子学院总部，
双方签署了《孔子学院总部和歌德学院总部合作意向书》

至少部分摆脱市场导向、经济效益和短视的功利思维的控制和束缚，尽量为文化批评、文化创新提供自由的环境土壤，这些措施为歌德学院的可持续发展提供了坚实的保障。在中德两国文化交流方面，歌德学院近几年加强了文化创意产业的职业技能培训。随着中国日益增多的文化设施，歌德学院希望同中国的博物馆、图书馆馆长、剧院经理等人士合作，帮助他们学习文化管理的经验，与德国同行建立各种联系，进行交流，提高工作质量。从 2011 年起，歌德学院还设置了文化管理课程，重点是剧院和博物馆管理。

从窗口到平台——歌德学院在中国

歌德学院是率先来到中国的西方文化机构。1984 年德国总理赫尔穆特·科尔访问中国，向邓小平提出想在中国开设歌德学院。当时，中国正致力于同欧洲建立紧密的外交关系，邓小平同意了。外交部联系上正在上海同济大学留德预备部工作的米夏尔·康·阿克曼，他是中国接受的第二批西欧留学生，后来成为歌德学院北京分院的院长。外交部向阿克曼打听何谓歌德学院，一问才发现歌德学院竟然是德国政府官方的文化交流机构，由于当时的中国文化国际政策比较保守，对德国在北京设立歌德学院到底是文化交流还是文化渗透争论很大，文化部和外交部便把成立歌德学院的事交给了教育部，接下来几年事情没有多大进展。后来，科尔总理又来中国，和邓小平会晤时提到，歌德学院北京分院还没有成立。1988 年在邓小平的指示下，北京分院才正式挂牌。当年，

1988 年 11 月 1 日歌德学院北京分院成立

阿克曼带领十几位员工在北京外国语学院（现为北京外国语大学）租下办公楼，尽管逼仄，但它昭示了第一个西方文化机构进入社会主义中国。歌德学院北京分院最初的目标只是让更多普通中国民众了解德国，让他们知道，德国除了希特勒以外，还有歌德、贝多芬、黑格尔等，歌德学院开设的德语班是中国人接触德国最直接的平台。中国改革开放的步伐一直没有停止，人们的思想每一天都有新的变化，这一点，进入中国的歌德学院也能充分感受到：先是只能教语言，直到 1993 年，歌德学院才被允许组织文化交流活动；刚开始每一项活动须经教育部批准，后来学院也有了一些自主权；2004 年，歌德学院又有了上海分院，更多的中国人通过歌德学院了解德国，了解欧洲。随着中国这些年的发展变化，中国与世界之间已经往来自由，现在的歌德学院已经由 20 世纪 80 年代的一个小窗口，壮大为中国和德国交流的一个平台，歌德学院既可以继续向中国介绍德国文化，同时我们也可以通过歌德学院向德国介绍中国的文化。

孔子学院与歌德学院——中德文化交流的奇葩

随着中国经济的发展和国际交往的日益广泛，世界各国对汉语学习的需求急剧增长。从 2004 年开始，我国在借鉴英、法、德、西等国推广本民族语言文化经验的基础上，探索在海外设立以教授汉语和传播中国文化为宗旨的非营利性公益机构，取名为“孔子学院”。2004 年 11 月，中国第一家海外孔子学院在韩国首都首尔挂牌成立，几年来，孔子学院建设快速发展，已成为世界各国人民学习汉语和了解中华文化的园地，中外文化交流的平台，加强中国人民与世界各国人民友谊合作的桥梁。截至 2011 年 8 月底，各国已建立 353 所孔子学院和 473 个孔子课堂，共计 826 所，分布于 104 个国家和地区。单纯从数量上看，创办不到 10 年的孔子学院的全球规模已经大大超越了已有 60 年历史的歌德学院，仅在德国目前就有 11 家孔子学院。

孔子学堂内的孔子塑像

孔子学院显然从歌德学院身上获得了启发，作为本国对外文化机构，他们都肩负着在海外树立、传播本国、本民族形象的重任，这使得两者具有很大的可比性。孔子学院的发展过程，其实暗合了中国一步步走向开放的宏大背景。从改革开放之初主要引进发达国家的先进机器和技术，到先进的企业管理知识、经济管理知识、法律理念、文化艺术，再到流行时尚与娱乐潮流越来越全球同步，中国与世界交流的领域不断拓宽，在学习、比较、寻找经验、发现差异的过程中，中国产品越来越强大，中国人越来越自信，中国文化不仅没有像一些人担忧的那样彻底衰落和覆灭，反倒在交流中汲取到新的元素，获得新生。

但是，后起的孔子学院跟老牌的歌德学院相比，最大的区别在于，孔子学院在现阶段总的来讲更像一所语言学校，主要是教中文，其他活动内容，大多是教中国画、中国功夫、写毛笔字。另外一个很大的区别则是，孔子学院不是一个独立学院，它们大多与国外大学某个同中国有关的系部合作，对这些伙伴的依赖性较大，活动范围也比较有限，不过从媒体印象来说，做得还是相当精彩，不少普通的德国人都知道这个名字，都觉得是中国的“歌德学院”。

如果从跨文化传播角度看，也就是从对外文化机构的本质目标和任务来看，会发现孔子学院在现有框架内，其文化传播基本上还是一片空白。例如，在海外孔子学院里鲜见孔子《论语》的译本，也没有以孔子为代表的其他儒家思想家的著述译本。就是说，到目前为止，在以孔子冠名的全球性中国文化的传播机构里，暂时只有孔子的名称或是塑像、画像，而没有能够反映孔子思想和中国文化精髓的作品引入和推介。反观孔子学院大规模的全球扩张，这种现象一方面显示了崛起中的中国在物质资源、资金实力上的强大，另一方面却又暴露了我们在有价值的文化输出产品方面的匮乏。

在经济全球化的今天，政治、经济和文化已经成为驱动一个国家的三大动力。从歌德学院的发展历程看，实现积极有效的跨文化传播的第一步，就是对自身文化主体的不断发掘、维护与建设。文化的四个重要的非物质侧面分别是信仰、价值取向、规范和语言。我国民族文化的核心价值观在历经波折之后仍处于被淡忘或者迷失状态。几千年积淀下来的许多优良文明传统在断裂之后并没有得到有效的接续和恢复、发展，反而在西方潮流、价值观的不断冲击下渐趋式微。有学者认为，中国介绍吸收西方文学的过程大半都是误解，反过来讲，西方人对中国文化的理解大半也是误解。但是这种误解非常重要，因为从中可以产生新的东西。

最后值得一提的是，1975 年以留学生身份来到中国的阿克曼，1988 年在中国创办歌德学院，当了六年院长，2006 年又重返中国，做了歌德学院中国区总院长。从歌德学院退休后，阿克曼现在每天都到位于北京德胜门的孔子学院上班。从阿克曼身上，我们看到了中德对外文化传播两个桥头堡的交流与合作。

第十七章

“循规蹈矩”——与德国人打交道

提到德国人，常常会有人说他们高傲，对外国人不友善，其实不然，他们并非无缘无故排挤或做出不礼貌言行，只是文化不同，风俗习惯自然也有差异。由于缺乏了解，交往中常会出现令人不那么愉悦的小插曲。说德国人不了解中国，其实中国人对德国、德国人又了解多少呢？我们对德国，除了汽车和足球外还真知之甚少，要想更多地了解这个国家、这个民族，我们自然应该想方设法融入其中，那么怎样和德国人打交道这一问题就紧迫地摆在了我们的面前。

介绍、问候

介绍和问候在人际交往中十分重要，第一次见面时的介绍和问候往往会影响日后的人际关系。同其他国家一样，德国人初次见面时也须交换名片、互致问候、通报姓名、互相握手。德国人在问候别人时会友好地注视着对方的眼睛或是额头，绝不会东张西望。在握手时他们会给点力量，以示真诚和友好。在多人的交际场合，德国人会按照女士、长者和尊者为先的习惯问候和介绍来宾。德国人在握手时尽量避免同时伸手出现交叉握手的情况。德国人在介绍和问候别人时并不像我们中国人一样加太多的头衔，往往只介绍姓名，最多加一个主要头衔（如教授、

经理）。大多数人往往用“您”以及姓氏前冠以“先生”或“女士”的称呼形式，以示尊重，只有亲朋好友和年轻人之间互相用“你”以及名字称呼。对女性，不管其婚否或长幼，都可以称“女士”。德国人比较注意礼仪，两人相遇时，不管认识不认识，也不管在路上，或者办公室、宾馆、电梯等地方，都相互打招呼，问声“您好”。这一点我们中国人有所欠缺，因为我们一般只跟熟人打招呼，跟不认识的人，我们则保持沉默。如果我们主动和陌生人打招呼对方很可能把我们当成保险推销员、问卷调查员、广告单派发员等。德国人在餐馆吃饭时，他们要向已就座的顾客点头问候，朋友见面以握手为礼，告别时亦如此。十分要好的、长时间未见的朋友相见时可以相互拥抱。正式场合，仍有男子对女子行吻手礼，但多是做个吻手的样子，不必非要吻到手背上。

与德国人初次相识时，切勿疏忽对“您”与“你”这两种人称代词的使用，称“您”表示尊重，称“你”则表示地位平等、关系密切。对于熟人、朋友、同龄者，方可以“你”相称。

送礼

2008 年笔者在海德堡大学留学时，隔壁房间的德国同学快要过生日了，他美丽的西班牙女友提前两个星期邀请我参加她即将为我这位德国同学精心准备的生日舞会，为了给她男朋友一个惊喜，她要求所有受邀者替她保密，不要透露举办舞会的消息。收到邀请后，我便在海德堡的亚洲超市买了一个紫砂壶，还从箱子里翻出一个从国内带来的中国结，在德国同学过生日那天我将这两样礼物送给了他。我那德国同学特别高兴，他的女友一个劲地问我中国结是怎样编的，还要我教她。在受邀的朋友中，只有我一个中国人，也只有我一个人带来了礼物，我当时很奇怪，其他人怎么没送礼呢。舞会快要结束时，我发现大家都在一张纸上签了名字，当我也准备签名时，一位同学对我说，我已经送过礼物了不用签名，没有送礼的同学才签名，他们准备一起凑份子买个礼物，事后再交给寿星。在国内我们给朋友送礼一般都是事先准备，而且一般多是各送各的，所以这件事令我的印象很深刻——在德国原来是可以事后送礼的。

德国有个谚语：小礼物维持着友谊。看来，德国人和咱中国人都一样：礼轻情意重。馈赠东西都有一些缘由，如生日、婚庆、乔迁、赴宴、过节、慰问等，德国人不习惯送重礼，所送礼物多为价钱不贵、但有纪念意义的物品，以此来表示慰问、致贺或感谢之情。去友人家赴宴，客人带上点小礼物，一束鲜花、一本有意义的书、画册、一盒巧克力糖果、一瓶酒或是自己制作的东西。但在德国，不宜随意以玫瑰或蔷薇赠人，因为前者表示求爱，后者则专用于悼亡。所有花卉之中，德国人对矢车菊最为推崇。并且选定其为国花。当然，去德国朋友家做客的中国人如能送给女主人一件富有民族风格的小纪念品，那定会受到主人由衷的赞赏。如果是业务聚会，双方往来都是公事，只要按时出席即可，不必另有表示。德国人除了给自己的亲戚朋友送礼外，他们对送报员、清洁工、看门人或照顾病人的护士一般也会送些实惠的礼品，如把一张钞票装在信封里，不过也可以直接交到他们手中，不过那一定是借握手的机会悄悄地完成。

中国人出国，行李里通常都会有些小的礼品，如折扇、剪纸、中国结、刺绣、书画、茶叶、土特产等。但在给德国人送礼时我们有一点要注意，如果是德国人职责范围内的正常工作，如给你发录取通知书、办理延期或者注册证明等，这时候就用不着派发小礼物了，因为这是他的正常工作，没有权力接受你的礼物。就拿中国学生办理签证延期这件事来说，延签时，我们是需要缴费的，所以应该是他们感谢我们才对。德国人在类似的情况下收到我们的小礼物，都觉得奇怪：难道这些中国学生的签证有什么问题？非要通过送点东西来感谢/贿赂我们？

在我国德语专业通用的一本教科书中，有一篇文章生动而诙谐地介绍了德国人送礼的方式：新婚夫妇到商店或百货公司取一张货物单，然后划出自己需要的东西，甚至注明色泽和款式，接着把这张货物单送回店里，凡想送礼的亲朋好友，都被介绍到这家店里，认购被选中的商品。这种做法，不仅对我们中国人，就是对其他欧洲人来说，也会让人觉得太不可思议。但是，这种办法实际上是很实惠的：可以让结婚时所花的钱得到合理利用，这不仅造福于新婚夫妇，而且令馈赠者高兴。

德国人的礼品往往更见心思，不似我们中国人常会送个“随手礼”。他们买礼品后，一般会撕去价格标签，无论大小都精心包装，而我们中国人常常会担心受礼者不知礼品价值几何而特意将标签留在显眼处，甚至有时还附上购物发票，以备礼物日后凭此享受“三包”服务。有些德国人也会买个宠物送人，但这得事先征得对方的同意。

德国人在馈赠时会用信或名片表明谁送的礼物，因为这对主人以后道谢至关重要。如果是当面送礼，德国人一般当场口头表示谢意，不会书面致谢，但如果礼物是寄送的，他们都会在收到礼物之后或书面或打电话表示感谢。还有一点，我们中国人可能不太习惯，就是德国人在收到礼物后会当面拆开，当然赞美感谢之辞是必不可少的。

最后，我们还要注意一点：在中国，友人生日临近，我们可以提前赠送生日礼物并祝他生日快乐，友人也会满心欢喜，感谢朋友们的挂念和祝福，但如果在德国，则只能收到适得其反的效果，这是因为按德国的习俗，生日不得提前祝贺。另外，向德国人赠送礼品时，不宜选择刀、剑、剪、餐刀和餐叉等。

社交礼仪

德国有句俗语说：国家不同，风俗有别。中国人说：入乡随俗。西方人有云：礼节乃是一封通行四方的推荐书。德国人待人接物和我们相比有独特风格。

在社交礼仪方面，德国人注重纪律，法制观念极强；他们讲究信誉，重视时间观念；德国人自尊心强，非常尊重传统；大部分德国人和我们中国人一样待人热情，注重感情。德国人崇尚个人主义和自由主义，人际关系泾渭分明、不相干扰。在德国，年龄、职业、婚姻状况、宗教信仰、政治面目甚至个人收入，除关系极亲密的人以外，别人是绝不会提出这类问题的，尤其对女性，更得十分注意。在德国相识或共事多年而对对方知之甚少是司空见惯的事。与德国人交谈时，不宜涉及纳粹、宗教与党派之争。在公共场合窃窃私语，德国人认为是十分无礼的。另外，别人买到一样东西，即使喜欢，也不要问价格。遇到别人生病，除伤风感冒或外伤等常见的病外，不要问及病因及病情，否则会招来好窥视别人秘密之嫌。和德国人交往最有特征的就是预约，干什么都要事先约好。没有约定的上门，无论是私事还是公事都不会受欢迎，所以哪怕访友，也切不可搞“突然袭击式”的登门拜访，都要提前约定。在他人的办公室或家中，非经邀请或同意，不要自行参观，更不要随意翻动桌上的书籍或室内的物品。虽然德国的一句谚语说：“准时就是帝王的礼貌。”但是如果到德国人家里做客，一般要比约定的时间晚 10 到 15 分钟为宜。如果到达时间早，便在附近等一等，时间合适了再进主人家门。

德国人邀请客人，往往提前一周发邀请信或打电话通知被邀请者。如果是打电话，被邀请者可以马上口头作出答复；如果是书面邀请，也可通过电话口头答复。但不管接受与否，回复应尽可能早一点儿，以便主人作准备，迟迟不回复会使主人不知所措。如果不能赴约，应客气地说明理由。既不赴约，又不说明理由是很不礼貌的。在德国，官方或半官方的邀请信，往往还注明衣着要求。接受邀请之后如中途有变不能如约前往，应早日通知主人，以便主人另作安排。如因临时的原因，迟到10分钟以上，也应提前打电话通知一声，因为在德国私人宴请的场合，等候迟到客人的时间一般不超过15分钟。客人迟到，要向主人和其他客人表示歉意。

电影院中的迟到，人们习以为常，但对于音乐会上的迟到，则是令人讨厌的。这时迟到者最好等到一幕或一个乐章结束后再入座。如等不及，需慢慢走到座位上，千万别走错排数，并且要对站起来让路的人轻声说“谢谢”。

和德国人初交，他们给人的印象往往是沉默寡言、不苟言笑，显得呆板而沉重。接触长了，你就会觉得德国人待人接物虽严肃拘谨，但态度诚恳坦直。如果你在街上向陌生的德国人问路，他会热情地、不厌其烦地为你指点迷津。如果他也不知道，他会替你去问别人，或不辞劳苦地陪你走上一段，直至你明白为止。在公共社交场合，德国人显得非常拘泥形式，不擅长幽默，他们一板一眼、正襟危坐，做事谨慎小心，一切按规矩和制度行事。但在私人交际圈中，德国人也会无拘无束地与朋友聚会，他们可以丢开自己经理、官员的身份，用小名称呼朋友，与朋友坦率地谈论生活中的烦恼。德国人十分喜爱欢乐场面，也利用一切机会举行娱乐活动，但有时还是给人一种沉重的感觉，缺少真正的放松。德国人办事认真仔细，责任心极强，对工作不能有一点儿敷衍塞责，就像一部机器，严格而冷峻，一旦出现马虎失职，那只有请你另谋高就。德国有句俗话“公务是公务，烧酒归烧酒”，私下称兄道弟的朋友，办起公事来却公私分明，不讲一点儿私情。

餐饮、服饰礼仪

德国人说“有吃有喝，健康快乐”，我们中国人也常说“民以食为天”。德国人其实是十分讲究饮食的。在肉类方面，德国人最爱吃猪肉，其次才轮到牛肉和羊肉等。所以德国人在说自己很幸运时会说“我得了一头猪”（Ich habe Schwein gehabt）。以猪肉制成的各种香肠，令德国人百吃不厌。德国人一般胃口较大，喜食油腻之物，所以德国胖子不少。但是，值得注意的是德国人一般只吃动物的“正肉”，我们中国人青睐的猪肝、猪肠、猪血、猪尾巴、猪耳朵、猪脚、猪皮、猪心等他们是不吃的，吃鸡也绝不会吃鸡脚和鸡心，中国人餐桌上的乌龟、甲鱼、牛蛙、狗肉、蛇肉、鸽子等多数德国人更是敬而远

之。德国人的口味较重，他们烹调肉食的方法有红烧、煎、煮、清蒸，还有特别的烧汤方法。他们一天的主餐是午餐，而午餐的主食大抵为炖或煮的肉类，以猪肉、牛肉、禽类为主。土豆则是德国人百吃不厌的主食。

在饮料方面，德国人对啤酒自然是青睐有加，但若同时有啤酒与葡萄酒，宜先饮啤酒，后饮葡萄酒，否则被视为有损健康。用餐时，他们有几条特殊的规矩：吃鱼用的刀叉不得用来吃肉或奶酪；食盘中不宜堆积过多的食物；不得用餐巾扇风；不可以用餐刀向嘴里送食物；忌吃大蒜，尤其在重要约会之前，请一定不要吃蒜，很多德国人对大蒜味道很敏感。还有两点也很重要：一是吃饭不能发出声音，更不要说“叭嗒”嘴了，嘴中如有食物，不能说话，需闭上嘴巴以免咀嚼食物发出声音；二是喝汤时，绝不可以直接端起碗来“滋溜滋溜”地用嘴吸，而是要用汤勺将汤送进嘴中，还要注意勺和嘴巴要成90度。劝酒布菜时，如果德国人听到我们说“我不会喝酒”、“我的酒量不行”、“谢谢，够了”等，他们则不再询问，不会像国人反复地劝酒、夹菜。

德国人在穿着打扮上的总体风格，是庄重、朴素、整洁。一般情况下，德国人衣着较为简朴，且风格休闲，但在正式场合露面时，则必须穿戴得整整齐齐，衣着多为深色。德国人对发型较为重视，男士在德国不宜光头，免得被人当做新纳粹分子；德国少女的发式多为短发或披肩发，烫发的妇女大半是已婚者。此外，德国人不会像我们中国人一样在皮带上挂钥匙、手机、手表之类的东西。

商务礼仪

在德国从事商业活动与在中国情形不完全一样，很多中国人与德国商人交往感受到的完全是另一种商业文化，中国人生意常常是在饭局酒桌上谈成的，而德国人则是在办公室的桌前。与经济高速发展，城市生活节奏日益加快的中国相比，德国人的经商节奏相对比较慢，他们做事按部就班，小心谨慎，不太愿意冒风险。德国人的商务行为有时会让中国人感到过于烦琐，但这种烦琐也有好处，因为经过这样烦琐的过程之后签订的合同条款比较完备，内容比较牢靠。

在商务活动中德国人特别注重准时，这里包括发货的准时、参加一个会谈或一项活动的准时，如果有人未准时赴约，则会给人留下非常不礼貌，也非常不可靠的印象。德国人在商务会面时希望对方直截了当地说明来意，马上进入正题，而不是像我们中国人有过多的客套，德国人已经习惯于明确地、毫无婉转地说明意图，自然也希望合作伙伴如此。拒绝他们认为不合适的要求或邀请时，德国人也同样干脆。这种直截了当的做法在德国绝对不是不礼貌，相反会受到赞赏，所以与德国人举行商务会谈时，要尽可能清晰地表达自己的意愿。

德国式谈判者的另一个显著特点便是对谈判前准备工作的高度重视，通常他们更愿通过咨询机构做详尽的市场调查，悉心研究哪笔生意会是他所期望的，哪些问题将会在谈判中遇到。在此基础上，他才提出适度的报价以及对整笔交易各个环节的要求。到谈判阶段，他们目标明确、态度也相对坚定，报价一旦宣布，便不会轻易作太大让步。

我们中国人做生意讲究和气生财，买卖不在仁义在，所谓“闷声发大财”，但在与德国人进行商务交谈时，他们有时说话的声音会越来越大，或对一个争议性问题直抒己见甚至激烈辩论，这时不用过分担心，这并非不礼貌或不满，直截了当，毫无保留——这正是德国人解决问题的方法。

德国人之间也经常互相恭维，但对这些恭维的反应却一般只是出于礼貌简短地表示一下谢意，当然也不大会对这样的恭维表示异议，所以不要以为这种淡漠是傲慢，习惯使然。另外，我们在商务交谈时不要跷二郎腿，要摘除墨镜，将手机等通信工具调为震动。交谈时尽量说德语，或携译员前往。虽然商业人士多半会说一些英语，但使用德语会令对方更容易产生亲近感。

另外，德国人很少在就餐时讨论重要的商务话题，他们大多会尽量将那些决定性的谈判内容在事先约定的会谈时间内谈完，而不会将这些话题带到饭桌上。只有那些所谓的工作会餐例外，因为工作会餐就是明确为提供商务会谈的机会而安排的。商务会餐一般分为正式和非正式两种。正式的商务会餐有复杂的礼宾事宜，性别、地位、知名度以及商务伙伴之间的关系等都包含在内，座位上一般事先都会备有写着来宾姓名的卡片，大家对号入座。非正式会餐宾主双方都比较随意，一般都是男女交替落座。

如果谈判期间您想邀请商业伙伴吃饭，则您要事先考虑周详，而且在提出时应表达清楚，这吃饭的费用是否由您支付。在德国谁提出邀请，通常就由谁支付相应的费用。更要注意的是，如您想邀请商业伙伴到中国，则一定要说明费用分担，否则对方会误解您将承担他的来华旅费和住宿费，而很多情况下，中方伙伴的邀请也许只是出于客套。

在德国任何一座城市的餐厅里，很多中国人经常能碰到的情形：你正在餐厅里用餐，对面来了个德国人，他会小心地问你：“我可以坐下吗？”在得到肯定的答复之后，他就开始专心吃饭，不苟言笑，吃毕亦迅速离去。如果我们在德国也秉着生意人广交朋友的思想，想跟他聊上几句，那么十有八九会吃闭门羹。

总之，跨国商务面临的问题很多，尤其隐藏在语言和行为习惯之下的民族文化元素，仍需更深入的学习与交流。

小费

和其他西方国家一样，在德国给服务行业的工作人员付小费已成为习惯，小费也成为服务员的重要收入来源，给小费不但是对其服务的一种酬劳，同时也表达了对他人劳动的尊重。因此，付小费在很大程度上也属于礼貌行为之一。那么，对哪些人应付小费呢？饭店招待、门房、女服务员、房间清洁工、酒店、火车站和机场的行李搬运员、轮船招待、卧铺车厢乘务员、酒吧调酒师、理发师、出租汽车司机、加油站工人、厕所服务生、擦皮鞋者、导游、旅游车司机、摩托游艇司机、领座小姐和停车场看守等。适当的小费可提高你在度假场所、餐馆的舒适程度，同时，通过小费也表达了对服务员周到服务的感谢。

小费不等同于服务费，服务费是顾客所付的附加费，一般为消费的10% ~15%，它列在账单的末尾。一般如果账单上已列出了15%的服务费，那就不用再付小费，如果服务费只收10%，顾客要另加5%的小费。当然，如果你对这里的服务十分满意，可以将数额凑整，或单独把小费放在桌上或侍者的盘中。提早把几欧元的小费塞到宾馆房间清洁女工的手里，可保证你房间的整洁舒适；早一点儿把小费付给出租太阳伞和躺椅的人，可保证你及时租到这两种东西。多付几欧元的小费，可得到更热情周到的服务，其实这是很实惠的。可千万别小看小费，这也是你礼貌是否周全的标志。

规则意识

德国人最喜欢听的一句话是“一切正常”。生性懒散的我向来认为无拘无束、随心所欲是一种最轻松的活法，问及我的德国朋友们在一堆规则的束缚下活得累不累，回答则是否定的，在他们看来，循规蹈矩、一丝不苟也是一种轻松的活法，而凡事无章可循才真的会让人疲惫不堪。与德国人交往多了，便可透过他们刻板、固执的外表，读出那份认真、踏实和可靠来，而且德国人的“规矩意识”，由来已久。

1944年冬季，盟军完成了对德国的合围，法西斯德国败亡在即。德国百姓的生活陷入困境，食物短缺，燃料匮乏。由于德国地处中欧，冬季非常寒冷，缺乏燃料可能导致许多居民冻死，不得已，各地政府只得让市民上山砍树。据战前留学德国（被困）的季羡林回忆，德国人是这样砍树的：林业人员先在茫茫林海中搜寻，寻找老弱树或劣质树，找到，则在上面画一个红圈。砍伐没有红圈的树，要受到处罚。问题是，谁来执行处罚？当时德国行政管理名存实亡，公务员尽数抽调到前线去了，市内找不到警察，全国近乎处于政权的真空。但直到战争结束，全德国没有发生过一起居民乱砍滥伐的事，他们全部忠实地执行了规定。事隔五十多年，季羡林老人提起这事仍感叹不已：德国人“具备了无政府的条件却没有无政府的现象”。

几年前，我也有幸留学德国，刚到的那段时间，我对德国的“车让人”颇为不适应，每当我经过没有红绿灯的路口或是商场、旅馆的停车场出入口时，看见车来了立刻站在路边不动，等待汽车呼啸而过，但是德国人的汽车却在几米之外就停下来等我先过去，我挥手示意他们先走，谁知他们还是不动，有几次德国人实在受不了，摇下车窗探出头友善地大声说“您先请”，因为德国的交规明文规定，没有信号灯指示的路口斑马线上行人有先行权；但如果设置了交通信号灯的地方，无论路人还是驾车者都会严格遵循其指示，不会就先行权的问题再有任何犹疑。在德国旅游时，我曾碰到一位德国老人，他最喜欢向别人炫耀的是，在他几十年的驾车历史中，违章记录栏内始终是一片空白。由此可见德国人极强的交通规则意识。

有一位德国留学生在中国一家省级电视台的相亲节目中向观众讲述了他和

中国女朋友的两段恋情，而这两段恋情中都有和驾车有关的故事。一天深夜，德国留学生开车送他的第一位女朋友回家，在空寂无人的街头耐心地等待绿灯，而他身边的中国女友则一个劲地催他不用那么傻等，反正周围没一台车经过，闯个红灯很安全，不用干耗时间，但是这位德国留学生坚持遵守交通规则，没有理会女友的说法。第二天早上，他那位中国女友发来短信，说他太老实，过于本分，胆子也小，连一个小小的不会发生交通事故的红灯都不敢闯，因此，她对这位德国留学生将来在中国创业的魄力和胆识表示怀疑，为此，她提出了分手。过了不久，这位德国留学生又认识了另外一位中国女生。在那年的圣诞节舞会结束后，他开车送中国女友回宿舍，在路过一个无人无车的十字路口时，这位德国朋友吸取了上次惨痛的教训，毫不犹豫地猛踩油门漂亮地闯了个红灯，当他得意地看着女友时，发现中国女友一脸的愕然，她那节日欢快的心情骤降到冰点。在元旦的前夜，中国女友提出中断他们之间的交往，因为她不能忍受一个德国人竟然连等红灯这样的小规则都违反，说不定将来还会干出惊世骇俗的行为来，在她的印象中德国人从不越矩，始终践行着他们的规则意识。据说，这位留学生现在不开车了，他改骑自行车，既锻炼身体，又环保。

在德国，很多的城市道路划分了不同的功能区，如宽度为 2 米左右的自行车车道，一般刷成红色；残疾人机动车车道，一般刷成白色。记得我有一次站在路口等绿灯的时候，发现有人从身后把我往回拉，我回头一看，一位德国年轻人用手指着地面示意我站在了残疾人车道上，我当时颇感难堪，连忙退后。现在，随着中国市政建设水平的不断提高，我们很欣喜地看到有些城市的道路上也有了红色的自行车专用道，越来越多的人行道上预留了盲道。

日常生活的其他方面，德国人同样“循规蹈矩”，即使不明就里也同样能照做不误。在一份德国报纸上我读过这样一则报道：一群大学生在德国某城市的街头做了个试验，他们把“男”、“女”两个大字分别贴在马路边两个并列的电话亭门上，然后躲在一边观察。他们看到来打电话的男人都走进了贴着“男”字的电话亭，女人们则使用贴着“女”字的那一个。过了一会儿，“男人的电话亭”外站着几个等候打电话的男人，而“女人电话亭”却空着；又过了一会儿，一个匆匆走来的男人看到“男人电话亭”爆满，便毫不犹豫地推开“女人电话亭”的门。大学生们赶上前一问，这个男人是外国人，而排队等候打电话的男人则是清一色的德国人。

质量意识

我曾和一位中国同学到柏林游玩，他在一家纪念品商店想买两块“柏林砖”作为纪念。由于“柏林砖”价格不菲，我那同学也很怕受骗上当，于是几次追问店员，这两块砖是不是真的，会不会是假货。商店的售货员一听，就笑着问我们是不是从中国大陆来的，她说只有来自中国大陆的游客才会提出产品是真是假的问题，她对我那同学讲：德国无假货。虽有点夸张，但不得不承认在德国买到假货的几率绝对比在中国低得多，而且真货的质量也令世人交口称赞。

2000年发生在我身边的一件小事更令我对此有了切身体会。我曾为一位德国锻造专家当翻译，他当时在湖北省的一家汽车配件厂任技术指导，中方的一位技术员问他在设计模具方面有着怎样的理念，这位65岁的专家从他随身携带的布包里拿出一个模具，这个模具是他25岁时设计的，现在还没坏。“理念很简单，只要是由我设计的模具，它就要比我活得长。”

环保意识

季羡林先生在《留德十年》一书中讲述了他的房东用肥皂水冲洗屋前道路的故事。作家易卜生也讲到了一碗面条即使泼到地上，人们也可以放心用勺子舀起来吃的趣事。可见，德国人的环境保护意识是很浓烈的，在和他们打交道时要注意和尊重他们的环境保护意识。

在德国海德堡大学留学期间，我经常看见很多同学拿着水杯在盥洗室的水龙头下接水喝，我当时颇为诧异，后来德国同学告诉我，他们从小就这样，他们国家的水质很好，许多地方的自来水可以和矿泉水媲美，喝了不会拉肚子也不会生病。过了不久，我也养成了直接喝自来水的习惯。

中国的留学生在出国前往往会买些常备药带到德国以防头疼脑热，我也不例外，结果在德国一次也没用上，后来我反问自己：在国内污染那么严重的环境中你都不怎么生病，在环境优美、空气清新的德国你怎么会生病呢？看来从德国人的环保意识中受益的不仅是他们自己，我们这些外来人也跟着沾了光。

不过，将环保意识贯彻到日常生活的点点滴滴还真不是一件容易的事，估计不少留学生开始和我一样，对德国人繁琐的垃圾分类感到无所适从。我当时在德国住的是学生宿舍，和一个德国学生、一个西班牙留学生、一个英国留学生住在一起，我们每人一间房，其他设施合用。我第一次做饭时，对厨房水池下面摆放的四个不同颜色的垃圾桶研究了大半天，始终弄不清楚这垃圾该怎么扔。整整两个星期我都没敢做饭，硬着头皮喝牛奶麦片粥，啃土耳其人做的肉夹馍，吃德国人的黑面包。后来和同屋的德国学生熟识了，他耐心地告诉我垃圾分类的原则及不同的处置方法，才令我解除疑虑，敢放心地扔垃圾了。

平时在超市购物，许多德国人都是自备布袋，超市不免费提供一次性的塑料袋。而且德国超市出售的饮料很多也是用塑料瓶装的，顾客在付款时，一并为塑料瓶支付押金。待顾客喝完瓶里的饮料，把塑料瓶退还给任意一家超市，就能得到之前缴付的瓶子押金，从 8 欧分到 25 欧分不等。所以，人们在德国的街上看不见随意被丢弃的瓶子，也很少看见提着袋子满街拣塑料瓶的拾荒者。很多德国朋友问我，既然塑料瓶在中国也是回收的，为什么顾客会把空瓶子随意扔呢？我无奈地告诉他们，中国的超市没有一家像德国的超市一样能回收塑料瓶的，在中国塑料瓶一般由那些塑料品加工厂回收，而这些污染严重的企业都在市郊，几乎没有顾客会为了几个塑料瓶跑到市郊。所以，在中国的城市出现了很多拣空塑料瓶卖钱的人，要不是这些人，中国的城市恐怕早就被空塑料瓶淹没了。另外，在德国的高校里，很多教授也是提着布袋子上课，并没有像国内的某些人背着高档知名的皮包出入课堂。

当然，今天中国人的环保意识正在不断提升，我们可以从三件宏大事件中感知一二：2008 年，北京奥运，三大理念中的第一个就是“绿色奥运”，人们发现北京的天更蓝了；2010 年，上海世博会，熙熙攘攘的人群在眼花缭乱的同时也体会到——城市，原来可以让生活更美好；2011 年，西安世园会，人们在红花绿树中体念了天人长安，创意自然。中国人开始相信绿色世纪，相信绿色未来。

德国的节日和重要习俗

众所周知，基督教在德国人的信仰世界占据着重要地位。据资料显示，德国有 1/3 的人信仰新教，1/3 的人信仰天主教，1/3 的人不信教。和我们国家

有所不同，德国人即使身为某一政党党员，他们也有信仰宗教的自由。在国民教育中，德国的中小学都开设了宗教课。因此，如果我们不了解德国的宗教节日和宗教习俗，那么在和德国人打交道的过程中难免出现一些沟通障碍。

德国饶有风趣的宗教和民间节日大约有千余个，平均每天有三个节日，所以很多中国人感觉德国人总是在放假。和我们国家越来越重视传统节日一样，德国人对自己的民族节日同样是情有独钟。去旧迎新的 元旦，德国人也要“臭美”，也要穿新衣，新衣服象征着新年万事会如意，如果新年乱穿衣，则意味着一年不吉利。新年的吉祥物主要有三个：1. 吉祥猪。猪在德国象征着神圣，吉利。2. 鱼鳞和鱼子。除夕晚饭的时候，姑娘们会在钱包里放几片鱼鳞，表示招财进宝。3. 马蹄铁。意味着驱邪镇魔。古代人对于包括铁在内坚固耐用又安全的金属有信任感，因为传说一个叫沃丹的神，驾驭八蹄骏马腾云驾雾，一次不慎将其中一个马蹄丢落人间，谁捡到它，谁就会一生好运。

三圣节是进入新年后的第一个宗教节日。相传在耶稣诞生后，有三位巫师作为光明的使者，带着金子、乳香和没药三件礼物，来到这个黑暗的世界，看望刚诞生的人间希望耶稣。后来，这三位巫师被奉为圣人，代表着三种肤色、三块大陆和三个年龄段。在三圣节，人们要把家中午茶的糕点吃完，否则出门办事会触霉头，交厄运。

每年的二月份，我国各大媒体，包括中央一台的新闻联播都会转播德国科隆狂欢节的盛况。狂欢节是德国人抛掉烦恼，释放激情的日子。尽管狂欢节的具体日期每年不一样，但高潮必定出现在四旬斋期开始前的最后一个星期一，叫玫瑰星期一。这天晚上各家打开大门，好将天使请进。第二天叫忏悔星期二。第三天则是圣灰星期三。狂欢节期间，德国人喜欢化妆并戴上假面具游行，游行队伍里的人们打扮得荒诞古怪，不是小丑就是狂人。他们有权在节日期间发表幽默讽刺的政治演说，他们制作政治家的滑稽人像，模拟其声音、动作，对其观点进行半真半假的讽刺挖苦。科隆的狂欢节每年花样翻新，从来不重复，经常引人捧腹大笑。科隆人也大方豪爽，一路不断向市民大把大把扔撒糖果鲜花，成为举世闻名的文化景观。

复活节是德国一个重要的法定宗教节日。复活节前的星期四被称为绿色星期四，因为耶稣和他的门徒最后的晚餐是绿色的，象征无辜，因此这一天要吃绿色食品，如生菜、香菜、菠菜等。据圣经记载，耶稣在被钉在十字架后的第三天复活。后教会规定，每年春分月圆后的第一个星期天（大约在 3 月 21 日到 4 月 25 日）为复活节。复活节的前两天一个是耶稣受难星期五，一个是耶稣受难星期六，星期天耶稣复活。耶稣受难星期五为全德法定假日。复活节的吉祥物有两样：兔子和彩蛋。因为兔子繁殖力很强，形象温和可爱，并且相传是爱神阿弗洛蒂特的宠物。由于鸡蛋代表着生命周而复始，所以人们用彩蛋装饰环境，到处悬挂着颜色鲜艳的彩蛋饰品。有小孩的人家，父母会把蛋藏好，让孩子们寻找，找到可以获得奖品。通过这种方式表达了对耶稣复活，喜迎新生命的喜悦。复活节的流水，比如河水、雨滴、露水等，魅力无穷，相传少女用其沐浴，皮肤会柔润白皙。

德国人对啤酒的迷恋不亚于我们中国人对白酒的嗜爱，德国人的啤酒伴随着德国人的啤酒肚走向了世界。我们经常开玩笑，说德国人的厨房有三个必不可少的管道：一个是自来水管道，一个是天然气管道，第三个则是啤酒管道。德国慕尼黑啤酒节闻名世界，每年有不少人慕名前往，我国不少地方也学习德国举办啤酒节，如青岛啤酒节等。德国啤酒节起源于 1810 年，当时市民为了庆祝路德维希一世和苔莱西亚公主的婚礼，在慕尼黑附近的草坪上举行了各种庆祝活动，后来，这块草坪被命名为苔莱西亚草坪。啤酒节每年 9 月底 10 月初举行，持续 14 天。啤酒节开始第一天，人们穿着各种各样的民族服装参加盛大的游行，到了中午 12 点，迎来大啤酒桶彩车，慕尼黑市长简短致辞，然后打开第一桶酒。来自四面八方的游客在现场乐队的伴奏下开怀畅饮。细心的人们会发现啤酒节现场附近停放着很多医疗急救车，那是专门为贪杯的饮者洗胃用的。

到了每年的 12 月中旬，德国人开始忙着准备圣诞节了。每家每户都要准备一株冷杉树，修剪成伞状，上面装饰金灿灿的红果子、红烛、红彩带等。家人会将互赠的礼物放置在圣诞树的下面。圣诞节指的是每年的 12 月 24 日和 25 日这两天。耶稣诞生的 12 月 24 日夜晚被称做“平安夜”。圣诞节的主色彩为红色和绿色，红色象征上帝为人类幸福倾洒鲜血，绿色则比喻耶稣生命永恒，也象征耶稣带来春天和光明。圣诞节夜晚家里点亮灯火，象征来年事业兴旺。圣诞节最常吃的水果是圆圆的苹果，教会认为苹果是生命之果，圆形似宇宙，红皮似火焰，是主的宠爱物，但是圣诞节切苹果不要一切两半，果核也不要吐在地上。和中国人一样，德国人在节日期间往往会聊些开心的话题，暂且把忧愁丢在一边。

此外，除了以上宗教和民俗节日，德国的国庆节是10月3日，被称为统一日。和我们国家的国庆节不同，德国国庆节的庆祝活动由16个联邦州的首府轮流举办，它是这个国家的一个集体记忆，一种对共同信念的意识。德国人在节庆之际，沉思多于欢庆，所以有些人觉得这个节日太沉重。

4月1日是出卖耶稣的叛徒犹大的生日，德国人认为这是个不好的日子，一般不会在这天操办喜事。国际上，4月1日被叫做愚人节，德国人在这天不会太把别人的话当真，会认为是开玩笑，所以中国的商务人士在这一天应尽量避免商务活动。

洗礼习俗

德国人口的年出生率始终是世界最低的，战后人口的增长主要靠外来移民。在这样一个低出生率的国家，一个家庭的添丁进口真可算是一件大喜事。在信仰基督教的家庭，通常新生儿出生前，父母就为他找好了教父和教母；孩子一出生，家人便和教堂约定时间，由牧师或神甫为孩子施洗。由于教父教母与孩子的一生都有着密切的关系，因此婴儿的父母在选择时是很审慎的，选择教父教母时不一定要选一对夫妇，但他们都要是正直可靠、行为端正、受人尊敬、声望良好的人，当然首先要取得他们本人的同意。一般被邀请作孩子教父教母的人会认为这是对自己的信任，是一种荣誉，而乐意承担这份责任。认教父教母的初衷是为了在宗教信仰方面帮助孩子。如今，教父教母的责任已不仅仅局限在宗教方面，他们可使孩子在一出生后就有多些长辈关心他的成长，在他有困难时给予照顾，万一在孩子未成年时父母双双早逝，那么教父教母还要担负起抚养他成人的义务。

洗礼是基督教会接受信徒入教时举行的一个重要仪式。教会认为：人生而有罪，必须经过洗礼除去污垢，变得纯洁，方能被接受为基督教的人，日后才有资格进入天堂。受洗的人不一定是婴儿，耶酥本人就是在成年后接受施洗者约翰为他施洗的。但在基督教国家，绝大多数的人都是在婴儿时由家长抱到教堂受洗。婴儿正式起名与洗礼同时进行，所以洗礼也叫命名礼。婴儿父母在教堂定好日期后，即发请帖邀请亲友参加，一般只请至亲近友，人数不会太多。施洗礼时，婴儿由教母抱着站在教堂内圣坛前的圣水盆旁，孩子的父母等人围拢过来，由牧师或神甫宣读《圣经》中的有关章节，口诵规定的礼文，并接过孩子，用手蘸圣水滴在孩子头上，口称：我奉圣父、圣子、圣灵之名给你施洗。然后，再说几句愿孩子长大后要博爱人类、侍奉上帝之类的话，洗礼遂告完毕。洗礼之后自然是要庆祝一番，婴儿的父母要举行一次午宴或茶会，邀请施礼的牧师或神甫、孩子的教父教母及亲朋好友参加。被邀请者要给孩子带一些礼物，如玩具、衣服、儿童画册等，教父教母的礼物照例要贵重些。在巴伐利亚地区，洗礼日那天，教父不仅自己要胸佩迷迭香，还要把迷迭香放在婴儿的摇篮里。据说这种香气浓郁的药草能祛病降妖，教父以此来表达自己的一份爱心。同时，他还会在教子尿布或枕头下塞点儿钱，作为孩子日后操办婚事的本金。有的教父送孩子书和笔，希望孩子聪明勤奋。如今，时髦的礼物是送男孩一个小巧玲珑的银制啤酒杯，送女孩子一条项链或一只银制咖啡杯，上面刻着孩子的姓名和洗礼日期。在巴伐利亚农村，孩子的洗礼聚餐还有个习惯，那就是餐后桌上要有剩余的面包，饭后要给宾客包装点儿吃的东西带走，给男宾客带点儿香肠、烈酒，给女宾客带点儿糕点、糖果，对教父则更是要厚礼相赠，以此来表示生活富裕、绰绰有余。在德国，洗礼用的蜡烛是要精心收藏的，它对孩子的一生具有特殊意义，据说点燃洗礼烛可逢凶化吉、祛除百病。在德国的一些农村，至今仍虔诚地遵循着这一古老的习俗。

白事习俗

在德国莱茵河地区，至今仍遵循着一个自中世纪流传下来的古老习俗：喝临终酒。人在临终之时，必须喝一口陈年老酒，据说这种酒是圣酒，可唤醒死者亡灵，驱散围绕在病床前的招魂魔鬼，使临终者得到安宁。人在临终前，家人会将洗礼烛、圣餐烛、圣光烛点燃，并同时点燃一支红色大蜡烛，把它们放在死者身旁，一是用烛光为亡灵祝福，二是为亡灵照亮通向天堂之路。

在德国的民间传说中，镜子被视为魔鬼的工具，是死神隐蔽的场所，妖魔利用镜子的反照能力，扰得人不得安宁。因此，人在临终前要将镜子用布蒙住，以使亡灵能安详地解脱尘世罪孽，升入西方极乐世界。在德国南部山区，人在临终时，家人要打开窗户，揭开楼顶砖瓦，这样做是为了给死者敞开一条通向另一个世界的通道，因为他们相信人在脱离凡尘之后，将到另一个世界生活。人们通过这些临终慰藉，使亡者能安详地离去。

在西方信奉基督教的国家，葬礼一般都在教堂举行。家里如有人去世，先要与教堂商定举丧日期，并要用适当的方式通知亲友。此外，尸体要用清水洗净，他们认为水有着无限的神力，它能净化人的躯体、净化人的心灵和灵魂，并能祛邪镇妖。人降临尘世要洗礼，离开尘世也要洗尸，洗刷尘世间的一切罪孽。

在教堂举行葬礼的这一天，亲朋好友手持鲜花或花环陆续来到教堂。首先由牧师或神甫主持追思礼拜，参加葬礼者按事先的安排唱圣诗赞诗、奏哀乐、祷告、宣读由家人提供的死者生平。教堂葬礼只是整个葬礼的前半部分，后半部分是在墓地举行，只有死者的家属、近亲和亲密的朋友参加，一般好友在参加完教堂葬礼后即可离去，不必去墓地。在德国，以土葬为主，亲朋目送灵柩安葬在事先指定好的墓穴中。人们围绕在墓穴周围，为死者祷告，愿他安息、灵魂升入天堂。应邀参加亲友家的葬礼，唯一可送的礼物就是鲜花。可送成束的鲜花，也可送用鲜花做成的花环（德国人不用纸花做花圈）。在鲜花的饰带上要写上死者、吊唁者的名字及“安息吧”、“永别了”之类的题词。

在德国，出席葬礼最需要注意的一点是尽可能穿黑色的衣服，男子要系黑色无图案的领带，如果没有黑衣服就穿颜色暗淡、深沉的衣服，切忌鲜丽的服装。同时，在葬礼上要保持肃穆、安静，切不可大声谈笑，否则就被视为对丧家的不尊重，也显得自己缺乏教养。整个葬礼自始至终都沉浸在一种庄严肃穆的气氛中，没有捶胸顿足、嚎啕痛哭的场面。除了小声的抽泣，多数人都在沉思默祷，默默地为死者送行。与人们肃穆的神情和暗淡的服装相反，德国的墓地是鲜花盛开、万紫千红，鲜花既代表了人们对死者的追思，也是对生者的慰藉，墓地四周则是郁郁葱葱的树木，主要是四季常青的苍松翠柏。每当想起死者，人们会到墓地去扫墓、献花，静静地待上一会儿，以寄托自己的哀思。

葬礼举行后，丧家还有一个丧期。虽然近些年对这方面的要求已不那么严格，但作为一名新寡的妇女在丈夫刚死之后就打扮得花枝招展，频繁应酬，难免不招来非议。一般要求新寡的妇女穿衣服要以素雅的颜色为主，除小型聚会外不要参加舞会、宴会及场面热闹的大型应酬，亲友也应注意不要邀请她参加喜庆的聚会，以一段宁静的生活度过丧期。对丧偶的男子要求不如寡妇严格，但也要求他在一定时期内穿着要规矩些，避免花天酒地的交际。

第十八章 “颂华”与“贬华”——德国人摇摆不定的中国观①

欧洲中国观的发展史也是欧洲与中国的接触史。友善与否的接触方式决定了这种观点是“颂华”的还是“贬华”的。同时中国观也受一些间接因素的影响，例如本民族的愿望和恐惧。因此读者在下文中将会看到一个从古至今一直摇摆不定的中国观，更确切地说，是一种想象中的美好世界与亲眼所见的可怖世界之间无法协调的矛盾心理。但毋庸置疑的是，中国对于欧洲来说一直都是一个对立的世界。从某种程度上讲，中国至今还散发着东方之谜的气息，笼罩在神秘化身的光环之中。

古时对中国的间接了解

古代中国与雅典、古罗马之间并无直接接触，但基于间接的贸易往来，人们赋予那个充满未知的遥远国度一个名字：古希腊时期，希腊人称中国人Sinai，取自中国第一个统一王朝“秦”的谐音，发音类似于英语中的chin。有关古代中国的信息都是通过海上贸易传入希腊，而古罗马人知道中国人却是通过中东地区丝绸之路的陆上贸易。他们以从中国进口的高级商品——“丝绸”来称呼中国人，即seres（seres的意思为“丝绸”。可能出自汉语中对丝

---

① 本文为报告讲稿。

绸的叫法，现今读音为 si)。

对古罗马人而言，丝绸是奢侈品，十分的珍贵。一方面是因为它本身的价格——与黄金等价，另一方面则是社会道德意义上的，丝绸质地的长袍与其说将古罗马女人的身体隐藏起来，还不如说泄露了更多。塞内加曾说："我并不觉得丝绸名副其实，它不过能包住身体，或者仅能遮羞罢了。"历史学家普林尼认为，据保守估计，每年约有一亿银币因丝绸流入东方。"这就是代价"，他写道："奢侈品和女性带来的代价。"身着丝绸在古罗马被视为社会堕落的表现，所以长老会在公元 16 年禁止穿着丝绸的行为也并不让人惊讶。但是这并未影响到人们对丝绸的喜爱。因为就在罗马，人们将密纺的丝绸进行改制，做成更为透视的纱罗。在典籍中丝绸亦被作为道德榜样的象征——这是一种（期待出现典范教育效应的）理想化，就像人们通过塔西佗认知日耳曼人一样。

与奇迹之国的第一次亲密接触

欧洲与中东的第一次亲密接触是因为两位方济各会的修士：约翰内斯·普兰诺·加宾尼（1185—1252）和韦尔汉姆·冯·胡布克（1220—1275 前后）。他们于 13 世纪中期到达蒙古帝国的首都哈勒和林（1227 年成吉思汗去世），也就是蒙古人大举入侵欧洲不久。从他们在元朝建立前夕的记录来看，他们对中国的描述是客观的，并非神话或传奇式的。但这些感受还是非常的失真，因为它们主要是从这两位修士的宗教角度出发的。在这一时期，中国又有了一个新的名字，Kathay（英语中为 Cathay）。这个名字与中国北方的 Kitan 王朝（中文为辽国）的前身契丹（Kitai）这个游牧部落有关，该王朝在蒙古帝国执政之前长期治理着中国的北方。韦尔汉姆·冯·胡布克第一次大胆猜想，这个名叫 Cathay 的国家就是中国。

早在元朝马可·波罗和他父亲就开始了充满传奇色彩的中国之旅（1260—1295）。通过这次旅行，中国在 13 世纪被欧洲"发现"。马可·波罗不是一名修士，而是一位珠宝商人，因此他看中国的视角也变得不一样：中国的一切都是令人惊奇的，比起他的故乡威尼斯，中国也大上好几倍。关于中国——这个欧洲的"对立世界"的报道以不同的标题如《世界奇迹之书》、《米利奥那》①，出现在世人面前，而这些名称本身就已经表明了马可·波罗

---

① 编者注：该书通行的中文译名为《马可·波罗游记》。《米利奥那》（*Il Milione*）据说是波罗家族的一个外号，有"吹牛者"之意，暗示当时的人们对马可·波罗对东方推崇备至的描述尚持怀疑态度，不过此解读是否属实尚无定论。

对这个世界的评价。此书并非由他本人执笔，而是威尼斯热那亚之战时期的狱友据他的描述记录下来的，在欧洲印刷术发明之前（1452）就流传开来，并出现许多手抄本和不同版本。当时他的文字影响力非常大，哥伦布也把它视为权威读物，并依靠它尝试到达印度。但在现代研究中对于马可·波罗却是颇具争议，在他的游记中缺少对中国典型特征的描述，比如汉字、筷子、长城、裹脚等。而且他自称曾在忽必烈汗执政时期做官，但在中国的历史记载中并未发现这样的记录。其他的一些事，比如他返乡时的情况和陪同人员，虽然被证明是真的，但是有关他游记真实性的争议一直在持续。

在马可·波罗对中国传奇性的报告面世之后的五个世纪里，中国在欧洲的正面印象达到顶峰，其间也从奇迹世纪进入到了发现世纪。与此同时，想象变为现实，虚构成了真实。哥伦布发现美洲之后，教皇亚历山大六世在1494年将世界划分为两部分，西边归属西班牙，东边归属葡萄牙（《托尔德西拉斯条约》）。在殖民时期欧洲人征服占领的不仅仅是未知世界，更是通过军事手段对殖民地人民基督教化。葡萄牙人先进逼印度，后进犯中国，1557年由于中国政府的忍让，未签订任何条约就占领了澳门，他们毫无文明可言，海盗般的行径使得当时的中国人对欧洲人留下了深刻的印象——海（洋）上来的魔鬼，用中文来说就是“洋鬼子”，这种印象一直持续到20世纪。

令人惊叹的礼仪之邦和开明的统治

督教徒的传教成为了16、17世纪殖民地时期的一线光明。基督徒们首要的意旨在于传教，但同时他们都接受了良好的教育，对精神世界的问题很感兴趣。某种程度上他们，尤其是利玛窦（Matteo Ricci），出于传教目的努力理解中国的精神本质，且他们中的大多数人对遵循儒家思想的官员的道德修养也抱有好感。同时，这片土地上的官员并不是因为家族声望，而是通过统一考试获得官职也给他们留下了深刻印象，因为在欧洲官员都是世袭贵族和教士。在他们眼中，中国的皇帝是一位开明的君主，一位哲学家皇帝，通过他的官员保障了一个和谐、文明、不好战的国家。这些传教士除了有探讨精神上疑问的兴趣外，对很多工业实践领域也十分精通，他们懂得如何浇筑大炮、绘制地图、精于天文学、能解决与天文记录和日历制作相关的棘手的数学计算。凭借这些知识他们在中国的朝廷中被尊为上宾，且成了高级官员。因为天文现象被认为具有重大意义，皇帝（天人合一的象征）的祭祀必须严格遵行日历中日月、四季的变化。除了利玛窦，德国人汤若望（Adam Schall von Bell，1592—1666）

在清朝康熙年间官至一品。而至于传教方式，传教士赞成不要像在美洲和印度马拉提地区一样将当地居民“葡萄牙化”，而是去适应中国的行为方式，包括宽容地对待中国的习俗礼节，如儒家思想和祖先崇拜。当然也必须得承认，他们虽是想使中国人皈依基督教，但同时他们自己也被受儒家思想熏染的中国人给“转信”了。

有趣的是，欧洲启蒙思想家中大多数人（例如伏尔泰、莱布尼茨）的中国观都受到了教会人士的影响，相对于他们对当时统治着欧洲国家的教会、教士、贵族的批判，中国在他们的印象中是积极的。中国向他们证明了，没有圣经传统和上帝的启示也能达到高度的道德水平。一直与在中国的传教士密切通信的莱布尼茨指出，不仅要向中国输送基督教传教士，鉴于当时欧洲令人控诉的空前的道德堕落情况，同时也要引进中国的“传教士”到欧洲，致力于传播有道德的、追求公共福利的生活方式。他在《中国近况》中如此写道：

“鉴于目前日益严重的道德堕落现状，我总是认为我们的社会情况需要来自中国的传教，让他们传授那种自然的神学给我们，就如我们送派传教士教予他们我们的神学一样。因此，我相信，如果一位智人不是因为他的英俊外表被女神选中，而是因为他卓越的才能被选中，那么他肯定会把这个金苹果赠与中国人，基督教这样上帝的礼物也会馈赠给比我们强盛的中国人。”

我们在莱布尼茨身上第一次看到了文化平等的思想，中国对于他而言是一个点缀地球另一端的“东方欧洲”。轰动当时的还有关于中国皇帝在一年一度的献祭中扶犁耕地的报道，这一吸引眼球的事件后又被绘制成画，引得欧洲的皇帝和国王们在自己的画像中竞相模仿。

中国皇帝的这种典范也显示出中国官员缺乏战争思维和热爱和平。耶稣会会士李明（Louise Daniel LeComte）（1696）曾不无警告地写道：“通过这种对和平的热爱，中国的政策减少了一些内部动乱，但是也将这个民族置于外敌入侵这样更危险的境地。”150 年后的鸦片战争证实了他的预言。

继教士的此篇报道之后，在欧洲大陆上出现了一系列影响深远的有关中国的著作，如阿塔纳斯・珂雪（Athanasius Kircher）题为《中国宗教、世俗和各种自然、技术奇观及其有价值的实物材料汇编》（1667）的文献以及杜赫德（Jean Baptist du Halde）的《中华帝国志》。这些作者通过丰富的插图展示了一个有礼有序的中国形象以及开明的统治——换言之，一个由开明学者官员治理的乌托邦。他们同样也是基督教徒，但他们并不是亲历中国，而是完全依赖于同行在传教之时所作的报道。那个时代的“中国热 ”在建筑风格上也有体现，如洛可可就极大程度上为中国风所影响。茶室和绘有中国风景的瓷器在侯爵们的宫殿中也十分常见。

从“颂华”到“贬华”

礼仪之争最终导致在中国的传教活动的终止，这也让中国在欧洲的形象一落千丈。耶稣会解散后，教会人士的传教活动最终停止，自此海上贸易商人的中国观占据主导。这些商人对于风土人情的了解仅局限于港口地区。在他们眼中，中国人面上守序而礼貌，实则不真诚且阴险。在欧洲引起了巨大反响的法制纠纷以及其他一些误解也给消极中国印象的形成添上了一笔。航海家乔治·安森在他的《环球航行记》中写道：

“毋庸置疑，中国人在矫揉造作、虚伪及贪财方面与其余民族无异。而与这些天才打交道以及他们在危急情况中的表现，远远超出了他国人的想象力。”

此外，在法国大革命胜利并宣告成立共和国之后，中国的“开明统治”模式便不再受欢迎。随着欧洲工业革命的起步，中国被认为是毫无希望的落后的没有发展潜力的国家，是一具涂有防腐剂的木乃伊，哪怕接触一点新鲜空气，它也会马上解体。从学术角度，中国的消极形象也得到了有力的论证：赫尔德、黑格尔、马克思通过比较得出，在中国正上演着“东方暴政”。他们看到的是中国可笑的落后，而不是政治上的进步。赫尔德勾绘了这样一幅中国形象：一具从未接触过新鲜空气的木乃伊。而这样的观点在当时的欧洲流传甚广。作为19世纪影响最广的德国哲学家黑格尔则将中国视作永远停滞的国度，连世界历史的一部分也算不上。后来者斯波特沃斯·冯·路德维希·艾希罗特1848年在诗中写到的中国印象在19世纪中叶极具代表性：

到中国去，到中国去，
到我从未去的地方去，
那里灵魂安息，
那里人潮如织，
那里女人裹脚，
父亲，您让我去吧！

但令人感兴趣的是，一些影响深远的人物的中国观却发生着转变。首先不得不提的是歌德，早年他在狂飙突进运动中曾反对理性、启蒙的世界观，且同时抵抗受到中国风影响的堆砌、造作的洛可可风格。但在后期他接受了世界文学的观点，创作出《中德变迁》，形成了在当时独特的中国观。而赫尔德晚年也自我修正了中国“木乃伊”的观点。其中让人印象最为深刻的是卡尔·麦，这位在销量方面一直位居前茅的德国作家在他的《紫红色的玛吐撒拉》一书中抛出了中国在1892年是可笑的落后之国的观点，但十年之后，他却在《大地一片祥和》中描绘了一幅与之前相反的积极的中国形象。

在某些方面卡尔·麦的最后著作与时代精神相抵触。自英国1839年发起的鸦片战争（意欲今后将在英属殖民地印度掠夺的鸦片大量销往中国，以改善英国的贸易逆差状况）以及后来的第二次鸦片战争（此次则为英法联军），在欧洲激起了许多所谓的中国之祸的声音。中国在德国的形象于义和团运动期间（1900）一落千丈，降至最低。中国也由此被西方文明视做威胁，被扣上了“黄祸”的帽子。

德国皇帝在演讲中向即将跨海至中国镇压起义的士兵们鼓吹中国“野蛮匈奴人”一说，并称士兵们为西方基督教的救星：

“千年以前，匈奴人在国王埃尔策的领导下赢得了一个至今令我们谈之变色的威名。我希望德国亦能如此，让德国在中国声名远播，让中国人不敢对任何一个德国人掷以白眼。”

但德国皇帝的傲慢未撑几日，他的扩大殖民地之梦便在“一战”中破灭，在义和团运动前，他还企图利用1897年两名德国传教士被谋杀事件，派出炮舰，意欲占领青岛作为德国殖民地。

20世纪上半叶正面的中国观

“一战”之灾过后，中国观又被赋予了一些积极的特征。鉴于欧洲文明的集体自杀，欧洲大陆上不仅出现了一些文化悲观的声音，如奥斯瓦尔德·斯宾格勒在他的《西方的没落》中的预言，在针对欧洲文化傲慢的基本讨论中，许多德国作家和思想家（黑塞、克拉邦德以及后来的布莱希特）提出以中国神秘的道家思想解救被自身文化步步紧逼的欧洲。德国掀起了一场道家思想的热潮。作家克拉邦德在他1919年创作的著作中高呼，“德国人，你们听吧”，呼吁德国人以道家思想的神圣精神去生活，旨在成为“欧洲的中国人”。此时又与基督教士们引进的积极的中国观有了千丝万缕的联系，但这次的关注点并非是与重社会秩序的孔儒传统，而是超越时代的道家智慧。

多亏卫礼贤之前的翻译工作，使得许多哲学家和心理学家，如凯瑟林伯爵，荣格，马丁·布伯，马丁·海德格尔也将目光投向了中国。

中国诗歌在德国一直被接受，但是这种接受是通过当时较前卫的“陌生化”手法，在古斯塔夫·马勒1909年对唐代诗仙李白诗作改编而成的《大地之歌》中也能见到这样的手法。马勒的作品以汉斯·贝特格编汇的合集《中国笛》为基础，但是改编后的作品却遭到了扭曲，与（辛苦找寻的）原文几乎无相似之处。唐诗是一种与文化、时代精神相配适的特殊的审美情趣（带有无我、含蓄、简练、格律、情景交融等特征），而此时的德国却处在后浪漫主义与德国表现主义的过渡阶段，文学创作有时过于夸张、情绪化、主观、或是颓废。在古斯塔夫·马勒的改编中仅保留了瑰丽的音乐美，但在形式上却是富有创意的误读。

一些虚幻的想象与戏剧作品也证明了对中国异域风情的误读，如弗朗茨·雷哈尔的《微笑的大地》以及贾科莫·普契尼的歌剧《图兰朵》。一想到满大人乒乓砰，人们更多地是联想到唐老鸭，而不是中国。还有较典型的事例，如马塞尔·海西·拉尼奇，他对首次中国之行——参观北京紫禁城毫无反应，联想到的仅仅只是《图兰朵》而已。在中华人民共和国成立以后，这部歌剧被禁演，因为人们觉得它并未展现中国好的一面，但在1998年，《图兰朵》获允以紫禁城为舞台背景上演（导演为张艺谋）。

具有讽刺意味的是，“一战”后德国的“道家热”达到了顶峰，在1919年中国却爆发了现代化的开端——五四运动，旨在反对传统中国文化，要求全盘西化。在这一时期，现代著名作家鲁迅以小说人物阿Q，一个令人唾弃，遇到耻辱或失败总用精神胜利法安慰自己的人物，描绘了中国人的一幅自画像，与当时欧洲人对中国可笑的落后的东亚病夫形象相符。

在蒋介石政府期间中国原本与纳粹政府保持着良好的关系，蒋氏也一直被欧洲的法西斯主义所吸引。但在“二战”期间，当希勒特领导下的德国与日本联合，在中国的土地上进行残酷的侵略时，中国在德国便再无地位。与此相反，在美国，一方面埃德加·斯诺写下畅销书《红星照耀中国》，赞扬在毛泽东领导下的共产主义运动；另一方面，林语堂（《吾国与吾民》、《生活的艺术》）以及赛珍珠的作品也传达了一个积极的中国形象。这个趋势至少在“二战”期间一直保持，在珍珠港事件后尤为明显。

20世纪50年代至今中国观的起起落落

“二战”后爆发的朝鲜战争，东西方阵营对峙，以及随之出现的恐社会主义使得正面的中国观又开始走下坡路。

先前集中在道家思想上的兴趣开始转向被学生运动所鼓舞的时代精神——由道家思想转向毛泽东思想。许多法国知识分子撰文为此趋势作哲学上的解读，如茱莉亚·克莉斯蒂娃，罗兰·巴特，米歇尔·福柯，在他们的眼中毛泽东领导下的中国是令人赞叹的国度。因此在一段时间内毛泽东思想和道家精神成为西方人中国观的唯一关联点。欧洲知识分子如此断章取义地看中国自然导致了相应的后果。令人惊讶的是，那个时代的西方人几乎完全未能意识到，中国会在“文化大革命”中面临陷入混乱的危险境地。

在 1982 年出版的《头脑中诞生的人或德国人死绝了》一书中，君特·格拉斯生动形象、且不无自嘲地描绘了当时的中国形象：

“当我们置身于拥有百万人口的上海的陌生街头，看着行为方式、衣着打扮整齐划一，基本都是骑车代步的人群，突然假设现实错位：要是未来世界上有九亿五千万德国人，而中国人只有八千万，相当于今日生活在中德两国的德国人口总数。这个想法让身处自行车王国的我们不由得一惊。这样的情况无法想象。九亿五千万德国人，并以百分之一点二的速度稳定增长，至 2000 年人口总数将超过十亿五千万，能想象得出这样的世界吗？这样的估算算夸张?!这种增长能抑制得了吗？这么多的德国人，地球能像今天承载中国人一样承载吗？”

君特·格拉斯有关中国人口增长的预言已得到了证实，而涉及中国观的，是当时 80 年代初邓小平改革开放的状况。有两个方面值得一提：一方面是随着大学的去政治化，整个社会出现明显的追求神秘的趋势，如 80 年代出现了对佛教、道教、太极、气功、风水、武术、禅宗等的热潮，这些都由美国（在六七十年代的嘻皮运动中已出现）泊来，在欧洲甚至影响了更多人。此时的中国已不再是“极左乌托邦”，而是（像 20 年代一样）重新成为令人赞叹的国度，令人期待的安定的东方世界。而德国人的兴趣也因此重新从毛泽东思想转回到道家思想。另一方面，中国在经济和旅游上的开放引起了从未有过的对中国的热情，当然也是因这巨大的准入市场，日化公司蜂拥而至，为的是那“10 亿牙刷和 20 亿腋窝”（忒欧·索默）。

美国作家欧弗霍尔特在他的《中国：下一个超级经济大国》一书中针对过去几十年新闻媒体对中国政治影响的报道与现实情况分离的问题作了如下阐述：

“为何除了中国自己外世界各国均不尝试从积极的角度看待中国的发展，每个历史学家对此都十分困惑。要是东欧国家的领导人能有中国 1994—1995

年任何一项成就，都将被视为天才。但现实却与此相反，在西方媒体鲜见对于中国所取得的成就的报导。一般美国民众（通过媒体）所能得知的仅是，中国在这时期除了压迫人民，准备与台湾开战外，再无其他成就。”

即使将这样的观点呈给了美国读者，他们持有的仍是与20世纪90年代德国相同的中国观。而90年代新闻媒体中的中国总是党派权力蔓延的消极形象。这一现象令人担忧。当中华人民共和国成立50周年庆典之际，周遭却是一片批判与攻击。同年，对于科索沃战争中国领事馆被轰炸事件所导致的中国民众的愤怒也未有理解之情。总体来说，中国形象正有被“妖魔化”的趋势。汉学家顾彬对此发表意见，“苏联解体后中国似乎就成了新的邪恶之国，从未有任何一个国家如此不招德国媒体待见”。

此时出现了这样的一种观点，如《为财富而战》（葛勃尔·施丹戈特）一书认为，对于德国的经济环境来说，处在如此空前的经济繁荣中的中国是一种威胁。施丹戈特直截了当地指出，“他们的提升便是我们的下降”。除了对我们经济环境有危险的推测外，其间中国又陷入了对于世界生态环境的威胁论中（如早年受污染的玩具危害德国儿童健康）。由于错误认识全球环境危机与温室效应的诱因（事实上主要是因为西方各国在过去50到100年间的发展所致），中国经济恢复被视为全球环境的威胁。无独有偶，2011年11月8日，德国路德维希港技术大学东亚学院干事长约克-M·鲁道夫在《法兰克福汇报》上发表了一篇题为《一个和谐的世界》的文章，将孔子学院比做军事机构，宣称中国开办孔子学院的目的在于统战和向全球扩张，德国汉学家在孔子学院里不享有学术自由。

如上所述，中国观在这几个时段里经历了起起落落：19世纪之后持续逾百年的积极中国形象发生了转变，而在接下来的百年中一直走低。在20世纪这种起起落落愈发频繁，使得最新的中国印象给人以矛盾之感。除却一直饱受批评的人权问题外，虽然有些分歧与起落，但中国观中的颂华和贬华始终存在，保持微笑与礼貌的中国人形象与与众不同的对立世界的中国形象一直并立。如此，中国像之前一样被视为遥远邦国和神秘东方的化身，以前用“波希米亚的村庄”来形容事物陌生不可理解，但今天大多用“中国”来代指了。

此外，我还想说两点

1. 中国观其实很少关注中国本身，它更多地体现了德国对中国问题的敏感，恐惧以及德国人民在政治上的偏好。在马可·波罗时期是对一个更美好世界的向往，启蒙时期对开明君主的期望，政治、工业革命期间对中国落后境地的嘲笑，以及最近对经济环境等问题的关注（最后这一点则是经过细筛后的批判点）。从这个角度出发，德国的中国政策首先已变成对内政策，《时代周报》如是说，“那些能在中国提出要尊重人权的人（政治家），在德国都被视为是极有勇气的。那些无为的人，则是失败者”。史上最年轻的外交部长弗兰克-瓦尔特·施泰因迈尔评价媒体和政客在形成讽刺画般的中国形象这一过程中起到的作用时说：“目前在德国有许多人对中国不满，并采取高调的方式和行为来表达。这种方式吸引着大众传媒也用普遍的偏见和担忧看问题。这就是所谓的媒体浅薄化。如上面提到的鲁道夫先生是‘黄祸论’的一位德国代表人物，从他的著作《当中国占领世界》中即可见一斑。不仅如此，他对中国的极端看法迎合了德国主流媒体的意识形态，他甚至担任了‘德国之声’政治审查员一职。当然，这一职务被称为“监理”，以避免引起非议和保持政治上的无懈可击。其结果是，‘德国之声’不再允许对中国进行任何正面报道，就算报道中流露出一丁点儿对中国的善意也不行。我怎样都不相信，中国的现实情况会如德国新闻媒体中所报道的那样。虽然现在有海量关于中国的信息，但今日我们眼中的中国形象却仍是我们政治喜好和偏见的一张幻灯片。这印证了一句古老的处世经验，如犹太教法典中说的，‘我们所见之物并非其本色，而是我们自身的样子。’”又如，中国政府最近几年为了推广中国文化，在世界范围内建立了类似德国歌德学院的孔子学院，这对东西文化交流而言可以说搭建了一个很好的平台，一般德国人想要了解博大精深的中国文化就可以在家门口的孔子学院或是孔子课堂。可是，有些德国人，包括那些所谓知名的汉学家往往会断章取义，把玩一般德国人难以明察的汉语字眼。如上文提到的鲁道夫先生称，孔子学院受一个类似于军事组织的“总部”领导，背后由用心险恶的中共军人和审查机构掌控，目的是“统战”，干预德国学术界。且不论鲁道夫先生说法的夸张，单是他把一个简单的中文词汇“总部”翻译成军事上的“司令部”就具有强烈的影射意味。难道这位汉学家不知道“总部”在汉语中不仅有“军事司令部”的意思，还可以指任何一个组织的最高领导机构吗？还是他根本就是在故意曲解，以误导读者将孔子学院理解为一个军事组织？最关键的是，这样的描述进一步强化了读者关于孔子学院是一个怀有敌意和不民主的阴谋、必须加以抵制的想法。试问，这种对读者的启蒙或是为使个人偏见能获得更多赞同而进行的巧妙诽谤，目的是否在于破坏中德富有成果的合作关系？

2. 我们今日的中国印象大多是个人的印象、一些片断或部分的看法。这肯定是不够，或是矛盾的，正如某些概括归纳，但是总地来说，它们都在尝试反映某些现实。耶鲁大学当代著名的中国历史研究大家史景迁在他的《西方的中国观》一文中如是说，我们关于中国的感知越模糊、越丰富多样，就可能越接近那本身捕捉不了的——“现实”。

参考文献

[1] [德] 黑格尔：《哲学全书·第一部分·逻辑学》，梁志学译，北京人民出版社 2002 年版。

[2] [德] 黑格尔：《哲学史讲演录——第 1-4 卷》，贺麟、王太庆译，北京商务印书馆 1997 年版。

[3] [德] 康德：《纯粹理性批判》，邓晓芒译，杨祖陶校，北京人民出版社 2004 年版。

[4] [德] 沃尔夫-迪特尔·杜贝著：《表现主义艺术家》，张言梦，译，三联书店 2005 年版。

[5] [美] 王浩：《逻辑之旅》，刑滔滔等译，浙江大学出版社 2009 年版。

[6]《国家汉办暨孔子学院总部 2010 和 2011 年度报告》，孔子学院总部，2011 年。

[7] [德] H. M. 耐特：《德国设计——德国建筑师在中国设计实践》，王莹、徐萍，译，辽宁科学技术出版社 2006 年版。

[8] [英] 彭妮·斯帕克：《设计百年——20 世纪现代设计的先驱》，李信等，译，中国建筑工业出版社 2005 年版。

[9] 贝恩特·巴尔泽等编著：《联邦德国文学史》，范大灿等译，北京大学出版社 1991 年版。

[10] 彼得·克劳斯·哈特曼，《神圣罗马帝国文化史——帝国法、宗教和文化》，刘新利、陈晓春、赵杰译，东方出版社 2005 年版。

[11] 常勇编著:《表现主义版画选》，山东美术出版社 2002 年版。
[12] 邓晓芒:《思辨的张力——黑格尔辩证法新探》，湖南教育出版社 1992 年版。
[13] 丁建弘:《德国通史》，上海科学院出版社 2003 年版。
[14] 丁建弘:《德国通史》，上海社会科学院出版社 2002 年版。
[15] 杜梅:《德国文化史》，北京大学出版社 2000 年版。
[16] 何人可:《工业设计史》，北京理工大学出版社 2006 年版。
[17] 赫伯特·林丁格:《包豪斯的继承与批判》，台湾亚太图书出版社 2002 年版。
[18] 黄风祝等编:《伯尔文论》，袁志英等译，三联书店 1997 年版。
[19] 李昌珂著:《德国文学史》第五卷，凤凰出版传媒集团/译林出版社 2008 年版。
[20] 李赋宁等主编:《欧洲文学史》第三卷下册，商务印书馆 2001 年版。
[21] 李亮之:《包豪斯》，黑龙江美术出版社 2008 年版。
[22] 李亮之:《艺术讲坛——包豪斯》，黑龙江美术出版社 2008 年版。
[23] 林赛:《宗教改革史》，孔祥民等译，商务印书馆 1992 年版。
[24] 刘芳本、叶本度:《莱茵浪花——德国社会面面观》，外语教学与研究出版社 2004 年版。
[25] 刘新利:《德意志历史上的民族与宗教》，商务印书馆 2009 年版。
[26] 罗伦培登:《这是我的立场，改教先导马丁路德传记》，陆中石、古乐人译，译林出版社 1993 年版。
[27] 倪诚恩选编:《伯尔作品精粹》，河北教育出版社 1995 年版。
[28] 王受之:《产品的故事》，中国青年出版社 2005 年版。
[29] 王受之:《世界现代设计史》，中国青年出版社 2002 年版。
[30] 吴仪:《世界各国贸易和投资指南—德国分册》，北京经济管理出版社 1995 年版。
[31] 邢来顺:《德国贵族文化史》，长江文艺出版社 2006 年版。
[32] 邢来顺:《德国精神》，长江文艺出版社 1998 年版。
[33] 许佳:《功能主义在现代设计中的发展和演变》，东南大学学报（哲科版）。
[34] 许琳、马箭飞等编:《孔子学院》，2010-2011 年度。
[35] 张夫也:《外国工艺美术史》，中央编译出版社 2004 年版。
[36] 赵林:《西方哲学史讲演录》，高等教育出版社 2009 年版。

［37］郑春荣：《德国企业50强》，同济大学出版社，2002年版。

［38］朱光潜：《西方美学史》，江苏文艺出版社2008年版。

［39］Anna-Carola Krauβe，Geschichte der Malerei，Könemann Verlag，1995.

［40］Christoph Kaderas，Meng Hong，*120 Jahre chinesische Studierende an deutschen Hochschulen*，DAAD-Forum，Bonn，1998.

［41］Michel Ragon，Der Expressionismus，Editions Rencontre Lausanne，1967.

［42］Peter Baumanns，*Kants Philosophie der Erkenntnis*，Würzburg：Königshausen & Neuman，2000.

［43］Peter Kunzmann，Franz-Peter Burkard，Franz Wiedmann，*dtv-Atlas Philosophie*，München：Deutscher Taschenbuchverlag，2000.

图书在版编目(CIP)数据

大国文化心态·德国卷/朱范本册主编．—武汉：武汉大学出版社，2014.5

大国文化心态丛书/杜青钢总主编　刘军平副总主编

ISBN 978-7-307-11658-0

Ⅰ.大…　Ⅱ.朱…　Ⅲ.德国—概况　Ⅳ.K91

中国版本图书馆CIP数据核字(2013)第221474号

责任编辑:张　欣　　责任校对:黄添生　　版式设计:马　佳

出版发行：**武汉大学出版社**　(430072　武昌　珞珈山)

(电子邮件：cbs22@whu.edu.cn　网址：www.wdp.com.cn)

印刷：武汉中远印务有限公司

开本:720×1000　1/16　印张:16.75　字数:296千字　插页:1

版次：2014年5月第1版　　2014年5月第1次印刷

ISBN 978-7-307-11658-0　　定价:42.00元